KB001697

내 손안에 스마트폰이 있는데 왜 역사를 배워야 할까?

WHY LEARN HISTORY
(WHEN IT'S ALREADY ON YOUR PHONE) by Sam Wineburg

내 손안에 스마트폰이 있는데 왜 역사를 배워야 할까?

샘 와인버그 지음 | **정종복·박선경** 옮김

Humanist

일러두기

- 이 책에 나오는 외래어는 국립국어원 외래어표기법을 따랐습니다.
- 본문 중 소괄호 ( )는 모두 지은이가 추가한 것입니다.
- 지은이 주는 모두 미주로 처리했으며, 본문 내 '•' 표시는 한국 독자들의 이해를 돕기 위한 옮긴이 주입니다.

리를 위하여,

그가 있었기에 가능한 일이었다.

차례

서문 디지털 시대, 왜 역사를 배워야 하는가? 9

1부 역사 교육이 처한 역경

1장 역사에 집착하다 23

미국은 '역사 멍청이들의 나라'? | 학생들을 바보로 만드는 시험 문제 | 이상한 문제풀이 방식 | 지루한 역사 수업, 정치적인 교육과정 | 역사에 대한 집착에서 벗어나기

2장 국가 주도의 역사 교육 키우기 48

역사 교육을 구할 영웅의 등장? | '미국사 교육'을 지원하다 | 입시학원보다 못한 결과 | 10억 달러를 날리다

3장 '하워드 진' 다시 읽기 71

《미국 민중사》의 목표는 무엇? | 정해진 답의 위험성 | 불확실한 연대 | 과도한 확신 | 업데이트되지 않는 역사 | 지나친 인기 | 다른 관점을 허용하지 않는 역사

2부 역사적 사고≠놀라운 암기력

4장 블룸의 분류학과 역사적 사고 107

교육목표의 혼란을 잠재우다 | 비판적으로 사고하기 | 블룸의 피라미드 뒤집기

5장 텍스트 읽기와 배경 지식의 중요성 121

조지 워싱턴은 독실한 기독교인? | 워싱턴은 무엇을 말하려 했는가? | 배경 지식과 '자세히 읽기'

3부 디지털 시대에 역사적으로 사고하기

6장 변화하는 역사, 학교로 가다 133

변화를 위한 시도 | 의심하기: 역사적 사고의 출발점 | 토론하기: 시끌벅적한 수업 만들기 | 웹에 사로잡히다: 역사적 사고 수업의 개발 | '역사가처럼 읽기' 수업의 성공 | '역사적 사고력' 평가하기 | 교육 현장을 위한 역사가의 역할

7장 구글은 왜 우리를 구할 수 없는가? 176

디지털 원주민의 민낯 | 정보의 옳고 그름 판단하기 | 역사가들도 가려내지 못한 가짜 정보 | 팩트체커의 '수평적 읽기' | 디지털 정보 시대에 살아남기

4부 역사 교육에서 희망을 찾다

8장 미국 영웅들의 변천기 205

후기 우리에게는 아직 '역사'가 필요하다 216

한국어판 특집 역사가처럼 문서를 읽는 역사 수업에 거는 기대 224

부록

감사의 말 234

본문의 주 239

참고문헌 275

서문

디지털 시대, 왜 역사를 배워야 하는가?

2010년 10월, 《워싱턴 포스트Washington Post》에 미국 버지니아주 초등학교 4학년 교과서 《버지니아의 과거와 현재Our Virginia: Past and Present》에 관한 기사가 실렸다. 이 교과서에는 남북전쟁1861~1865 당시 아프리카계 미국인들의 역할을 다룬 내용이 실려 있다. 만약 당신이 영화광이라서 〈영광의 깃발Glory〉(1989)을 봤거나, 흑인들로 구성된 매사추세츠 54보병대를 알고 있거나, 당시 북부 연방군 병력의 10퍼센트가 넘는 18만 명의 흑인이 북부 연방군 측에서 싸웠다는 사실을 알고 있다면 이 책에 그런 내용이 담겨 있다고 생각할 것이다. 그런데 당신의 예상은 틀렸다. 《버지니아의 과거와 현재》는 "수천 명의 남부 흑인이 스톤월 잭슨Stonewall Jackson(토머스 잭슨Tomas Jackson의 별칭) 장군 휘하 2개 대대와 더불어 남부 연합군의 계급장을 달고 싸웠다"[1]라는 다소 의심스러운 정보를 제공한다. 스톤월 잭슨 장군은 아군인 노스캐롤라이나 18보병대의 오인사격으로 총상을 입고 1863년 5월 10일 사망했다. 따라서 교과서의 내용이 사실이려면 남북전쟁이 한창일 때 남부 연합군의 흑인 부대가 존재했어야 한다.

남부 연합군이 흑인 노예들을 강제 동원해 취사병이나 전쟁 물자를 공급하는 노역자로 부렸다는 사실은 오래전부터 알려져 있었다. 이를 뒷받침해주는 자료는 많다. 대표적으로 흑인 노예가 군복을 갖춰 입고 백인 주인과 함께 찍은 사진을 쉽게 찾아볼 수 있다. 하지만 문제 삼고자 하는 점은 이 사실이 아니다. 우리가 확인해야 할 것은, 잭슨이 수천 명의 흑인 병사를 공식적으로 모집했으며, 징집된 흑인 병사가 남부 장군들의 지휘 아래 훈련을 받고서 부대로 편성되어 남부 연합을 위해 싸웠다는 주장이다. 즉 흑인 노예들이 노예 신분을 유지하기 위해 자발적으로 목숨을 걸고 싸웠다는 말이다. 이것이 정말 사실일까?

상식적으로 이 주장은 말이 되지 않는다. 흑인 모병에 관한 남부군의 문서는 로버트 리Robert Edward Lee 장군이 애퍼매턱스Appomattox에서 항복하기 3주 전인 1865년 4월 9일, 즉 전쟁 말기에 작성된 것이 유일하다. 만약 수천 명의 흑인이 남부를 위해 이미 싸우고 있었다면 남부 연합은 흑인 병사 징집을 위한 일반명령 제14호(1865. 3. 23)를 제정할 필요가 없었을 것이다. 전쟁 막바지까지도 이 법안은 논란에 휩싸였으며, 입안자들은 포기 성명을 발표해야 하지 않을까 하는 압박감을 느꼈다. "이 법에서 어떤 것도 노예가 주인에게 종속된 관계의 변화를 승인하는 것으로 해석될 수 없다."[2]

《버지니아의 과거와 현재》를 쓴 조이 매조프Joy Masoff는 우리가 떠올릴 수 있는 저명한 남북전쟁 전공자들 중 누구도 인정하지 않는 자신의 주장의 근거를 어디에서 찾았을까?[3] 상식과 인간의 본성에 위배되는 주장을 뒷받침하는 문헌자료는 어디에서도 찾아볼 수 없다. 흑인 노예들은 무엇을 위해 남부 연합 측에서 싸웠을까? 쇠사슬에 묶여 있을 권리를 위해? 《워싱턴 포스트》가 매조프에게 그 출처를 물었을 때, 그는 인터넷

자료를 토대로 《버지니아의 과거와 현재》를 집필했다고 말했다. 출판사 파이브폰즈Five Ponds는 매조프가 참고한 인터넷 사이트를 《워싱턴 포스트》에 제공했다. 그중 일부는 "남부 연합 군인들의 희생을 기리고 남부 문화를 보존하기 위해 1896년에 설립된 애국·역사·교육 단체"인 '남부 연합 참전 용사의 아들들'*이라는 웹사이트에 연동되어 있었다.[4]

* 이 단체는 남부 연합 참전 용사의 직계·방계 후손으로서 12세 이상의 남성만 가입할 수 있으며, 선조의 참전을 증명하는 서류를 제출해야 한다.

나는 매조프의 부주의에 매우 놀랐다. 그리고 그가 초등학교 교과서에서 그런 주장을 했다는 것이 안타까웠다. 그러나 이를 다른 관점에서 생각해보자. 나나 여러분이나 매조프와 그리 다를 게 없다.

우리는 도서관에 가는 대신 컴퓨터를 켜고 인터넷을 연결하는 시대에 살고 있다. 인터넷에서 정보를 찾는 것은 한 세대 전의 조사연구 방법과 완전히 다르다. 그 시절 도서관과 기록보관소는 상당히 신뢰할 수 있는 곳이었다. 나는 11세 때 처음 도서관에서 자료조사란 것을 해보았다. 버뮤다 삼각지대에 대한 보고서를 작성하기 위해서였는데, 6학년 담임이었던 애비 선생님이 내준 과제였다. 시내버스를 타고 도서관에 도착한 나는 사서가 보여주는 색인 목록을 보고 청구기호를 찾아 필요한 자료를 찾았다.

어떤 주장이나 내용이 인쇄물로 출판되었다고 해서 그것이 반드시 진실이라는 의미는 아니다. 애비 선생님은 1969년에 우리에게 그 사실을 가르쳐줬다. 하지만 동시에 우리는 저명한 작가들에게 권위를 부여하고, 우리가 읽은 내용이 정확하다는 것을 확신하기 위해 그들의 명성에 의지했다. 왜냐하면 우리가 그 책을 읽기 전에 여러 차례 검토를 거쳤을 것이기 때문이다. 과거에는 소수만이 정보를 생산했고, 대다수가 그 정보를 소비했다.

하지만 지금 우리가 살고 있는 현실은 다르다. 인터넷은 권위로부터 자유롭다. 웹사이트를 만들기 위해 누군가의 허가를 받을 필요가 없다. 유튜브에 동영상을 올리거나 인스타그램에 사진을 올리기 위해 허가증이 필요하지도 않다. 미국 대통령 도널드 트럼프Donald Trump를 보라, 마음껏 트윗하라! 작가가 돼보는 것은 어떤가! 입소문의 주체는 학구적인 지식인들이 아니라 디지털 대중이다.[5] 구글이 지배하는 사회에서 가장 중요한 문제는 정보를 어떻게 찾는가가 아니다. 인터넷은 엄청난 양의 정보로 넘쳐난다. 그 수많은 정보로 우리는 무엇을 해야 할까? 엉터리 디지털 잡상인들은 우리의 충성을 얻기 위해 신뢰할 수 있는 자료들과 경쟁한다. 이 둘을 구별할 수 있는가? 최근 미국에서 실시된 전국적 설문조사는 그렇지 않다는 것을 보여준다.[6]

2015년 1월부터 2016년 6월까지 내가 속한 스탠퍼드대학 연구팀은 미국 12개 주의 중학교, 고등학교, 대학교 학생들을 대상으로 설문조사를 실시하여 7,804개의 응답을 분석했다. 이 조사는 스마트폰, 태블릿, 컴퓨터에 흘러넘치는 정치·사회적 정보를 효과적으로 검색하고 평가하며 검증할 수 있는 시민 온라인 추론online civic reasoning 능력을 측정하는 것이었다. 각 단계의 분석 결과는 충격적이고 경악할 만큼 일관되었다. 젊은층의 인터넷 정보 판단 능력은 한마디로 '암담'했다.

조사 대상 가운데 중학생의 82퍼센트는 광고성 기사와 실제 기사를 구별하지 못했고, 약 70퍼센트는 금융전문가가 쓴 밀레니얼 세대Millennials•를 위한 재무 상담 기사에 왜 의문을 가져야 하는지 몰랐다. 실제 그러한 기사들은 특정 금융기관이나 금융상품에 대한 홍보 기사인 경우가 많다. 고등학생들은 소셜미디어를 능숙하게 다룰 수 있음에도 불구하

• 1980년대~2000년대 초반에 출생한 세대로, 인터넷으로 정보를 습득하는 데 익숙하다.

고, 그들 중 4분의 3은 페이스북의 파란색 인증 배지*가 지니는 중요성을 간과했고, 30퍼센트 이상이 가짜 뉴스가 검증된 뉴스보다 더 믿을 만하다고 생각했다. 10명 중 4명은 일본 후쿠시마 제1원자력발전소 사고 현장 근처에서 찍은 것으로 추정되는 기형의 꽃 사진을 방사능 오염에 따른 환경 피해의 확실한 증거로 여겼다. 그러나 이 사진에는 후쿠시마에서 찍었다거나 심지어 일본에서 찍었다는 어떠한 정보도 표시되어 있지 않았다.

대학생들은 후원자가 드러나지 않는 웹사이트를 만났을 때 고전을 면치 못했다. 우리는 학부생들에게 'MinimumWage.com'이라는 웹사이트를 검토하게 했다. 이 웹사이트는 정치적으로 중립적인 연구를 후원하는 비영리단체라 스스로 표방하는 고용정책연구소Employment Policies Institute**에서 프로젝트의 일환으로 운영하고 있다. 그런데 이 고용정책연구소가 워싱턴 D.C.의 로비스트 단체라는 사실을 알아챈 학생은 10퍼센트도 되지 않았다. "기금funding"과 "고용정책연구소"라는 단어만 검색해봐도 〈과연 싱크탱크인가, 산업 홍보 회사인가!〉라는 《살롱Salon》의 기사는 물론, 다른 폭로 기사들이 줄줄이 뜨는 데 말이다.[7] 학생 대부분은 제시된 웹사이트 외에 다른 정보를 더 찾아보려 하지 않았다.

이는 학생들만의 문제가 아니다. 모두가 그러하다. 내가 유난스럽다고 생각된다면 캘리포니아주 리앨토Rialto에서 무슨 일이 일어났는지 보라. 리앨토의 중학교 교사들은 42개 주와 워싱턴 D.C.에서 채택한 미국의 교육정책인 공통핵심기준Common Core State Standards, CCSS에 따라 시험 문제를 출제했다.[8] 교사들은 웹사이트를 검색해 "신뢰할 만하다"라고 여겨지는 자

* 페이스북에서 국가, 기업, 공인 등 공식 계정이라고 확인한 페이지와 프로필에는 파란색 인증 배지가 표시된다.

** 고용정책연구소는 최저임금 삭감을 주장하며 이에 관한 연구와 조사를 진행하고 있다.

료를 서너 개 추렸다. 이 자료들은 한 가지 역사적 사건에 대해 각각 다른 입장을 취하고 있었다. 논쟁 주제는 홀로코스트Holocaust였다. 학생들에게 이 자료를 나눠주고, 홀로코스트가 사실인지 아니면 전 세계의 유대인들이 "정치적 혹은 금전적 이득"을 위해 꾸며낸 "선전 도구"인지에 관한 에세이를 쓰게 했다.[9] 학생들에게 주어진 "신뢰할 만한" 자료 가운데 하나는 오스트레일리아의 반유대주의 웹사이트(biblebelievers.com.au)에서 찾은 것이었다.[10] "홀로코스트는 거짓인가"라는 제목의 이 자료에 따르면, 안네 프랑크의 일기는 가짜이고 시체더미를 찍은 사진에서 그 시체들은 "유대인이 아니라 살해된 독일인"이다. 이 자료에는 "이른바 홀로코스트라는 사건이 결코 일어난 적이 없다는 확실한 증거들"이 실려 있다. 많은 학생이 이 자료를 가장 설득력 있다고 생각했다. 맞춤법부터 공부해야 할 것 같은 한 학생은 "가스실이 있었다는 증거가 업습니다(없습니다)"라고 썼다. 다른 학생은 "내가 가지고 있는 증거는 분명한 사실이다. 나는 왜 사람들이 다르게 생각하는지 이해할 수 없다"라고 썼다. 또 다른 학생은 "나는 이 사건이 가짜라고 생각한다. 두 번째 자료에 따르면 이 사건은 가장(과장)되었다. 이 자료들은 그 사건이 거짓이라는 것을 뒷받침하기에 총분(충분)하다"라고 주장했다. 이 마지막 에세이는 30점 만점에 23점을 받았다. 교사는 "주장을 뒷받침하는 증거를 아주 잘 활용했다"라고 평가했다.[11] 이 이야기가 외부에 알려지자 리앨토 교육청은 긴급회의를 열었다. 교육청은 교사들에게 시몬 비젠탈 센터의 톨러런스 박물관A Simon Wiesenthal Center Museum of Tolerance에서 "감수성 교육"을 받도록 했다. 이 과제가 교사들의 유대인에 대한 적대감에서 비롯되었고 이들의 편견을 해소할 필요가 있다고 판단했기 때문이다.[12]

나는 교육청의 판단이 잘못되었다고 생각한다. 이 교사들이 편견을 가졌거나 인종차별주의자라는 어떠한 증거도 없다. 교사들에게 감수성 교육이 필요했는지도 의문이다. 내 생각에 교사들의 잘못은 인터넷이 쏟아내는 수많은 정보에 압도되어 유감스럽게도 겉으로 보기에 그럴싸한 가짜 정보를 확실한 역사적 증거와 같은 수준으로 취급했다는 점이다. 내 짐작이 맞다면 시험 문제의 주제로 홀로코스트가 아니라 남부 연합군의 흑인 병사나 가짜 정보가 넘쳐나는 다른 역사적 이슈를 다루었다 하더라도 교사들은 유사한 방식으로 출제했을 것이다.

학생들이나 조이 매조프, 그리고 우리와 마찬가지로 그 교사들 또한 정보가 생성되고 전파되는 방식의 변화가 우리의 능력을 능가하는 시대에 살고 있다. 인터넷에는 사이비 학자들이 각주와 조작한 이미지로 그럴듯하게 만든 '맞춤식 가짜' 역사가 흘러넘친다.[13] 우리는 인류가 발명한 도구가 오히려 인류를 압도하는 세계에 살고 있다. 개발과 적용에 더 많은 연구와 논의가 필요한 공통핵심기준, 이를 실천하기 위한 교사의 전문성 개발 부족, 여기에 인터넷이 제공하는 가짜 뉴스가 더해진다면 완벽한 혼돈 상태에 이르게 된다. 이것이 바로 리앨토에서 일어난 일이다.

넘쳐나는 인터넷 정보로 과거를 학습하는 오싹한 미래에 오신 것을 환영한다. 이곳에서는 학생뿐 아니라 교사와 교과서 집필자까지 가짜 역사의 희생양으로 전락한다. 아날로그 시대에 정보 문해력이란《정기간행물 독자 안내서the Readers' Guide to Periodical Literature》를 읽고 이해하는 것이었다. 그때는 정보를 어떻게 찾을지가 가장 큰 문제였다. 쏟아지는 정보의 홍수에 숨을 헐떡거리게 된 지금 우리는 다른 문제에 직면해 있다. 바로 어떤 정보를 믿어야 하는가다. 슬프게도 우리는 이 질문에 대답할 준비가 되어 있지 않다. 우리의 교육 시스템은 모든 이에게 열린 디지털 정보의 바다를 항해하는 데 필요한 기술을 가르치는 대신, 구시대의 교육

방식을 고수하면서도 그 결과가 다르기를 기대한다. 얼마 전까지만 해도 조지 워싱턴George Washington의 서신을 살펴보려면 워싱턴 D.C.로 날아가 미국의회도서관 기록물 보관 담당자의 비위부터 맞추어야 했다. 그러나 지금은 12세 아이들도 식탁 의자에 앉아 몇 번의 클릭만으로 워싱턴의 서신을 찾을 수 있다. 그러나 학교에서는 아이들이 기억하고 생각해내야 하는 것보다는 손에 쥐고 있는 스마트폰으로 금방 찾아낼 수 있는 사소한 지식으로 학생들을 평가하고 있다.

과장이라고 생각하는가? 가브리엘 프로서Gabriel Prosser와 벤저민 기틀로Benjamin Gitlow의 업적이 무엇인지 기억하는가? 프로서는 1800년에 실패한 노예 반란을 선동했고, 기틀로는 사회주의 소식지를 발행해 1920년에 무정부주의자 처벌법Criminal Anarchy Law에 따라 유죄판결을 받았다. 이들에 대해 지적인 어떤 것, 아니 지적인 것은 차치하고 뭐라도 아는 것이 있는 사람은 거의 없을 것이다. 그러나 이 두 사람의 이름은 아직도 미국 고등학생들의 역사적 지식을 평가하는 전국교육성취도평가National Assessment of Educational Progress, NAEP 문항에 등장한다.[14] 이것을 과연 교육 '성취도'라 할 수 있을까?

교과서를 읽고 질문에 답하는 교육방식은 편하고 익숙하지만, 이로 인해 엄청난 대가를 치러야 한다. 모호한 내용이라고는 전혀 없는 교과서를 읽으면서 학생들에게 사실과 허구를 구분하도록 가르치는 것은, 한 번도 어린이용 수영장을 벗어나보지 못한 아이에게 거친 바다의 급류를 헤쳐나갈 준비를 시키는 것과 같다. 지금과 같은 학습방법으로는 학생들이 주장과 반론의 파도, 즉 학교 밖의 세계를 헤쳐나가지 못할 것이다. 리앨토 사건이 터지고서 일주일 뒤, 나는 한 주립대학에서 강연을 했다. 내가 홀로코스트를 부정하는 리앨토 중학생들의 이야기를 꺼내자

대학생들은 한숨을 내쉬었다. 이어서 나는 "편견 없이 세계 역사를 연구하고 보존하는 비영리 박물관"이라고 주장하는 히틀러 역사 박물관Hitler Historical Museum의 웹사이트를 컴퓨터 모니터에 띄웠다.[15] 조사를 할 때 인터넷을 이용하는 사람이 얼마나 되느냐고 묻자 모든 학생이 손을 들었다. 하지만 "앞으로 나와서 클릭 한 번으로 웹사이트 작성자를 찾을 수 있는 사람은 그대로 손을 들고 계세요"[16]라고 말하자, 마치 파도타기 응원을 하는 것처럼 들었던 손을 우르르 내렸다. 맨 앞줄에 앉아 멍하니 지켜보고 있던 교수들까지.

현대 생활에서 과학기술이 개입되지 않은 부분은 거의 없다. 그러나 이러한 변화의 한가운데에서 학교에서 가르치는 내용은 여전히 과거에 머물러 있다. 이 책은 우리가 어떻게 이 같은 혼란에 빠지게 되었는지를 밝히고, 이 곤경에서 벗어날 방법을 제시하고 있다.

1부에서는 오늘날 우리가 직면한 문제들을 짚어본다. 1장에서는 미국의 교육평가업계가 학생들을 상대로 벌이고 있는 게임을 다룬다. 이 게임판에서 교육평가산업은 시스템을 조작해 학생들을 멍청이들로 보이게 만든다. 2장은 2001~2012년 미국 연방정부가 21세기형 역사 교육을 위해 10억 달러를 투입하고도 아무 효과도 보지 못한 불운한 노력의 결과를 들려준다. 3장은 하워드 진Howard Zinn의 《미국 민중사A People's History of the United States》에 나타나는 미국 역사에 대한 강경한 해석에 대한 균형 잡기를 시도하며, 비판과 비판적으로 사고하는 것의 차이를 확인한다.

2부에서는 사실과 여론, 증거 등 디지털 조작이 판치는 시대에 가장 필요한 것으로 '역사적 사고historical thinking'를 제안한다. 많은 것을 암기하는 것이 역사 공부에서 가장 중요하다는 믿음을 뒤집기 위해 고등학생과 교사, 과학자, 성직자, 역사학자 들의 목소리를 담아냈다. 나는 역사

학습으로 서두르거나 섣부른 판단을 하지 않는 사고방식을 길러 충동성을 해소할 수 있으리라 생각한다.

3부는 나의 자전적 이야기다. 먼저 역사적 사고에 대해 연구하면서 대부분 연구자들만 읽는 글을 써오던 내가 어떻게 인터넷 사업가로 변신해 500만 번 이상 다운로드된 무료 공개 자료를 만들게 되었는지 그 이야기를 들려준다. 다음은 노트북과 스마트폰을 통해 다가오는 새로운 세상에서 우리가 마주하게 될 도전에 대한 이야기다. 고전적인 읽기 방식은 더는 통하지 않는다. 매일 파묻힐 듯 쏟아지는 정보의 더미에 대처하기 위해서는 새로운 읽기 방식이 필요하다. 디지털 정보의 유효성을 평가하기 위해 대학생, 역사가, 전문 팩트체커fact checker 들을 컴퓨터 모니터 앞에 앉히고 관찰했다. 이 연구의 배경을 소개한다.

4부에서는 한 편의 글로 교육도 변할 수 있다는 희망의 메시지를 전한다. 전국의 학생과 성인 4,000명을 대상으로 한 '역사상 가장 유명한 미국인'(대통령과 영부인은 제외)에 대한 설문조사 결과가 바로 그것이다. 결과부터 말하면, 조사 대상자들이 뽑은 가장 유명한 미국인 3인은 마틴 루서 킹Martin Luther King, 로자 파크스Rosa Parks, 해리엇 터브먼Harriet Tubman이다. 미국의 교육과정이 "죽은 백인 남성들"에게 지배당하고 있다는 전문가들의 주장과 달리, 이들은 모두 아프리카계 미국인이다. 미국인들이 생각하는 영웅에 대한 생각이 앞선 시대와 달라진 듯하다. 그 밖에 선정된 인물 중에는 발명가, 기업인, 연예인 등도 있었다. 그러나 무엇보다 우리의 관심을 끈 것은 근래 미국인들이 생각하는 영웅은 인간의 권리를 확대하고, 고통을 완화하고, 불의를 바로잡고, 자유를 증진하기 위해 행동한 사람들이란 점이다. 마지막으로, 간략한 후기에서 왜 미래 지향적인 기술 사회에서도 과거에 대한 연구가 교육과정에서 필수불가

결한가를 논한다.

우리가 소비하는 정보를 규제하지 않는 시대에 거짓에서 진실을 가려내는 것은 가산점을 얻기 위한 일이 아니다. 구글은 많은 일을 할 수 있지만 통찰력을 가르쳐주지는 않는다. 이렇게 많은 정보를 쉽게 얻을 수 있던 적도 없지만, 이 정보들을 제대로 다룰 준비를 한 적도 없다. 토머스 제퍼슨Thomas Jefferson이 주장한 것처럼 민주주의와 대중 선동을 구별하는 것이 시민이 갖추어야 할 중요한 역량이라면, 우리가 해야 할 일이 있다. 자, 시작해보자.

1부

역사 교육이 처한 역경

OUR CURRENT PLIGHT

01

역사에 집착하다

미국은 '역사 멍청이들의 나라'?

미국이 제1차 세계대전에 참전한 1917년, 그해 처음으로 미국 학생들의 역사 학습 실태를 대규모로 조사·분석한 연구 결과가 주목을 받았다. 이 연구는 브루클린사범대학의 제임스 벨James C. Bell과 데이비드 맥컬럼David F. McCollum의 주도로 이루어졌다. 그들은 텍사스의 초등학생부터 대학생에 이르는 1,500명을 대상으로 역사 인식 조사를 실시하고, 그 결과를 발표했다.[1] 이들은 역사 교사들이 학생들이 반드시 알아야 한다고 판단한 인물, 연도, 사건의 목록을 작성했다. 토머스 제퍼슨, 존 버고인John Burgoyne, 알렉산더 해밀턴Alexander Hamilton, 사이러스 맥코믹Cyrus H. McCormic 등 역사적 인물, 1492, 1776, 1861년 등의 연도, 그리고 반트러스트법Sherman Antitrust Act, 도망 노예 송환법Fugitive Slave Act, 드레드 스콧 판결Dred Scott decision 같은 것들 말이다. 그리고 초등 단계인 5~7학년생과 휴스턴, 헌츠빌, 브레넘, 샌마커스, 오스틴 등 5개 도시의 중·고등학생, 텍사스대학과 남서 텍사스주의 사범대학, 샘휴스턴사범대학 학생들에게 이 목록을 제시하고 질문에 답하게 했다.

결과는 참담했다. 학생들은 1492년이 갖는 의미는 알고 있었지만 1776년에 무슨 일이 일어났는지는 알지 못했고 토머스 제퍼슨을 제퍼슨 데이비스Jefferson Davis와 혼동했으며,* 18세기의 연합헌장Articles of Confederation을 19세기 남북전쟁의 맥락에서 이해하고 있었다. 또 텍사스 역사에서 미국-멕시코전쟁이 일어난 1846년이 왜 중요한지 몰라 멍한 표정만 짓고 있었다.**

* 1492년에 크리스토퍼 콜럼버스가 아메리카 대륙을 발견했고, 1776년에는 미국이 독립을 선언했다. 그리고 토머스 제퍼슨은 1776년 독립선언문 기초위원으로 초안을 작성했으며, 제3대 대통령을 지냈다. 제퍼슨 데이비스는 미시시피주 상원의원을 지내며 노예제를 지지했고, 남부 연합 대통령에 선출되어 남북전쟁을 이끌었다.

** 미국-멕시코전쟁은 미국이 1845년에 텍사스를 주(州)로 편입한 일을 계기로 발발했다. 이 전쟁에서 승리한 미국은 멕시코로부터 캘리포니아, 유타, 네바다 등 서부의 광대한 영토를 확보하게 되었다.

초등학생들의 정답률은 16퍼센트로 형편없었다. 1년간 역사 수업을 들은 고등학생들은 33퍼센트로 절망적이었으며, 초·중·고를 거치면서 이미 세 차례나 역사 교육을 받은 대학생들의 정답률은 49퍼센트로 간신히 절반에 근접했다. 출제자들은 정규 교육과정의 역사 학습 결과가 단지 "학년이 올라감에 따라 점수가 불규칙하게 소폭 상승"하는 데 그쳤다는 점에 씁쓸해했다. 벨과 맥컬럼은 반세기 후의 교육부 장관과 평론가들의 한탄을 예상하면서, "아주 단순하고 명백한 역사적 사실을 물었을 뿐인데, 100점 만점에 33점이라니! 부끄러워해야 할 점수"라며 교육 시스템과 교육 당국의 책임을 지적했다.[2]

제2차 세계대전 무렵까지, 학생들이 역사에 대해 놀라울 정도로 아는 것이 없다는 기사가 신문의 1면을 차지했다. 1943년 4월 4일 《뉴욕타임스The New York Times》의 헤드라인은 "미국사에 무지한 대학 신입생들"이었다. 일찍이 "젊은이들이 미국사를 너무 모른다"고 비판한 역사가 앨런 네빈스Allan Nevins의 주장을 뒷받침하는 조사 결과가 나온 것이다. 7,000명의 대학 신입생 중 미국-에스파냐전쟁1898 당시 윌리엄 매킨리William McKinley가 대통령이었다는 사실을 알고 있는 학생은 15퍼센트밖에 되지 않았고, 과거 13개의 미국 식민지를 알고 있는 학생은 겨우 6퍼센트였다. 토머스 제퍼슨의 업적 두 가지를 말할 수 있는 학생도 25퍼센트가 채 되지 않았다.

학생들이 알고 있다는 역사 지식도 대부분 당혹스러운 것이었다. 학생들은 에이브러햄 링컨Abraham Lincoln을 미국 초대 대통령이자 헌법의 아버지이면서 노예를 학대한 사람으로 알고 있었다.* 텍사스 동부에서 고등학교를 졸업한 한 학생은 견제와 균형의 원리에 대한 질문에 답하면서 "의회는 대통령이 통과시키고자 하는 법안에 거부권을 행사할 권한을 가지고 있다"라고 말도 안 되는 주장을 했다. 또 학생들은 미국이 네덜란드로부터 알래스카를, 영국으로부터 필리핀을, 스웨덴으로부터 루이지애나를, 노르웨이로부터 하와이를 사들여 국경을 확장한 것으로 알고 있었다.** 《뉴욕타임스》는 한 사설에서 역사 지식에 형편없이 무지한 젊은이들을 향해 혹평을 퍼부었다.[3]

《뉴욕타임스》는 미국 독립 200주년을 맞은 1976년 기념일에 또 한 차례 비판을 쏟아냈다. 《뉴욕타임스》가 의뢰한 두 번째 조사는 하버드대학의 버나드 베일린Bernard Bailyn 교수가 이끌었다. 《뉴욕타임스》는 미국 교육평가원Educational Testing Service, ETS의 지원을 받아 194곳의 대학 신입생 2,000여 명을 대상으로 설문조사를 했는데, 그 결과는 1976년 5월 2일 독립 기념 200주년 퍼레이드에 찬물을 끼얹는 것이었다. 조사 결과는 학생들이 지닌 역사 지식의 한계를

* 미국의 초대 대통령은 조지 워싱턴이며, 헌법의 아버지로 불리는 인물은 미국 헌법 초안을 기초한 제임스 매디슨(James Madison)이다. 미국 제16대 대통령인 링컨은 남북전쟁 중 노예해방을 선언했다.

** 미국은 러시아로부터 알래스카를, 프랑스로부터 루이지애나를 사들였고 에스파냐와의 전쟁을 통해 필리핀을 획득했으며, 독립 군주국이었던 하와이는 쿠데타를 통해 합병했다.

보여주었다. 학생들은 42개의 선다형 문항에서 평균 21개를 맞추었다. 낙제점에 해당하는 당혹스러운 점수였다.

이 충격적인 결과에 달변가인 베일린 교수도 말문이 막힐 수밖에 없었다. 그는 이 결과를 어떻게 설명해야 할지 난감해했다.[4] 1987, 1994, 2001, 2006, 2010, 2014년에 실시한 전국교육성취도평가(일명 "미국의 성적표Nation's Report Card") 결과 역시 이전의 조사 결과와 다르지 않았다.[5] 미국 교육부 차관을 지낸 다이앤 래비치Diane Ravitch와 체스터 핀Chester Finn은 1987년 첫 전국교육성취도평가 직후, 학생들의 "부끄러운" 수준을 질타하며 역사 교육의 위기가 임박했다고 엄중히 경고했다. 그들은 교육과정을 개혁하지 않으면 청소년들이 "거인과 피그미를 구별하지 못해 거인의 어깨 위에 설 수 없게 될 것"•이라고 예견했다.[6]

14년 후인 2001년 전국교육성취도평가 결과에 대해서도 전문가들은 여전히 진부하면서 독선적인 비난과 다가올 미래에 대한 어두운 예언을 쏟아냈다. 그린즈버러Greensboro의 신문 《뉴스 앤드 레코드News and Record》는 미국은 "역사 멍청이들의 나라"라고 목소리를 높였고, 시사지 《위클리 스탠다드Weekly Standard》는 "정말로 바보 같다"라며 야유했다. 젊은 층의 역사에 대한 무지는 미국이 "전쟁이나 테러 위협에 처해 있는 것과 마찬가지로 매우 위험하다"라는 것이었다.[7] 아이러니하게도 2001년의 조사는 지난 10여 년 동안 표준운동standard movement••과 학생들의 수준 향상을 위한 치열한 노력 끝에 실시된 것이었다. 하지만 그 결과는

• "내가 더 멀리 보았다면, 그것은 거인들의 어깨 위에 서 있었기 때문이다." 아이작 뉴턴(Isaac Newton)이 인용하여 유명해진 이 말은, 거인의 어깨 위에 올라선 난쟁이는 거인보다 더 멀리 본다는 이야기에서 유래했다. 뉴턴은 과거 위대한 사람들의 업적이 있었기에 현재 자신 앞에 놓인 문제를 획기적이고 효율적으로 해결하는 방안을 터득할 수 있었다 뜻으로 이 말을 사용했다.

•• 1980년대 미국 정부가 교육과정 및 교육목표와 평가에 대한 표준 시스템을 마련하기 위해 실시한 국가 차원의 운동. 특히 역사 교육에서 국가표준을 마련할 수 있는지에 대한 사회적 논쟁이 1990년대까지 지속되었다.

이전 조사 결과와 별반 다를 것이 없었다. 《워싱턴 포스트》는 학생 열 명 중 여섯 명이 미국 역사에 대한 기본 지식이 부족하다고 보도했고, 전국교육성취도평가 관계자들도 그 결과에 대해 "끔찍하다", "받아들일 수 없다", "최악이다"라고 혹평했다. 당시 교육부 장관 로드 페이지Rod Paige는 "많은 학생이 민주주의, 국가의 성장, 세계에서 미국의 역할 같은 기본적인 개념과 관련된 질문에 쩔쩔맸다"라며 불만을 털어놓았다. 국가 표준을 채택해 그 지침에 따라 학생들을 가르친 주와 그렇지 않은 주의 점수 차이도 거의 없었다. 당황한 교육부 장관은 "이 결과를 어떻게 설명해야 할지 모르겠다"라고 말했다.[8]

비관과 절망이 끊이지 않고 다시 이어졌다. 2014년 전국교육성취도평가가 끝난 직후였다. 신문들은 "미국 학생들, 사회 과목 부진", "8학년 학생들, 미국사와 공민 점수 가장 낮아" 같은 고리타분한 헤드라인을 옛 신문기사에서 찾아내 실었다.[9] 국가평가위원회National Assessment Governing Board 위원장은 이 상황을 "받아들일 수 없다"라며 비난했다. 미국사회과교육학회National Council for the Social Studies 회장은 "미국의 미래 세대가 자기 나라의 역사를 이해하지 못한다면, 세계에서 미국의 지위를 어떻게 유지할 것인가?"라고 조사 결과를 세계 무대에서 낮아진 미국의 위상과 관련지으며 목소리를 높였다.[10] 그런가 하면 민주당 전국위원회 전前 총재 레슬리 프랜시스Leslie C. Francis는 생뚱맞게도 13세 아이들의 시험 점수와 미국의 사회문제를 연관시켰다. 그는 〈공민학에 대한 무지가 시민 불안을 야기하다〉라는 글에서 2014년 전국교육성취도평가 결과를 2015년 4월 볼티모어를 뒤흔든 인종폭동과 관련지었다. 아프리카계 미국인 청년이 경찰의 과잉 진압으로 사망하자 평화 시위가 일어났고, 이것이 점차 폭동으로 변해갔다. 그런데 프랜시스는 폭동의 원인을 경찰의 가혹 행위나 공정한 법 집행을 막는 인종차별에서 찾지 않았다. 그보다 "사회과, 즉 역사·지리·정치·공민·경제에 대한 무지와 소외된 도시 사이의 연관성에 대한 진지한 토론이 더 늦기 전에 이루어져야 한다"라고 주장했다.[11]

금본위제를 지지한 이들은 동부 은행가들이 아니라 서부 목장주들이었다는 사실을 십 대들이 아는지 모르는지는 평론가들에게 더 이상 중요한 문제가 아니다.[12] 앨버트 샨커 연구소lbert Shanker Institute는 〈민주주의를 위한 교육Education for Democracy〉이라는 블루리본 보고서에서 여러 해 동안의 실망스러운 시험 결과를 지적하면서 다음과 같이 주장했다. "무언가 잘못되었다. …… 한심하게도 학생들은 미국인으로서 갖추어야 할 과거에 대한 지식이 매우 부족하다. 공공선公共善에 무관심하고 미국의 역사와 단절되어 있다. 우리는 이를 뒷받침하는 명확한 증거를 가지고 있다."[13] 1917년 벨과 맥컬럼이 1,500명의 학생을 대상으로 역사 학습 실태를 조사한 이래, 현재까지 어떠한 성과도 거두지 못한 상황에서 이 연구소가 가지고 있는 명확한 증거란 도대체 무엇이란 말인가?

오늘날 학생들의 낮은 역사 점수를 학교교육과정에서 역사가 정점에 있던 1917년 시험 결과에 비추어 설명할 수 없다.[14] 아무도 1917년 텍사스 지역 교사들이 너무 많은 내용 지식을 가르치거나 따분한 사회과 교육과정을 제공했기 때문에 학생들이 수업을 지겨워했다고 비난할 수 없다. 게다가 미국 사회과교육학회(1921년 설립)는 그 당시 존재하지도 않았다. 텍사스 지역 교사들은 훈련을 받지 못한 것도, 공적 지원이 부족한 열악한 환경에서 근무한 것도 아니었다. 그들은 당시 지역사회에서 가장 교육을 많이 받은 구성원으로서 존경의 대상이었다(벨과 맥컬럼은 조사 대상 지역이었던 텍사스 "휴스톤과 오스틴의 고등학교는 우수한 학교 운영으로 평판이 자자했으며 높은 수준의 교사들을 보유하고

있었다"라고 기록했다. 오늘날 도시 학교에 대한 평가에서는 상상하기 힘든 일이다).[15]

미국인들은 제2차 세계대전 시기에 대학이라는 안전지대를 포기하고 전쟁의 위험 속으로 뛰어들었던 대학생들을 "위대한 세대The Greatest Generation"•라 부르고 싶어 한다. 하지만 그들이 "위대"해 보이는 것은 현대의 거울로 볼 때만 그렇다. 당시 기성세대들은 그들을 멍청이로 치부했고 그들의 전투 능력을 의심하기까지 했다. 앨런 네빈스는 1942년 5월 《뉴욕타임스》에 기고한 글에서 "우리가 중요하게 생각하는 원칙들이 어떻게 이루어져왔는지 모른다면 우리가 무엇을 위해 싸우는지도 이해할 수 없다"라고 역사 문맹자들로 구성된 군대가 어떻게 국가의 책무를 질 것인지 의문을 제기했다.[16]

• 1910년대~1920년대 중반에 태어나 대공황과 제2차 세계대전을 겪은 세대로, 미국의 전후 복구와 경제 부흥을 이끌었다.

지난 한 세기 동안 이루어진 역사 지식에 대한 조사 결과를 냉철하게 분석해보아도 "미국 사회의 공동체적 문화 기억이 점차 붕괴"되어간다거나 나날이 "역사적 무지가 심각"해지고 있다는 증거는 찾을 수 없다. 유일하게 증가한 것이 있다면 과거의 무지에 대한 우리의 망각이다. 지난 100년 동안의 결과는 미국 특유의 신경증, 즉 젊은 세대가 부끄러울 정도로 역사에 무지하다는 것을 밝히거나 혹은 그것을 밝히기 위해 시험을 치러야 한다는 각 세대의 강박을 보여준다. 여러 세대를 아우르는 조사 결과의 일관성은 오히려 단지 사실을 많이 아는 것을 최고로 여겼던 시기에 의문을 제기한다. 역사적 사실에 대한 집착은 다시 돌아오지 않을 시대에 대한 향수이자 국가 신화를 전승하고자 하는 욕구에 불과하다.[17]

학생들을 바보로 만드는 시험 문제

통계학자 데일 휘팅턴Dale Whittington이 최근 시험 결과와 20세기 초 시험 결과를 비교했는데, 오늘날 학생들의 점수가 그들의 부모 세대나 조부모, 증조부모 세대의 결과와 비슷하다는 것을 발견했다. 20세기 초에는 소수 엘리트만이 고등교육을 받았던 데 비해 현재는 세계 각국에서 보편교육이 이뤄진다는 점을 고려하면 이는 놀라운 결과이다. 인구통계학상 응시자의 질적·양적 변화에도 불구하고 학생들의 지식 정도가 40~50점대로 비슷하게 나타나는 것은 불가사의하다. 심지어 세기를 거슬러 올라가 응시자들의 인구통계학적 변화를 고려하더라도 학생들의 지식 수준은 일관되게 나타난다.[18] 역사가들이 중요하다고 생각하는 지식과 시험을 치르는 사람이 바뀌었는데도 점수대가 유사하게 나타나는 이유는 무얼까?

역사 시험 결과로는 학생들이 바보인 것처럼 보인다. 그런데 이것은 조작된 평가 시스템 탓이다. 현대의 대형 교육평가기관이 측정한 시험 점수 분포는 대칭적인 정규분포곡선을 이룬다. 1930년대 이래 유럽에서 "미국식 시험Americantest"이라고 비판하는 선다형 시험은 이처럼 정교한 종bell 모양의 점수 분포를 만들어냈다. 각 시험 문항은 하나의 발문과 여러 개의 선택지로 이루어진다. 선택지 중 하나만 정답이고 나머지는 "그럴듯하거나", "정답처럼" 보이는 오답이다.

전국 단위 시험을 실시한 초기에 선다형 시험의 목적은 학생들이 특정 수준의 지식을 성취했는지를 측정하기보다 학생들의 순위를 매기는 데 있었다. 좋은 문항은 학생들의 차이를 극대화해 점수 분포 폭이 넓게 퍼지는 반면, 나쁜 문항은 모든 학생이 정답을 맞출 만큼 쉽거나 모두

틀릴 만큼 어려워 그 폭이 좁다. 학생 대부분을 정규분포곡선 범위 안에 위치시킬 수 있는 가장 좋은 방안은 공부를 잘하는 학생들만 맞출 수 있는 몇 문항, 학생 대부분이 맞출 수 있는 몇 문항, 그리고 나머지는 학생 40~60퍼센트 정도가 맞출 수 있는 문항으로 구성하는 것이다. 개별 점수를 전체 대표 통계치norm, 규준와 비교하는 "규준지향norm referenced" 평가에서는 각 문항이 제대로 역할을 하는지 확인하기 위해 현장 검증을 실시한다. 여기에서 시험관의 언어가 드러난다. 좋은 문항은 중간 정도의 난이도와 높은 "변별 지수"를 가진다. 높은 점수를 받는 학생들은 문제를 올바르게 이해하고 점수가 낮은 학생들은 문제를 잘못 이해하는 경향이 있다. 이러한 도식에서 벗어난 문항은 삭제된다. 학생들을 매끄러운 종형 곡선 아래 배치할 수 있는 문항만이 최종적으로 시험에 출제된다.[19]

1930년대 전국 단위의 선다형 시험, 이른바 상대평가가 교실 현장에 도입되었을 때, 이것은 교사들이 생각하는 우수, 평균, 평균 미만의 평가 개념(절대평가)에 맞지 않는 것이었다. 많은 교사가 낙제점은 75점 미만, 평균 점수는 85점 정도여야 한다고 여겼다. 평가기관은 이런 문화 충돌을 예상하고 교사들의 염려를 잠재울 자료를 준비했다. 1936년, 오늘날 미국 교육평가원의 전신인 미국교육협의회American Council on Education의 공동평가원Cooperative Test Service은 새로운 채점 방식을 다음과 같이 설명했다.

> 많은 교사가 시험 문항이 제대로 학습을 한 모든 혹은 대다수 학생이 알고 있거나 할 수 있는 것을 측정해야 한다고 생각한다. 미국교육협의회 공동평가원이 제공하는 시험 유형에서 이러한 생각은 심각한 오개념이 된다. …… 이상적으로 최하위의 학생들은 0점에 근접한 점수를 받고 평균의 학생들은 절반을 맞추고 우수한 학생들은 만점에 가까운 점수를 받도록 시험의 난이

도가 조정되어야 한다. …… 이 시험의 직접적인 목표는 학생 개인이 학습한 것을 이해하고 활용할 수 있는 능력을 갖추었는지 다른 학생과 비교하는 것이다.[20]

정규분포곡선을 만들기 위한 문항 출제 방식은 이후 미국 고등학생들에게 친숙하고 중요한 시험, 즉 대학입학자격시험Scholastic Assessment Test, 이하, SAT에도 적용되었다. 학생들이 아무리 지적으로 우수하더라도 혹은 표준운동이 어떤 기적을 일으키든 인종과 사회계층 간의 성취 격차가 어느 정도 줄어든다 하더라도, 학생들 대부분이 SAT에서 2,400점 만점을 받는 것은 불가능하다. 만일 그렇게 될 경우 정규곡선은 비정규곡선이 될 것이고, "아이들 모두가 평균 이상을 성취하는" 워비곤호수효과Lake Wobegon Effect•는 사실이 될 것이다.[21] 스포츠 리그에서 모든 팀이 경기에서 승리할 수 없듯이, 정규분포곡선은 승자와 패자를 만든다.

한 문항을 모든 학생이 맞추었다고 해서 그들 모두가 정확히 그 내용을 안다고 할 수 없다. 정답이 아닌 나머지 선택지가 별로 매력적이지 않았을 수도 있다. 전국교육성취도평가 문항의 선택지에는 문항의 변별지수를 높이거나 학생들을 함정에 빠뜨리기 위해 흥미로운 사건이나 인물이 나타나는 경우가 있다. 모릴법Morill Act이나 은화와 경제 침체의 관계 등은 고등학생들이 반드시 알아야 할 지식이어서 선택지에 포함되는 것이 아니다. 이처럼 시험 문제는 책임감 있는 출제자의 합리적인 역사적 판단이 아니라, 교육평가업계의 교묘한 속임수로 만들어진다.[22]

실제로 평가의 목적이 학생들의 순위를 매기

• 미국의 풍자작가 개리슨 케일러(Garrison Keillor)가 만들어낸 가상의 마을 워비곤호수에 사는 사람들은 스스로를 모든 면에서 평균보다 뛰어나다고 과대평가한다. 이러한 현상을 가리켜 '워비곤호수효과'라고 한다.

기 위한 것일 때, 역사적 정확성조차도 미끼가 수 있다. 2010년 전국교육성취도평가에서 학생들에게 다음과 같은 질문이 제시되었다.

한국전쟁 중에 한국군과 주로 미국인으로 구성된 유엔군은 북한군과 ________에 맞서 싸웠다.

(A) 소련 (B) 일본 (C) 중국 (D) 베트남[23]

학생들이 임의로 답을 한다면, 맞힐 확률은 4분의 1일 것이다. 그러나 학생들의 점수는 기대보다 낮았다. 22퍼센트만이 정답인 (C) 중국을 선택했다. 가장 많은 학생이 선택한 것은 (A) 소련이었는데, 응답자 중 38퍼센트를 차지했다. 비관론자들은 이 결과에 어이없어 했다. 캔자스주의 《토피카 캐피털 저널Topeka Capital Journa》은 이 문제에 대한 8학년 학생들의 성적을 "최악의 상태"라고 매도하면서 애통해하는 내용의 사설을 실었다.[24] 학생들이 소련을 선택한 것은 1947년 한반도 신탁통치를 둘러싼 미소공동위원회의 결렬과 한반도 총선거에 대한 합의가 이루어지지 못한 것과 관련이 있을까? 아니면 소련의 지도자 이오시프 스탈린Iosif Vissarionovich Stalin이 김일성에게 남한을 공격하도록 승인한 것과 관련이 있을까?(당시 김일성은 마오쩌둥毛澤東에게는 의견을 묻지도 않았다)[25] 아니면 1950년 11월과 1951년 12월 사이에 북한으로 들어간 모든 미그기를 전투 경험이 풍부한 소련의 324항공전투사단 정예요원들이 조종했기 때문일까?[26] 그것도 아니면 북한군이 사용했던 무기, 탄약, 보급품 등 모든 물자를 소련에서 조달했기 때문일까? 혹은 휴전협정이 체결될 때까지 7만 명에 달하는 소련의 조종사, 기술자, 포병 들이 참전했기 때문일까?[27] 이 정보들 가운데 어느 것도 새로울 것은 없다. 찾기 어려운 정보도 아니다.[28] 만약 출제자들이 학생들의 점수를 교묘하게 흔들기보다는 실제로 무엇을 알고 있는지 파악하려고 했다면 선택지에 프랑스나 네덜란드, 오스트레일리아, 바베이도스 같이 전혀 상관없는 나라를 포함했어야 한다.

이처럼 아이들을 평가하는 데 혼동을 일으키는 역사 지식이 사용되었을 때, 어떤 요소들을 비판적으로 검토해야 할까? 바로 속임수와 기만을 장려하는 시험 문화와 학생들을 교육하기 위해서가 아니라 교란하기 위해 출제된 시험 문제, 지엽적이고 사소한 것에 집착하는 역사적 관점을 들 수 있다. 이러한 요소들이 모두 제거된다면 우리는 학생들에게 합리적이고 정확한 시험 문제를 제시할 수 있을 것이다.

만약 똑똑한 학생이 그렇지 못한 학생보다 수준이 떨어진다면? 더 구체적으로 말하면, 하위권 학생들도 다 맞추는 문제를 우수한 학생들이 못 풀고 쩔쩔맨다면? 미안하지만 이런 일은 일어나지 않을 것이다. 시험의 기술공학 덕분이다. 전국 단위의 선다형 시험은 양분상관계수로 알려진 통계기법을 이용해 출제된다. 이 기법에 따르면 각 시험 문항이 학생들의 총점에 수학적으로 연계되어 있어, 전체 패턴에서 벗어난 개별 문항은 최종 출제 문항에서 제외된다.[29] 어떻게 이럴 수가 있을까? 흑인인권운동가 두 보이스W. E. B. Du Bois가 발행한 잡지 《위기Crisis》에 관한 문항이 있다고 가정해보자. 이 문항이 포함된 시험에서 전체적으로 백인 학생들이 흑인 학생들보다 30점 더 높은 점수를 받았는데, 이 문항은 백인 학생들보다 흑인 학생들의 정답률이 높게 나왔다. 이럴 경우 이 문항과 시험의 나머지 문항과의 상관관계는 0에 수렴하거나 부적 상관negative correlation을 가진다. 비록 역사가들이 이 문항의 내용이 필수적이라고

생각하더라도, 그것이 출제될 가능성은 희박하다.[30]

전국교육성취도평가의 역사 시험처럼 성취도를 평가하는 시험은 기술적으로 미리 정해진 곡선에 맞추기 위해 다듬어지기보다 "준거standard, 성취기준"를 기반으로 한다(이론적으로 모든 학생은 "준거에 도달"할 수 있어야 한다). 그러나 문항 분석, 변별, 양분상관계수 또는 문항과 시험의 상관관계 및 분산 등을 따지는 관행이 시험 문화에 깊이 배어 있어 모든 면에서 대규모 객관식 시험 결과가 전통적인 정규분포곡선에 들어맞도록 설계되었다.[31] 1987년 전국교육성취도평가 역사 시험을 설계한 프로그램 책임자 스티븐 코플러Steven Koffler 역시 전통적인 문항 분석 방법과 양분상관계수가 준거 기반 시험 문항을 출제하는 데 이용되었음을 인정한 바 있다.[32]

이것은 실질적으로 무엇을 의미할까? 주류 역사가 아닌 역사 지식을 가지고 있는 학생들은 전국 단위의 역사 시험에서 자신의 역사적 문해력을 제대로 평가받기 어렵다는 뜻이다. 미국 교육평가원 통계학자들이 사전 조사에서 학생 대부분이 조지 워싱턴, 미국 국가 〈성조기여 영원하라〉, 로자 파크스, 히로시마에 투하된 원자폭탄, 남북전쟁의 주요 원인인 노예제, 베이브 루스Babe Ruth, 해리엇 터브먼, 시민권 운동, "나에게는 꿈이 있습니다"라고 한 마틴 루서 킹의 연설을 알고 있다는 것을 알았다면, 그들은 시험에서 관련 문항을 모두 없애야 했을 것이다. 학생 대부분이 알고 있는 문항들은 점수를 분산시킬 수 없기 때문이다. 따라서 앞으로 전국 단위 시험 실시 결과, "100가지 미국사 기본 지식! 마침내 12학년 학생들이 우수한 성적을 거두다" 같은 대서특필 기사를 기대하지 마라. 오늘날의 시험 시스템에서는 이런 일이 일어나지 않을 것이다. 교사들이 학생들을 아무리 잘 가르치더라도 말이다.[33]

이상한 문제풀이 방식

시험의 기본 토대는 이 시험에서 무엇을 측정하고자 하는가에 달려 있다. 이것은 매우 간단하다. 미국독립전쟁에 대한 시험은 식민지인들이 프랑스나 독일이 아닌 영국의 속박을 벗어던졌음을 학생들이 파악할 수 있도록 출제되어야 한다. 만약 학생들이 정답을 찾지 못한다면 그것은 학생들의 잘못이 아니라 시험 문항에 문제가 있는 것이다.

학생들의 답안이 시험에서 측정하고자 하는 사고력을 반영하고 있는지를 어떻게 알 수 있을까? 그것을 알아내기 위해, 월트 헤이니Walt Haney와 로리 스콧Laurie Scott은 10, 11세 학생들에게 초등학생용 전국교육성취도평가인 스탠포드성취도평가Stanford Achievement Test의 과학 문제를 풀 때 떠오르는 생각을 소리 내어 말하도록 했다. 식물학에 관한 문항으로, "어떤 식물이 가장 적은 양의 물이 필요할까?"라는 질문과 함께 관엽식물, 양상추나 양배추처럼 보이는 식물, 선인장 그림이 제시되었다. 몇몇 학생들은 이 그림을 보고서 각각 "잎이 많은 채소", "꽃", "가시"라고 해석하기도 했지만, 대부분의 학생은 "선인장"을 정답으로 선택했다. 이는 출제자들이 의도한 질문에 대한 답이기도 했다.

그런데 한 아이가 동의하지 않았다. 이 아이는 "양배추"를 선택했는데, "양배추도 많은 물이 필요하지 않아요. 단지 씻을 때만 물이 필요할 뿐인걸요"라고 그 이유를 설명했다. 제시된 그림은 우리가 흔히 냉장고 야채 보관실에서 볼 수 있는 겉잎과 뿌리가 없는 양배추의 모습이고, 실제로 이것은 씻을 때만 물이 필요하다. 전통적인 시험에서 이런 답은 오답으로 처리될 것이고 학생의 식물학적 지식이 부족한 것으로 치부될 것이다. 하지만 이 아이의 답변은 소위 정답으로 인정되는 그 어느 답변보다 영리하고 창의적이지 않은가?

"어떤 식물이 가장 적은 양의 물이 필요할까?"라는 질문에 대한 아이들의 답안(1987).

스탠퍼드대학 연구원 마크 D. 스미스Mark D. Smith는 시험 문항과 그 문항에서 도출해야 할 사고과정이 학생들마다 비슷하게 일치하지 않는다는 것을 발견했다. 2010년 전국교육성취도평가 역사 시험에는 학생들의 "역사 분석과 해석 능력"을 측정할 수 있는 문항들이 출제되었다. 시험을 기획한 담당자의 말에 따르면 역사 분석과 해석 능력이란 학생들이 "사료의 관점과 편견, 그리고 가치 판단을 설명하고", "역사적 인물과 사건, 사료의 중요성을 판단하고, 합리적인 일반화를 도출하여 설득력 있는 논증으로 추론의 정당성을 입증하는 데 요구되는 능력"이다.[34] 스미스는 27명의 고등학생을 표본으로 삼았는데, 이 학생들은 대학과목 선이수제Advanced Placement, AP 과정의 미국사 시험에서 5점 만점에 3점 이상을 획득한 우수 학생들이었다. 헤이니와 스콧처럼 스미스도 학생들이 시험 문제를 풀면서 그들의 생각을 말로 표현해달라고 부탁했다. 그런데 결과는 한결같이 충격적이었다. 스미스는 학생들이 문제를 푸는 사고과정에서 "역사 분석과 해석" 능력을 발휘했다고 할 만한 '단 하나'의 사례도 찾을 수 없었다. 오히려 학생들은 시험을 잘 보는 요령을 발휘해 시험 문제의 내용과 상관없는 방식으로 답을 찾아냈다. 이러한 문항 중 하나는 수정헌법 제14조가 갖는 의미를 묻는 것이었다.

다음은 수정헌법 제14조의 한 부분이다.

미국에서 출생 또는 미국에 귀화해 미국의 관할권에 있는 모든 사람은 미국 및 그들이 거주하는 주의 시민이다. 어떠한 주도 미국 시민의 특권과 면책권을 박탈하는 법률을 제정하거나 강행할 수 없다. 어떠한 주도 적법한 절차에 의하지 아니하고는 어떠한 사람에게서도 생명, 자유, 재산을 박탈할 수 없으며, 어떠한 사람에 대해서도 법률에 의한 평등한 보호를 거부하지 못한다.

질문: 이 개정안은 ________의 보호를 가장 중요시했다.

A. 학교에서 일어나는 일을 통제할 수 있는 공동체의 권리

B. 미국에 살고 있는 외국인들의 권리

C. 미국 시민 개개인의 권리

D. 국가 안보를 이유로 보안을 유지하는 정부의 권리[35]

이 문항이 역사 분석 능력을 측정하고자 했다면, 출제자는 학생들이 헌법이 개정된 배경을 언급할 것이라 예상했을 것이다. 이를테면, 노예제 폐지를 주요 내용으로 한 수정 조항 제13조가 통과될 당시 남부 백인 남성들의 분노, 흑인들의 선거권을 제한한 "흑인단속법Black Codes", 남부 주들의 수정 조항 제14조 비준 거부 등과 같이 "역사 분석과 해석"이라는 말에 걸맞은 여러 가지 요소 말이다. 그러나 스미스는 학생들의 답변에서 시험 답안과 관련된 것 외에 당시의 맥락에 대해서는 아무것도 들을 수 없었다. 17세의 조너선이 문제를 푸는 과정은 역사적 맥락에서 완전히 벗어나 있었다.

제14조는 미국에서 태어났거나 귀화한 사람들에 대해 말하고 있어요. 그들의 권리 말이에요. 그래서 B는 정답이 아니에요. 외국인은 단순히 미국을 방문하거나 귀화하지 않은 사람들도 포함되니까요……. A와 D는 학교를 통제

하는 공동체나 국가 안보를 위해 비밀을 지키는 정부에 관한 것이니까 헌법에는 없는 이야기예요. 그러면 C가 남고, 시민의 권리는 헌법과 가장 어울리니까 이게 정답이에요.[36]

조너선의 답변에서 수정헌법 제14조에 대해 조금이라도 알고 있다고 여길 만한 내용은 전혀 없었다. 조너선이 한 유일한 분석은 제시문에 나온 단어와 선택지의 단어를 비교하여 서로 어울리는 것을 짝지은 것이었다. 조너선은 자신이 수정헌법 제14조에 대해 잘 몰라서 단지 주어진 자료를 논리적으로 분류했으며, 이를 일반적인 서술문으로 보았다는 점을 인정하는 데 별로 주저하지 않았다.

심지어 역사적 사건의 시기를 정확히 알지 못하고도 정답을 찾을 수 있었다. 16세의 제나는 1786년 셰이스의 반란Shay's Rebellion에 관한 문제를 풀었다. 독립전쟁 참전 용사 대니얼 셰이스Daniel Shays는 미국군의 파산으로 밀린 봉급을 받지 못해 집으로 돌아와 엄청난 빚에 시달렸고 채권자들의 독촉을 피할 수 없었다. 그는 불만을 품은 농부들로 구성된 오합지졸 군대를 이끌고 매사추세츠주 스프링필드의 연방 무기고를 공격하려 했지만, 주 민병대의 진압 작전이 전개되자 급히 달아났다. 다음은 셰이스의 반란이 미친 영향에 대한 질문이다.

질문: 1786년 셰이스 반란이 중요했던 이유는 무엇인가?

A. 사람들이 중앙정부가 너무 약하다고 믿게 되었다.

B. 대중이 더는 미국제일은행을 지지하지 않게 되었다.

C. 사람들이 영국의 폭정보다 대통령의 독재를 더 두려워하게 되었다.

D. 북부 사람들이 노예제가 새로 획득한 영토로 확장되어야 한다고 확신하

게 되었다.[37]

스미스가 인터뷰한 학생 대부분은 대학과목 선이수제 과정에서 학습한 내용을 떠올려 문제를 풀었다. 그러나 제나는 셰이스 반란을 베이컨의 반란Bacon's Rebellion과 혼동했다. 베이컨의 반란은 1676년 당시 아메리카 원주민의 공격으로부터 주민들을 보호하지 못한 식민지 당국에 대항해 일어난 것이다. 17세기와 19세기 사이를 왔다 갔다 하던 제나는 마침내 남북전쟁 중반에 안착했다.

셰이스의 반란과 베이컨의 반란이 헷갈려요. 저는 셰이스의 반란이 정부나 노예제에 관한 것이라 생각해서 정답은 A 아니면 D 둘 중 하나일 것 같아요. 그런데 노예들이 노예제를 폐지하려고 했기 때문에 D의 노예제도 확대와는 관련 없을 것 같아요. 그래서 C도, D도 정답이 아니에요. 정답은 A 아니면 B인데, 미국제일은행에 대해 생각나는 것이 없는 걸 보니 대중적이지 않았던 것 같아요. 하지만 남부에는 탄탄한 중앙정부가 없었던 것으로 기억해요. 그래서 아마도 정답은 A인 것 같아요.

시대를 혼동하던 제나는 1786년에 일어난 셰이스의 반란을 남북전쟁 중이던 1861년 남부 대통령 제퍼슨 데이비스가 리치먼드에서 잘못된 전략을 세워 일어난 반란으로 알고 있었고, 그 때문에 남부인들이 A와 같이 중앙정부의 힘이 약하다고 인식하게 되었다고 생각했다. 제나는 답을 맞추었지만, 제나의 답안지를 채점하는 광학 스캐너는 결코 제나가 문제를 푸는 사고과정은 읽어낼 수 없을 것이다.

지루한 역사 수업, 정치적인 교육과정

선다형 시험의 문제점을 이야기할 때조차 17세 학생들의 3분의 2가 남북전쟁이 언제 일어났는지 모른다고 걱정하는 사람이 있을 것이다. 의식 있는 사람들은 그러한 지식이 교양 있는 시민 양성에 중요하다고 본다. 교육비평가이자 "문화 리터러시"의 주창자인 E. D. 허쉬E. D. Hirsch가 주장했듯이 주요 인물과 사건, 연대순을 파악하는 이해의 틀 없이는 세계를 이해할 수 없고 사실상 신문을 읽는 것도 불가능해진다. 그렇다면 왜 이렇게 많은 젊은이가 핵심 지식이 부족한 상태에서 고등학교를 졸업하는 것일까?[38]

공화당과 민주당 양쪽 모두(역사학자들은 물론, 학생들이 더 많이 알아야 한다고 생각하는 사람들까지) 솔깃할 만한 이야기는 사회과 교육계의 로비 단체와 그 대리인 들이 내용 없는 '비판적 사고' 연습에 시간을 낭비하게 하면서 학생들의 생각을 왜곡시킨다는 것이다. 이러한 탁상공론식 분석에 따른 문제점이 교육과정에 어느 정도 반영되어 있을지 모르겠지만, 학교 현장에서는 전혀 다른 수업이 이루어지고 있다. 앞에서 언급한 1987년 전국교육성취도평가 결과를 분석한 다이앤 래비치와 체스터 핀은 전형적인 사회과 수업 모습을 다음과 같이 묘사했다.

> 학생들은 교사의 설명을 듣고 교과서를 사용하여 시험을 치른다. 가끔 영화를 보거나 정보를 암기하며 인물과 사건에 관한 이야기를 읽는다. 협동학습이나 사료 읽기는 거의 이루어지지 않으며, 기말 보고서를 쓰거나 현재 공부하는 내용의 중요성을 토론하는 일도 드물다.[39]

1960년대 초 인디애나주에서 이루어진 역사·사회과 교육 연구에서도 비슷한 결과가 나왔다. 1984년 굿러드John I. Goodlad는 이 연구를 바탕으로 《학교라 불리는 곳A Place Called School》을 출간했다. 20세기 학교 교육에 대해 가장 광범위한 조사가 이루어진 이 연구는 민속학자 20명이 1,350개 교실에서 1만 7,163명의 학생을 관찰했다. 굿러드 교수팀이 방문한 고등학교들은 모두 미국의 역사와 정치를 가르치고 있었다. 교사들은 "탐구학습"과 "능동적 학습"이 자신들의 교육목표라고 주장했으나, 조사 결과는 전혀 다른 이야기를 들려주었다. 학생들의 학습은 이름이나 날짜 같은 정보를 암기하는 것에 지나지 않았다. 굿러드에 따르면, 역사 교육과정의 주제는 "인류에 대한 지대한 관심"이지만 "실제 교실에서는 이와는 다른 심상찮은 일들이 일어나는 듯했다." 역사의 본질이라 할 수 있는 "인간적 특성"이 제거되고, 단지 시험을 대비하기 위해 외워야 하는 날짜와 장소 들로 축소된 것이다.[40]

"새 교육과정"에 따른 교육 실천이 한창이던 1960년대 말에서 1970년대 초, 교실을 개혁하기 위해 발 벗고 나선 이들도 교사 잡지에 실린 평온한 이미지와 다른 무언가를 발견했다. 찰스 실버먼Charles Silberman이 참관한 역사 수업에서 학생들은 대부분 세부적인 것, 사소한 것, 정확하지 않은 사실을 익히는 데 많은 시간을 보냈다. 그것은 개념, 구조, 인지 전략, 혹은 수업 계획과는 무관했다. 1994년 인디애나대학 조사연구센터의 로이 로젠츠바이크Roy Rosenzweig와 데이비드 텔렌David Thelen은 미국인 약 1,500명을 대상으로 전국적 설문조사를 했다. 그들은 참가자들에게 자신이 학생 때 경험한 역사 수업을 한 단어나 한 구절로 표현하게 했다. 가장 많이 나온 응답은 "지루함"이었다. 역사 수업에는 활기가 부족했다. 이는 프로젝트, 구술사, 시뮬레이션 혹은 E. D. 허쉬와 다른 이들이 혹평했던 "진보적인" 사상 때문이 아니라, 역사교육학자인 래리 큐번Larry Cuban의 지적처럼 교사 한 명이 학생 25~40명 앞에서 혼자 이야기하는 "변화 없는 수업" 방식 때문이다. 플로리다주에 사는 64세의 남성은 이렇게 기억했다. "선생님이 특정 날짜를 말하면, 우리는 차렷 자세로 그 날짜에 무슨 일이 일어났는지 말해야 했어요. 전 그게 너무 싫었죠."[41] 오늘날 '거꾸로 수업'과 '혼합형 수업blended learning'•에 대한 홍보에도 불구하고 역사 수업은 그다지 바뀐 것 같지 않다. 2015년의 한 설문조사에서 3,000명이 넘는 고등학생이 학교 수업 중 강의식 수업을 가장 많이 하는 교사는 역사 교사라고 응답했다.[42]

• 거꾸로 수업은 온라인으로 기본 사실에 대해 선행학습을 한 후 토론식으로 진행하는 수업이고, 혼합형 수업은 온라인과 오프라인 수업을 결합한 학습 형태를 가리킨다.

역사 수업의 또 다른 골칫거리는 모든 것을 다 알고 있는 듯한 교과서다. 장작보다 두껍고 때로는 더 무거운 교과서들은 어수선하고 복잡하기로는 뉴스 웹사이트의 기사 못지않다. 여러 개의 설명 상자가 달린 삽화, "어떻게 읽어야 할까?"라는 캡션이 붙은 3색의 그림, 성취기준과 관련된 단원 정리 질문 들이 교과서 내용의 대부분을 차지한다. 거대한 교과서 회사들은 위협적이기도 하지만 가장 열정적이기도 하다. 교과서 산업은 종종 특정 이익단체와 결탁한 주의 교과서선정위원회의 변덕에 좌지우지된다. 2010년 역사 중심의 사회과 교육과정 개혁운동의 대표 모델인 캘리포니아 역사-사회과학 틀California History Social Science Framework이 수정되자, 로비 단체들은 표준 초안에 대응했으며, 경우에 따라 주 교과서선정위원회의 승인을 받은 현행 교과서를 저술하기도 했다. 위원회가 권고한 미국의 기원에 관한 원래의 표준안은 학생들이 "미국 건국에 앞서 일어났던 주요 사건들을 이해하고, 그 중요성을 유대 기독교 사상과 영국

• 데이비드 바튼은 미국이 건설한 도덕과 종교, 헌법적 토대를 바탕으로 그동안 알려지지 않은 미국 역사와 영웅들을 발굴한다는 명분으로 월빌더스를 설립했다.

의회 전통에 기초한 미국 민주주의 제도의 발달과 연관시켜야 한다"는 것이었다. 그러나 최종본에는 학생들이 "독립선언서에 나타난 양도할 수 없는 시민의 권리를 강조하는 정부의 철학을 설명할 수 있어야 한다"는 문구가 추가되었다. 이 같은 문구는 당시 텍사스 공화당 부의장이자, 역사가와 기독교인뿐만 아니라 비기독교인들에게도 비판받고 있는 복음주의 기독교 단체 월빌더스WallBuilders• 의 창시자 데이비드 바튼David Barton의 펜 끝에서 나왔다.[43] 이에 오렌지카운티 이슬람교육협회도 이슬람에 관한 표준안 7.1을 포함해 교육과정 표준안에 대한 상세한 건의서를 제출했다. 캘리포니아주 교과서선정위원회가 최종 채택한 표준안 7.2에는 학생들이 "이슬람의 기원과 무함마드의 삶과 가르침, 이슬람 신앙과 수행 그리고 법의 기초가 되는 코란과 수나의 중요성"에 대해 알아야 한다는 내용이 추가되었다. 이 문구는 이슬람교육협회가 제출한 건의서 내용을 그대로 옮긴 것이었다.[44]

역사에 대한 집착에서 벗어나기

교육의 변화가 천천히 진행된다면, 혁명을 기다리는 동안 우리는 무엇을 해야 할까? 우선 과거 전투의 이름이나 항공모함의 이름 같은 세부적인 것에 대한 시험을 내면서 학생들이 제2차 세계대전이 언제 시작되었고, 동맹국이 누구였는지도 알아야 한다고 주장할 수 없다는 것을 인정해야 한다(어쨌든 우리는 손에 쥔 스마트폰으로 언제든 검색할 수 있으니까). 로비스트들의 입맛에 맞춰 만들어진 표준 문서들은 오늘날 골동품으로 전락해 웃음거리가 되었다. 고등학교 졸업생 대부분이 남북전쟁이 언제 일어났는지, 한국전쟁이 제2차 세계대전 전에 일어났는지 후에 일어났는지 모르는데, 어떻게 17세 학생들에게 역사를 배워야 한다고 주장할 수 있을까? 주 의회가 현실과 동떨어진 교육표준을 세운다면, 결과는 하나다. 바로 대중의 신뢰를 무너뜨리고 냉소의 씨앗을 심는 것이다. 부모와 조부모 세대가 기억하는 왕조는 고작해야 블레이크나 알렉시스 같은 이름을 가진 통치자들이 치세하던 왕조뿐이면서, 정작 아이들에게는 (정색하며) 중국의 주周 왕조와 진秦 왕조의 차이를 아는 것이 중요하다고 말한다면 국가표준이 무슨 의미가 있겠는가?[45] 우리가 또다시 아이들의 무지를 알게 된다면, 교육부가 다시 한 번 국가표준 도달이라는 목표에서 한발 물러서야 한다면, 우리는 실패한 것이다. 이 엄청난 거짓말, 즉 아이들이 아는 것이 없다는 것은 우리 모두의 책임이다.

오늘날 우리가 젊은 층의 지식을 평가할 때 직면하는 딜레마는 1917년 벨과 맥컬럼이 직면했던 것과 다르지 않다. 대규모 선다형 시험으로 "역사의식"에 해당하는 사고력을 포착할 수 있다고 말하는 역사학자는 거의 없을 것이다. 선다형 시험은 역사적으로 올바르거나 역사 연구에 더 기여할 수 있기 때문이 아니라 기계가 채점을 쉽게 할 수 있기 때문에 사용된다. 선다형 시험의 원형인 마코그래프Markograph는 학생들의 시험지를 손으로 채점하는 데 진저리가 난 미시건의 한 과학 교사가 1933년에 발명했다(훗날 그는 IBM에 이 권리를 1만 5,000달러에 팔았다).[46] 대공황 시기의 시험 방식을 여전히 사용하고 있다는 것은 국가적 수치이다.

선다형 시험은 다른 면으로도 많은 비용을 치르게 한다. 선다형 시험은 역사가 사방에 흩어진 분절적인 지식의 모음에 불과하다는 절망적인 메시지를 전한다. 하나의 시험 문항은 다음 문항과 아무런 관련이 없으며, 만일 몇 초 안에 답을 할 수 없다면 다음 문제로 넘어가는 것이 현명하다. 이러한 평가방식은 조립 라인의 노동자들이 반복 노동으로 생계비를 벌 수 있었을 때나 의미가 있었을 것이다. 하지만 지식 경제에서 선다형 시험은 문제 해결의 본질 자체를 조롱한다. 현실의 문제는 4개의 선택지에서 정답 하나를 고르는 것보다 더 복잡하다. 선다형 시험은 역사를 꼬치꼬치 캐묻는 퀴즈 문제로 바꾸어놓았다. 이러니 학생들이 역사를 싫어할 수밖에 없다.

같은 방식으로 계속하면서 다른 결과를 기대하는 사람을 보통은 어리석다고 한다. 교과서가 수업을 지배하는 한, 주정부가 저마다 "우리 점수가 더 높다"며 경쟁을 계속하는 한, 역사학자들이 계량심리학자들이 제시하는 수치에 압도되어 기가 꺾이는 한, 결과는 달라질 것이 없을 것이다.

1917년 이후 과학기술은 극적으로 변화했지만, 정보를 보유하는 뇌의 능력은 변하지 않았다. 1917년 또는 1943년 학생들이 교과서로 익힌 지식의 정도가 오늘날 두꺼운 교과서로 익힌 지식의 정도보다 더 나을 것이 없다. 많은 양의 사실 정보를 익히는 가벼운 여행은 즐거울지 모르겠으나, 그런 산만한 여행은 기억에 남는 것이 거의 없다. 사고는 일정한 패턴과 형식을 가지고 형성되는데, 각각의 단계에서 심층적이고 면밀한 학습과 함께 천천히 쌓아가며 반복 훈련을 해야 한다. 젊은 사람들이 역사를 배우길 원한다면, 우리는 의료계에서 응급 환자의 우선순위를 정할 때 사용하는 트리아지triage라는 개념을 염두에 둘 필요가 있다. 이에 대해 테네시대학의 윌프레드 맥 클레이Wilfred McClay는 다음과 같이 설명했다.

> 기억은 목적이 있고 선택적일 때, 가장 강력한 힘을 발휘한다. …… 우리에게는 의미 있고 진실된 방식으로 사실을 연결하는 이야기와 내러티브, …… 주목할 가치가 있는 사실을 아는 능력이 필요하다. …… 우리는 의미의 본보기에 맞는 것들과 더 큰 전체를 가리키는 것들을 기억한다. 지속적인 관심사와 어떠한 관련도 없는 세세한 것들을 기억할 수 없다. …… 수업과 교육과정을 설계하는 일은 필수적인 것을 살리기 위해 수많은 이야기에서 무엇을 버릴지 힘든 결정을 하는 '트리아지'와 같아야 한다. 우리는 미국 학생 모두가 알아야 할 것들을 분명히 하고, …… 그렇지 않는 것들은 과감하게 버려야 한다.[47]

기계적인 시험은 효율성이라는 잘못된 신념으로 우리를 유혹한다. 더 쉽고, 더 싸고, 과학적인 방법이 있다고 속삭인다. 그러나 진실은 앞으로도 학생들이 더 많은 동그라미에 검은 칠을 할 수 있도록 준비시킬 뿐이라는 것이다. 이 사실을 빨리 깨달으면 깨달을수록 우리는 역사에 대한 집착에서 더 빨리 해방될 수 있을 것이다.

02

국가 주도의 역사 교육 키우기

역사 교육을 구할 영웅의 등장?

2000년 교육비 예산 69쪽 수정 조항은 그냥 지나치기 쉬웠다. 로버트 버드Robert C. Byrd 상원의원의 주도로 교육과정 내 별도의 교과로서 "미국사 교육 프로그램을 개발, 실행, 강화"하는 데 5,000만 달러를 지원하는 내용의 수정 조항이 수많은 "폐지, 재정, 개정된 조항들"에 포함된 것이다.[1]

이 수정 조항이 이처럼 신속하게 통과되라고는 아무도 예상하지 못했다. 이런 횡재를 예상하지 못한 것은 역사가들도 마찬가지다. 특히 지난 교육과정 개발에 참여한 사람들은 더욱 그러했다. 역사학자와 교육과정 전문가, 교사, 개발 담당자 들의 합작품인 미국사국가표준National Standards for United History은 의회에서 피투성이가 되어 99대 1의 압도적인 표 차로 비난을 받으며 종말을 고해야 했다.

그러나 그해 6월, 역사는 슈퍼영웅을 발견했다. 웨스트버지니아주 민주당 상원의원 로버트 버드는 의회 내 최장수 의원으로서 존경받았다. 그는 위엄 있는 태도와 그리스 로마 역사에 대한 백과사전적 지식을 갖추고 있었으며, 헌법 사본을 주머니에 넣고 다니며 동료 의원들에게 헌법상 의무를 일깨워주는 기이한 습관이 있었다.[2] 버드는 역사 교육이 위기에 처해 있고 이로 인해 국가의 미래가 위태롭다고 보았다. "더 이상 미국 역사에 관한 지식을 강조하지 않는" 체제에서 "역사책이라고는 하지만 역사가 없는 책"으로 역사를 배우는 학생들은 자신의 정당한 유산을 도둑맞았다는 것이다.[3] 그는 웨스트버지니아 남부 애팔래치아Appalachian 지역 탄광촌에 있는 교실이 두 칸뿐인 학교에서 자신이 받았던 교육에 향수를 느꼈다. 1923년 초등학교에 입학한 그는 80대에 들어서도 당시 선생님들의 이름과 가장 좋아하던 교과서《프라이의 지리학Frye's Geography》 내용을 정확히 기억하고 있었다.

버드에게 역사의 목적은 애국심과 애향심을 고취하는 데 있었다. 과거에 대한 연구는 애팔래치아 탄광촌의 어린아이가 성장기에 존경했던 미국 영웅들(미국독립전쟁의 영웅인 프랜시스 매리언Francis Marion, 너대니얼 그린Nathanael Greene, 대니얼 모건Daniel Morgan, 대통령을 역임한 조지 워싱턴과 제임스 매디슨, 그리고 정치가 벤저민 프랭클린Benjamin Franklin)의 이야기로 학생들의 정신을 고양해야 하는 것이었다.

버드는 가장 뛰어난 영웅으로 네이선 헤일Nathan Hale을 들었다. 헤일은 독립전쟁 당시 영국군에서 미국 스파이로 활동하다 처형당한 인물로, 죽기 직전에 "조국을 위해 바칠 목숨이 하나뿐이라는 것이 안타깝다"라고 말했다고 전한다.[4] 버드는 만일 역사책이 헤일을 높이 평가하지 않는다면, "그 책을 역사책이라 여기지 않겠다"고 공언할 정도였다.[5]

또 버드는《구약성서》의 예레미야처럼 역사 연구를 소홀히 한다면 이

땅이 병들 것이라 예언했다.

> 조상들의 말과 행동을 대대로 전할 수 없다는 것은 궁극적으로 훌륭하고 영광스러운 대의민주주의를 영속하는 데 실패했음을 의미한다. 과거에서 교훈을 얻을 수 없다면 생명, 자유, 정의 같은 우리나라의 핵심 이념이 존속할 것이라는 점을 어떻게 확신할 수 있을까?[6]

역사는 미국인들을 "시민적 유대감"으로 묶어내면서 다언어, 다민족이라는 다양한 실타래를 하나의 국민으로 통합한다. 버드는 그 실타래가 끊어지고 있다고 주장했다. 그에 대한 증거로 미국 대학 4학년생의 22퍼센트만이 게티즈버그 연설의 일부인 "국민의, 국민에 의한, 국민을 위한 정부"를 알고 있다는 통계를 인용했다. 미국의 대학들은 자신의 책무를 소홀히 하고 있으며, 권위 있는 기관 대다수도 "더 이상 어떤 형태의 역사 연구도 필요로 하지 않는다."[7] 조지프 리버먼Joseph Lieberman 상원의원은 더욱 암울한 수치로 버드를 지원하고 나섰다. 대학 상급생의 81퍼센트가 "기본적인 고등학교 역사 시험에서 D 또는 F 학점을 받았다"는 것이다.[8]

2000년 6월에 도대체 무슨 일이 있었길래 버드, 리버먼, 그리고 다른 상원의원들이 미국인의 기억이 붕괴되고 "시민적 유대감"이 느슨해지고 있다고 생각하게 되었을까? 이들은 모두 같은 문서를 읽었거나 최소한 관련 보도자료를 읽은 것으로 밝혀졌다. 그 문서는 리버먼 의원이 학문의 자유 추구에 헌신하는 비영리단체라고 규정한 미국대학재단이사 및 동문협의회American Council of Trustees and Alumni, 이하 ACTA의 보고서 〈잃어버린 미국의 기억: 21세기의 역사적 문맹〉이었다.[9]

조지 W. 부시George W. Bush 행정부의 부통령이었던 딕 체니Richard Bruce Dick Cheney의 부인 린 체니Lynne V. Cheney가 1995년에 전국동문포럼National Alumni Forum으로 설립한 ACTA가 학문의 자유를 수호한다는 것은 여우에게 닭장을 맡긴 꼴이나 다름없었다. ACTA는 브래들리 재단Lynde and Harry Bradley Foundation과 존 올린 재단John M. Olin Foundation의 지원을 받아 2001년 11월에는 〈문명의 수호: 대학은 미국을 어떻게 실패로 이끌고 있는가〉 같은 보고서들을 발간해 뉴스의 헤드라인을 장식했다.

9·11테러의 충격이 가시지 않은 시기에 발간된 〈문명의 수호〉는 제시 잭슨Jesse Jackson 목사가 하버드 로스쿨 학생들에게 "미국은 단순히 폭탄이나 장벽이 아니라 다리와 관계를 구축해야 한다"라고 말했을 때처럼 국가 정책에 대한 "부정적 정서"를 대학 캠퍼스에 불러일으켰다.[10]

ACTA는 시민 기억civic memory을 측정하기 위해 코네티컷대학 설문조사분석센터에 미국 역사에 관한 34개의 선다형 문항 출제를 의뢰했다. 조사 대상인 대학생들은 미주리를 노예주로, 메인을 자유주로 결정한 '미주리 타협안Missouri Compromise'과 존 마셜John Marshall과 관련된 위헌소송사건의 이름(마버리 대 매디슨 사건), 헌법의 아버지가 누구인지(응답자 중 53퍼센트가 토머스 제퍼슨으로 잘못 알고 있었고, 제임스 매디슨으로 올바르게 응답한 사람은 25퍼센트가 안 되었다) 등을 알아야 했다. 출제자들은 분명히 이전의 시험들을 통해 미국 학생들이 맥락에서 괴리된 역사 지식을 묻는 시험에 늘 쩔쩔맨다는 것을 알고 있었다.

ACTA는 이 조사로 학생들을 바보처럼 보이게 하려 했고, 그 전략은 먹혔다. 시험 문제 중에는 대중문화에 관한 것, 즉 "비비스와 버트헤드Beavis and Butt-head는 만화영화 캐릭터인가 실제 군인인가?", "스눕독은 래퍼인가 재즈 가수인가?" 같은 장난스러운 문제들이 이따금 섞여 있었다.

이런 문제는 대학생들에게 식은 죽 먹기라는 것을 출제자들도 알고 있었다. 예상대로 99퍼센트의 학생이 비비스와 버트헤드를 알고 있었다. 그러나 다른 문제들, 이를테면 '마버리 대 매디슨 사건'에서 약 33퍼센트만이 마셜을 '마버리'와 연관시켰다. 응답자 556명은 평범한 대학생들이 아니었다. ACTA는 막대한 자금과 가장 진보적인 교수들을 보유한 하버드대학과 애머스트대학, 스워스모어대학을 포함한 일류 대학과 단과대학 졸업생을 조사 대상으로 확보하기 위해 전력을 다했다. 1942년 혹은 1976년에 발표되었던 자신들의 무지에 대해서는 편의상 기억 상실증에 빠진 채 이 우울한 결과만 내세워 이른바 '멍청이들'을 신나게 비난하는 논설위원들에게 돈벌이 기회를 제공했다.

새천년이 시작될 무렵, 젊은이들의 역사 지식을 평가하기 위한 시험은 연례행사가 되었고, 그 소식은 뉴스 피드에 나타나자마자 별 관심을 받지 못하고 이내 사라졌다. 그러나 〈잃어버린 미국의 기억〉은 버드와 리버먼뿐 아니라 상원의원 에드워드 케네디Edward Kennedy와 슬레이드 고튼Slade Gorton의 눈길을 사로잡았다. 이들은 이 보고서에 자극을 받아 공화국 역사상 가장 대규모로 연방정부 차원의 역사 교육을 전개했다.[11] 도대체 왜 그랬을까?

다른 워싱턴 지지 단체들과 마찬가지로 ACTA도 기자회견의 주인이 되어 풍성한 점심 만찬을 준비하고, 유명 인사들을 초대하여 각종 수치와 도표로 이뤄진 화려한 프레젠테이션을 선보였다. ACTA는 〈잃어버린 미국의 기억〉의 출간을 앞두고 고든 우드Gordon S. Wood, 존 패트릭 디긴스John Patrick Diggins 등 역사학계의 거물들을 영입하고, 베스트셀러 작가 데이비드 맥컬러프David McCullough 같은 유명 인사들에게 추천사를 받았다. 더 많은 행사가 매일 의원들의 일정에 따라 경쟁적으로 열렸다. 그렇다면,

어떻게 대학생들이 마셜과 마버리를 연결하지 못한 것을 비난하는 기자회견이 톱뉴스가 될 수 있었을까? 확실하진 않지만, ACTA의 기자회견에 위스콘신주 제6선거구 하원의원 톰 페트리Tom Petri가 리버만, 고튼 상원의원과 동반한 것에서 짐작할 수 있다. 〈잃어버린 미국의 기억〉의 주 필자인 앤 닐Anne D. Neal은 페트리의 아내였다.

'미국사 교육'을 지원하다

원래 버드 상원의원이 분노했던 대상은 미국 대학의 느슨한 역사 과목 이수 요건이었다. 그는 결의안의 서문에서 주 당국자들이 "주 내의 공립대학 및 대학의 교육과정을 검토하고 미국사 이수 요건을 강화"할 것을 촉구했다. 부모들에게는 자녀들을 실질적인 역사 교육과정이 있는 대학으로 진학시킬 것을, 대학 이사회에는 교육과정을 검토하여 미국사 이수 요건을 추가할 것을 요구했다.[12] 버드는 자신이 지켜내고자 하는 역사, 즉 훌륭하며 영광스러운 대의민주주의의 실험체로서의 미국의 역사는 프린스턴대학이나 컬럼비아대학의 까다로운 교수들에게 받아들이기 힘든 것임을 알아야 했다. 대학 교수들은 완고한 집단이다. 특히 무엇을 어떻게 가르쳐야 하는가에 있어서 말이다. 대학생, 더 나아가 태만한 교수들을 지적하기 위해 시작된 이 일은 마침내 더 다루기 쉬운 목표물을 발견했다. 바로 초·중·고등학교의 교사들이었다. 버드에게 새로운 표적은 사회과가 되었다. 그는 사회과가 미래 이 나라의 주인이 될 젊은 이들을 속이고 있다고 주장했다. 자서전에서 그는 "오늘날 미국 역사에 관한 많은 책이 진짜 역사가 아니며 다문화적 사회 연구에 불과하다"라고 꼬집었다.[13] 그는 "전통적인 미국 역사"로 돌아가는 것만이 시민 기

억의 위기를 막을 수 있다고 보았다.[14]

2001년 5월 23일 연방 공보에 새로운 보조금 지원 사업에 대한 공고가 게재되었다. 보조금은 콘텐츠 공급자, 즉 역사 단체, 박물관, 인문학 단체, 지역 대학 역사과와 협력 중인 지역 교육 단체에 지급될 것이었다. 이 새로운 사업은 교사에 대한 지원이 학생들의 학업 성취 증진과 연관되어야 한다고 분명히 밝혔다. 이 '미국사 교육Teaching American History, 이하, TAH' 프로그램은 "철저하고 지속적인 전문성 개발을 통해 미국사에 대한 교사들의 지식, 이해, 적용 능력을 증진함으로써 미국 역사에 대한 학생들의 학업 성취도를 향상"하려 했다.[15]

5,000만 달러로 시작된 프로그램의 예산은 2002년에는 배로 늘었는데, 당시 '아동 낙오 방지법No Child Left Behind'의 일환으로 제정되었다. 이듬해 버드 상원의원은 이 프로그램에 2,000만 달러를 추가로 집행하여 1년에 1억 2,000만 달러의 예산이 유럽사나 세계사, 고대사가 아닌 오직 미국 역사를 가르치기 위한 프로그램에 투입되었다. 대부분의 교사가 훈련받는 교사교육기관을 위한 기금은 마련되지 않았다. 사회과라는 냄새가 조금이라도 나는 것은 무엇이든 부패한 것으로 간주되었다.

TAH 프로그램을 실시한 2년 동안 교육부는 174개 지방 학구學區에 1억 5,000만 달러의 보조금을 지원했다. 지원 기간은 3년이었는데, 프로그램 시행 첫해에는 학구당 평균 82만 7,276달러, 두 번째 해에는 86만 7,903달러가 지급되었다. 두 번째 해가 끝날 무렵 교육부는 1억 5,000만 달러를 투자한 이 프로그램을 평가하기 위해 캘리포니아주 멘로파크Menlo Park에 본부를 둔 비영리연구단체인 스탠퍼드국제연구소Stanford Research Institute International, 이하 SRI와 계약을 체결했다. 이 평가단은 프로젝트 제안서와 실행 계획을 검토하고 프로그램 책임자를 인터뷰했으며 교사 참여자를 조사하고 개별 프로젝트 가운데 여덟 개를 선정해 집중 사례 연구를 실시했다. 그들이 연구한 프로젝트는 "다방면에 걸쳐" 새로운 의미를 가져왔다. 일부 프로젝트는 보수적 성향의 브래들리 재단으로부터 재정 지원을 받는 '브래들리 역사 위원회'의 지침을 따랐고, 또 다른 프로젝트에서는 하워드 가드너Haward Gardner의 다중지능이론을 접목하여 교사가 학생들의 "신체운동지능", "시각-공간지능", "자연탐구지능" 등을 포함한 모든 영역의 지능을 최대한 활용할 수 있도록 유도했다. 어느 프로젝트에서는 '살아 있는 역사History Alive!'라는 교육과정을 이용했다. 이 교육과정은 "체험학습"을 장려하기 위해 교사 교육과정 연구소Teachers' Curriculum Institute에서 개발한 것으로, "참호전의 신체적 불편함을 공감"하기 위해 학생들이 책상 아래 웅크리고 앉아 제1차 세계대전의 슬라이드를 보는 활동 같은 것을 포함했다.[16]

SRI 평가단은 교사의 학습 정도를 평가하기 위해 선택한 평가 도구가 신뢰성이 낮음을 발견했다. 즉 프로젝트의 90퍼센트 이상이 교사 자신의 보고서에 의존하고 있었다. 원 법안에 따르면 교사의 활동은 학생 학습과 연계되어야 하지만, 이를 시도한 프로젝트는 절반이 채 되지 않았다. 이는 외부 평가단의 연구보다는 교사들의 주관적인 보고서에 의존한 프로젝트였다. 이에 대해 SRI 평가단은 나름대로 절제된 표현을 써서 "전반적으로 학생과 교사의 미국 역사 지식을 평가하려는 프로젝트의 노력이 체계적이지 않은 것으로 보인다"라고 결론을 내렸다.[17]

여름 학기 프로젝트의 4분의 3은 선택 활동으로 구성되었다. 교사들은 지역 대학이나 학회의 역사학자 같은 "콘텐츠 제공자"들의 강의를 듣기 위해 모였다. 내용이 재미있든 지겹든 간에 이 강의의 취지는 동일했다. 교사들은 12~13세의 학생들을 가르칠 지식을 갖추어 학교 현장으로 돌아갈 것으로 기대되었다. 그러면 학생들은 맡은 바 본분을 다해 표준화된 시험에서 더 나은 점수를 받을 것이다.

보조금이 교부되기 전에도 교사들의 머릿속에 지식을 들이붓고 이어서 교사들이 학생들의 머릿속에 지식을 들이붓는 식의 전문성 개발 모델이 과연 효과가 있는지 의심을 샀다. 전문성 개발에 대한 설문조사에 따르면 교사들은 자신들이 학생일 때 경험해보지 못한 교수방법들을 실행하기 위해서는 학기 중에도 교실 현장에 대한 지원이 필요하다고 했다.[18] 새로운 내용 지식이 필요하긴 했지만, 그것만으로는 교실 현장에 어떤 변화가 일어나기를 바랄 수 없었다. 대학 세미나에서 먹히는 교수방안이 잠시도 가만히 있지 못하는 7학년 교실에서 물 흐르듯 순조롭게 이루어지기를 바랄 수는 없었다. 그러나 교실 현장에 대한 후속 지원 조치는 드물었다. 그다음 해에 현장 지원을 받았다고 보고한 교사들은 3분의 1도 되지 않았다. 후속 조치가 이루어졌다 하더라도 그 내용은 고작 이메일 업데이트가 전부였다.

SRI 평가단은 교사들이 학습한 것을 측정하기 위해 여섯 개의 TAH 프로젝트에서 교사들의 작업 샘플(수업안 및 단원 계획)을 분석했다. 평가단은 역사학자, 경력 교사, 그리고 역사 학위를 가진 SRI 직원들로 구성되었다. 그들은 사실에 입각한 정확성과 "역사 분석과 해석"의 두 가지 차원에서 자료들을 평가했다. 전국교육성취도평가 지침에서 도출한 "역사 분석과 해석"의 차원은 "과거에 대한 통찰력 있는 해석"을 제시하고, "인과 관계"를 생성하며, "확실한 결론을 이끌어낼 증거의 경중을 따질 수 있는" 능력을 강조했다.[19] 3점 척도에서 교사들은 역사적 사실의 정확성 항목에서 높은 점수(평균 2.78점)를 받았지만, 나머지는 그렇지 않았다. "역사 분석과 해석" 점수는 1.5~1.7점이었다. SRI 평가단은 초기 유럽인의 정착에 대한 수업을 다음과 같이 평가했다. "이것이 역사적 사실로서 옳을지라도 시간관념이 분명하지 않다. …… 역사적 맥락이 제공되지 않았으며…… 신대륙에서 이러한 접촉이 언제, 어디에서 일어났는지, 어떤 아메리카 원주민과 유럽인들 사이에서 상호작용이 있었는지 명확하지 않다. …… 이 역사적 사건의 복잡성에 대한 토론도 이루어지지 않았다." 다른 수업들에 대한 평가는 더 좋지 않았다. "대부분의 수업은 높은 수준의 역사적 개념과 사고기술을 드러내지 못했다"고 평가했다.[20]

역사학자이자 교사교육자인 로라 웨스트호프Laura Westhoff도 세인트루이스 교사들이 제출한 수업 계획을 검토한 후 유사한 결론을 내렸다. 이 수업의 주제는 1848년 세니커폴스 집회Seneca Falls Convention•의 〈감정 선언서Declaration of Sentiments〉였다. 〈감정 선언서〉에 담긴 급진적인 어조는 독립선언서의 강렬한 문체에서 영감을 얻었다. 영국 국왕에게 고충을 하소연하기보다 여성의 법적·정치적 참여의 권리를 부인하는 시스템의 세습 그 자체에 분노했다. 수업 계획을 검토하면서 웨스트호프는 〈감정 선언서〉가 학생들이 노트에 베껴 적는 정보의 원천인 교과서와 그 역할이 다르지 않음을 발견했다. 학생들은 〈감정 선언서〉에 담겨 있는 여성들의 불만 사항들을 열거한 뒤, 학생의 권리, 동성애자의 권리, 아프리카계 미국인의 권리, 불법 이민자의 권리 등 다양한 관점에서 선언서를 다시 쓰는 활동을 한다. 학생들은 1848년에 작성된 이 문서를 분석하지도, 지나간 시대를 해명하기 위해 이를 파헤치지도 않는다. 〈감정 선언서〉는 단지 정보 제공의 역할만 한다. 웨스트호프 교수의 추정에 따르면, 이 과제는 "운동이나 협약에 대한

• 1848년 7월 19일 미국 뉴욕주 세네카폴스에서 남성과 동등한 여성의 권리를 주장하는 최초의 여성 집회가 열렸다. 이때 선언서의 내용은 미국의 독립선언서를 모델로 했다.

더 깊은 이해"의 가능성을 배제했고 "교사들이 학생들의 역사적 사고를 적절히 평가할 수 있는 근거를 남기지 못했다".[21] 이 과제를 통해 과거로 가는 창을 여는 것이 아니라 오히려 닫아버리고 말았다.

입시학원보다 못한 결과

2010년 중반까지 TAH 프로그램은 미국사의 교수·학습 개선을 목표로 한 프로젝트에 거의 5억 달러를 지출했다. 오랫동안 연구개발비 지원의 우선순위에서 배제되어온 역사학자들은 처음에는 이게 무슨 일인지 얼떨떨했다. 이 프로그램이 처음 발표되었을 당시 미국역사학회American Historical Association 이사였던 아니타 존스Atnita Jones는 대학에 적을 둔 역사학자들의 역할을 "콘텐츠 제공사"로 제한하여, TAH 보조금 신청을 금지한 것에 항의했다. 존슨은 프로그램의 지침에 "단과대학과 4년제 대학, 역사학회나 그 밖의 기관에서 프로젝트를 계획하거나 보조금을 지원받을 수 있는 규정이 없다"고 불평했다. 또한 이러한 제한 때문에 콘텐츠에 민감한 학교들이 역사 지식은 건너뛰고 "교수 전략이나 교육과정 개발" 같은 상대적으로 중요성이 덜한 목표에 초점을 맞추게 될 수도 있다고 우려했다.[22]

그러나 TAH의 달러가 꾸준히 공급되자 삐걱거리는 수레바퀴에 윤활유를 바를 수 있게 되었다. TAH의 보조금 덕분에 역사학자들은 상당한 금액의 여름 학기 급여를 받을 수 있게 되었고, 빈사 상태에 빠져 있던 석사학위 프로그램은 새로운 활력을 얻었다. 강의실은 학비를 면제받은 교사들로 채워졌다. 역사가들로 구성된 드림팀은 전국을 순회했다. 위스콘신주의 농촌에서 프로젝트를 진행한 교사들은 게리 내시Gary Nash,

에릭 포너Eric Foner, 메리 베스 노튼Mary Beth Norton 같은 유명 인사들을 인구 570여 명의 베이필드와 2,280여 명의 워시번 같은 작은 마을로 초청할 수 있었다. 보조금이 꾸준히 들어오고 시간이 지나자 역사가들이 TAH 프로그램에 가졌던 양가감정은 열렬한 지지로 바뀌었다. 2002년 TAH의 지침에 이의를 제기했던 아니타 존스는, 교사들이 국회의원들에게 "TAH 보조금이 변화를 일으키고 있으며 계속 지속되어야 한다"는 점을 알리는 편지를 쓰도록 독려했다.[23] 확실히 열정적인 교사와 적극적으로 참여하는 역사가, 그리고 동기가 충만한 학생들에 관해 들려오는 이야기는 많아졌다. 그러나 TAH 프로그램이 학생들의 학업 성취에 어떤 영향을 끼쳤다는 명확한 증거는 어디에도 없었다. 교육부는 TAH 프로그램의 치명적 약점을 인지하고, 2003년 보조금 예산에서 중심축을 바로잡았다. 새로운 예산은 미국사 교육 프로젝트의 교육 효과 실험 및 유사 실험 연구에 참여한 학생들이 대조·비교군 학생들보다 교과 학습 내용 측정과 각 주의 미국사 평가 시험에서 더 높은 성취를 입증할 수 있는 과학적 처치/통제 설계를 제시한 계획안에 우선적으로 지원될 예정이었다.[24]

교육부는 프로젝트 결과를 엄격하게 평가하기 위해 버클리정책협회Berkeley Policy Associates, 이하, BPA에 두 번째 평가를 의뢰했다. BPA는 학생의 학습에 관해 신뢰할 만한 수치를 제공할 것을 약속한 프로젝트를 평가 대상으로 삼았다. 그러나 약속은 하는 것보다 지키는 것이 더 어려운 법이다. 아홉 가지 프로젝트 사례 중 단 한 건만이 성공적으로 학생들을 무작위로 실험군에 배정했고, 나머지는 프로젝트 계획을 실행하기에 충분한 수의 교사를 확보하거나 고용할 수 없었다.[25] 또 역사 해석 같은 높은 수준의 목표를 설정한 프로젝트는 향상 정도를 평가할 수 있는 신뢰할 만한 측정방법이 없었다. 이런 프로젝트는 과정 중에 중요한 학습이 일어났다 하더라도 연구 설계의 결함으로 결과를 입증할 수 없었다. BPA 평가단은 "학생들의 학업 성취에 미치는 영향에 대해 통계적으로 신뢰할 만한 결과를 산출하는 능력"은 "표본 규모가 작고 대조군이 부족하기 때문에 제한적"이라고 결론지었다.[26]

이런 냉정한 결과들을 염두에 두고 있던 나는 TAH 보조금을 받아 만들어진 단체 중 한 곳으로부터 이메일 한 통을 받고 놀랐다. 내용은 매우 인상적이었는데, 자신들의 TAH 교실이 국가인정시험에서 대조군의 학생들보다 30점이나 높은 점수를 받았다는 것이었다. 흥미를 느낀 나는 단체의 회장에게 연락해 데이터를 보내줄 수 있는지 물었다.[27] 그는 나에게 평가 담당자를 소개해주었고, 담당자는 '왕관의 보석'이라 할 수 있는 실험군과 대조군 교사 간에 통계상 유의미한 수치를 보인 연구 결과를 기꺼이 보내주었다. TAH 교실의 학생들은 사후 검사에서 15.46점을 얻어, 대조군 교실 학생들의 13.60점(소수점 셋째 자리에서 반올림한 점수)에 비해 유의수준 0.05로 통계적으로 의미 있는 결과를 얻었다. 그러나 "통계적"으로 중요한 것과 현실 세계에서 중요한 것은 정확히 어떤 관계가 있을까?

31문항으로 구성된 선다형 시험에서 실험군 학생들이 대조군 학생들보다 두 문항을 더 맞추었다. 결과가 이 정도면 괜찮은 편이다. 그런데 이 시험 문항들은 어떠했을까? 몇 가지를 살펴보자.

1. 유럽인들이 버지니아, 제임스타운에 처음 정착한 시기로 옳은 것은?

A. 1301~1400 B. 1401~1500 C. 1501~1600 D. 1601~1700

E. 1701~1800

2. 미국독립전쟁을 끝맺게 한 전투는?

A. 새러토가 전투 B. 게티즈버그 전투 C. 앨러모 전투 D. 요크타운 전투

E. 뉴올리언스 전투

3. 게티즈버그 전투와 빅스버그 전투로 ______________ .

A. 남부군의 사기가 고양되었다.

B. 프랑스가 남부 연합을 외교적으로 인정하게 되었다.

C. 전쟁의 주요 전환점이 되었다.

D. 링컨과 남북전쟁에 대한 북부 민주당의 비판이 정당화되었다.

제임스타운이 건설된 해(1607)를 기억하는 사람이 과연 몇이나 될까? 빅스버그나 요크타운은? 이 두 도시가 어느 주에 속하는지 아는 사람이 있긴 할까?

BPA가 이 연구를 심사했다면 정상적인 연구의 모든 심사 조건에서 낙제점을 받았을 것이다. 이 연구는 시작부터 문제가 있었다. 실험군과 대조군에 교사들을 무작위로 배치했어야 하고, 대조군에 대기자 목록을 준비해야 했으며, 적절한 사전 실험과 학생들에 대한 변인 통제가 이루어져야 했다.

이러한 각종 프로젝트의 결함은 그렇다 치더라도 TAH 프로젝트를 진행한 교사들이 자신의 역사 지식을 향상하기 위해 토요일과 여름 방학을 포기한 자발적 참여자란 사실은 여전히 남아 있다. 전국적인 평가에서 TAH에 참여한 교사들은 "일반적인 미국 역사 교사들보다 경험이 많고 일반 사회과 교사들보다 대학에서 역사를 전공하거나 부전공했을 가능성이 높다"는 것이 입증되었다.[28] 다시 말해, TAH 프로젝트에서 대

조군의 교사와 실험군의 교사들(그리고 각각의 학생들) 사이의 차이가 기존의 조건들에서 비롯된 것인지 아니면 TAH와 관련된 것인지 알 방법이 없었다. 결국, 학생들이 31개 문항에서 두 문항을 더 맞출 정도의 지식을 향상하기 위해 10억 달러나 투자해야 했는지 의문이 남는다. 그것이 목표였다면 캐플런이나 프린스턴 리뷰 같은 입시학원들이 훨씬 적은 비용으로 더 나은 결과를 얻을 수 있었을 것이다.

10억 달러를
날리다

2007년 TAH 프로그램은 곤경에 빠졌다. 역사 교사이자 열정적인 블로거인 윌 피츠휴Will Fitzhugh가 TAH의 활동을 "역사의 방학history vacations"이라며, 진지한 역사 연구에서 멀어지고 있다고 혹평을 퍼부었다. 그는 발표자 겸 평가자로 프로그램에 참여한 경험을 바탕으로 다음과 같이 '규탄'했다.

> 이 프로그램의 목적은 교사들의 역사 지식을 증진하려는 것이지만, 여기에는 교사의 지식이 학생들의 역사 지식 향상으로 이어질 것이라는 가정이 깔려 있다. 그러나 이것은 "묻지도 따지지도 말라"는 식의 책임 회피다. …… 아무도 프로그램에 투자된 수억 달러가 학생들의 역사 지식 향상에 효과가 있었는지 신경 쓰지 않는 듯하다.[29]

피츠휴는 자기 경험을 너무 과장했다. 교육부 관계자들은 이미 압박을 느끼고 있었으며, 해결책을 제시해야 한다는 것을 알고 있었다. 그들은 TAH 프로그램을 광범위하게 평가하기 위해 다시 한 번 SRI와 BPA

의 합동 평가단을 꾸렸다. 평가단의 한 위원은 나에게 TAH 프로그램의 혜택을 더 많이 받은 주의 학생들이 그렇지 않은 주의 학생들보다 전국 단위 역사 시험에서 더 높은 성적을 받았다는 결과가 나오기를 바란다고 말했다. 평가 계획은 낙관적이었다. 평가단은 교사의 내용 지식과 학생의 성취도 사이의 관계를 파악하고, 주나 국가 차원의 역사 시험에서 TAH에 참여한 학군과 학생 성적의 관련성을 밝히고, 긍정적 결과와 관련된 구체적인 교수방안을 추출하기 위해 성공적인 프로젝트의 '메타분석' 실시 계획을 수립했다.[30]

평가는 2007년 시작되어 4년 후인 2011년에 최종 보고서가 발표되었다. 2004~2006년에 보조금을 지원받은 단체는 375개였는데, 평가단은 110개 프로젝트로 평가 범위를 좁혀 프로젝트에 사용된 모든 수업자료와 최종 보고서를 검토하고, 사례 연구를 위해 그중 16개를 추렸다. 그러나 높은 기대감은 이내 무너졌다. 프로젝트 최종 보고서 대부분이 학생들의 학업 성취 결과를 분석하지 않거나 통제된 실험 설계가 부족했고, 표본, 설계, 통계의 효과에 대한 세부적인 정보를 제공하지 않아서 메타분석을 포기해야 했다.[31] 이처럼 허술한 자기 보고서들만이 프로젝트의 채택 여부를 결정지을 수단으로 남아 있었다.[32] 평가단은 심지어 성공한 프로젝트와 그렇지 못한 프로젝트를 구분할 수조차 없었다. "궁극적으로 '높은 성취'와 '전형적인 성취'를 확실히 구분할 수 있는 실천 유형을 찾을 수가 없었다."[33] 수천 건의 보조금이 50개 주에 지급되었고, 트럭 한 대 분량의 보고서가 워싱턴 D.C.에 있는 교육부로 들어왔다. 미국사 교육에 대한 이 방대한 투자의 결론은 오직 하나였다. "학생들의 학업 성취도에 대한 TAH 프로그램의 효과를 분석할 만큼 증거가 충분하지 않다."[34]

텍사스서던대학의 역사학 교수인 캐리 윈츠Cary D. Wintz는 TAH 프로그램이 시작되던 초기부터 참여해왔다. 윈츠는 2001~2006년 TAH 프로그램 제안서를 심사했는데, 프로그램의 내용뿐 아니라 진행과 평가 과정을 직접 지켜보았다. 그는 두 번이나 TAH에 상근하면서 프로그램 자문을 했다. 윈츠 역시 2009년에 프로그램을 평가하면서 "학생들의 학습에 미치는 영향이 명확하게 입증되지 않는다"라고 결론지었다. 그러나 평가서의 다음 문장에서 그는 TAH 프로그램으로 진짜 혜택을 본 사람들을 언급하며 만족스러워했다. "어마어마한 지원금은 역사가들과 역사학과에 중요한 영향을 미쳤다."[35] 로버트 버드 상원의원은 교사와 학생들의 역사 지식 향상을 위해 고안된 이 프로그램이 결국에는 도움이 가장 필요하지 않은 사람들, 즉 전문 역사가들에게만 혜택을 주고 끝나리라고는 상상도 하지 못했을 것이다.

1990년대 후반 정책분석가 게리 사이크스Gary Sykes는 미국의 유감스러운 전문성 개발 실태를 정리하면서 교육정책과 실천에서 가장 시급한 문제는 전문성 개발이라고 보았다.[36] 10년 후 하버드대학의 헤더 힐Heather Hill은 "교사의 전문성 신장을 위한 시스템은 모든 면에서 망가졌다"라며 전문성 개발 문제를 다시 상기시켰다.[37] 2007년 미국 교육과학연구소Institute of Education Sciences는 교사의 전문성 개발과 학생 성취도 간의 관계를 보여준다고 주장하는 모든 교과목 연구에 대해 전례 없는 검토를 실시했다. 총 1,343개의 연구물을 검토하여 적절한 설계와 측정, 표본 선정에 대한 정보, 교육부의 WWCThe What Works Clearinghouse에서 채택한 결과 측정을 포함하여 분석을 위한 여섯 가지 기준을 설정했다. 연구물 중 1,332개가 기준 미달이었고, 기준을 통과한 11개에도 역사 과목 연구는 없었다.

돌이켜 생각해보면 충분한 논의 없이 TAH 프로그램을 진행했다는 사실은 참으로 끔찍하다. TAH의 교사교육기관은 학교의 교육 현실에 맞지 않는 교육방식으로 어려움을 겪었다. 그곳에서 교사들은 오전에는 역사가의 강의를 듣고 오후에는 수업과 교수활동을 계획했다. 미네소타 주 TAH 프로그램 책임자인 데이나 카마이클Dana L. Carmichael은 이런 방식에 뿌리 깊은 문제가 있다고 보았다. (지역적으로든 국가적으로든) '교과 내용'을 제공하는 역사가들은 교사들이 '교육학'에서 무엇을 배우는지 알려 하지 않았고, 이로 인해 교사들이 스스로 교과 내용과 교수법을 통합해야 하는 '파편적인 학습'이 초래되었다.[38]

심지어 교사들은 역사 해석을 둘러싼 논쟁을 회피하기 위해 학생들에게 역사적 사고를 가르치려는 시도조차 하지 않았다. SRI의 사례 연구 중 하나로, 역사가들이 동일한 주제에 대해 토론한 후 서로 다른 결론을 내리는 과정을 교사들이 관찰하여 역사 지식의 논쟁적인 특성을 배우는 시간이 마련되어 있었다. TAH 프로그램 책임자 중 한 사람이 교사도 학생들과 마찬가지로 하나의 "정답"만 찾으려 한다는 사실을 관찰한 후 이 활동을 구상한 것이다. 교사들은 역사가들이 "자신이 사용한 방법의 개요"를 제시하고 "서로 다른 해석의 장단점"을 논의하는 것을 지켜보았다.[39]

다른 사람이 해석하는 과정을 보고 해석하는 방법을 배울 수 있다는 의심스러운 제안을 받아들인다 해도 이 활동이 교실 현장에 실질적인 영향을 끼치기는 어렵다. 학생들이 같은 사건을 다른 시각으로 볼 수 있도록 교사에게 다양한 문서자료를 선택하는 방법을 지도할 전문 지식을 갖고 있는 역사학자는 거의 없다. 15, 16세 아이들이 질문에 위축되지 않고 정답을 찾아가거나 모든 질문에 답할 수 있게 훈련하는 기술을 가진 교수들도 거의 없다. 엘살바도르나 과테말라에서 이주한 지 2년도 채 안 된 학생, 읽기 능력이 부족한 학생, 대학 수준의 읽기 능력을 갖춘 학생들이 모여 있는 교실에 나타나는 배경 지식의 격차를 해소할 수 있는 사람도 없다. 아이들이 실제로 이해했는지 믿을 만한 정보를 제공하는 새로운 형태의 평가와 씨름하는 교사들을 도와줄 위치에 있는 역사가는 더더욱 없다. 역사가, 특히 대학에서 역사를 가르치는 교수들은 스스로 인정하듯이 평가에는 재주가 없다.[40] 조사에 따르면 실제로 많은 역사 교수가 대학에 자리 잡기 전 가르치는 법에 대해 공식적인 훈련을 받은 적이 없다고 한다.[41] 사료를 활용하는 수업에 대한 각종 찬사에도 불구하고, 2005년 한 연구에서는 대학 역사 강의 중 3분의 1이 강의 계획에 단 한 권의 교재만 제시했고, 최종 성적 평가의 3분의 2가 오로지 선다형 시험에 의존하고 있음이 밝혀졌다.[42] 펜실베이니아대학의 역사학자 조너선 짐머맨Jonathan Zimmerman은 대학에서 유일하게 가치 있고, 인정받으며, 보상받는 일은 '연구'라고 했다.[43]

미시간주립대학교 역사학자인 피터 크누퍼Peter Knupfer는 TAH 추종자들을 대상으로 역사가들이 오래된 강의를 다시 꺼내놓은 것을 두고 교사들이 "여름 학기에 스승의 발밑에 앉아" 가르침을 받는 "달라이 라마식 접근"이라 불렀다.[44] 그러나 스승이 항상 장미꽃잎 세례를 받는 것은 아니라는 것이 처음부터 명백해졌다. 같은 해 SRI는 첫 번째 보고서를 발표했고, 두 번째 보고서는 미국역사가협회Organization of American Historians 뉴스레터에 실렸다. 애리조나주립대학의 역사 교수 브라이언 그래튼Brian Gratton과 대학원생들은 59건의 TAH 프로젝트 보고서를 무작위로 뽑아 검토했다. 그 결과, 대학 교수들은 가르칠 내용을 학년 수준이나 주의 표준에 맞게 조정할 수 없고, 교사들이 교실 현장에서 필요한 것이 무엇인지 생각하지 않는다는 불만이 계속 제기된 것을 발견했다. 어느 담당자가

말했듯이 교수들은 아이들을 가르치는 것에 대해 알지 못했다.[45]

물론 많은 교사가 역사가들이 보여주는 빛에 활력을 얻었고, 교사와 역사가들의 협업이 유익했다는 것은 의심할 여지가 없다. 그러나 납세자들은 교사들(혹은 역사가들)의 만족만을 위한 전문성 개발에 수백만 달러를 투자하기를 바라지 않는다. 그들의 행복이 비록 훌륭한 부산물이라 할지라도 말이다. 우리는 교사들이 더 효과적으로 아이들을 가르치기를 바라며 세금을 낸다. 만약 그렇지 않다면 전문성 개발의 유익한 부산물들은 모두 쓸모없는 것이 된다. 이런 점에서 10억 달러를 투자한 TAH 프로그램은 대재앙에 가까운 실패로 간주되어야 한다.

그러나 이러한 침울한 평가에도 불구하고 많은 교사가 호의적으로 이 프로그램을 떠올린다. TAH 프로그램이 운영된 전 기간에 걸쳐 교사들은 이구동성으로 "내가 경험해본 최고의 서비스였다"라면서 후한 점수를 주었다.[46] 대학 캠퍼스를 거닐면서 전문가로 대접받으며 존경도 받고, 점심으로 구운 야채 샌드위치와 브라우니를 먹었다. 싫어할 이유가 있겠는가? 또 TAH 보조금은 교사들이 교실로 돌아가 결실을 거둘 수 있도록 많은 자원을 제공했다. 무료 도서, 대형 역사 사진, 1차 사료집, 그리고 대부분 낡은 교과서를 중심으로 이루어지던 수업 계획을 새롭게 단장할 수 있는 새로운 해석과 통찰력이 그것이었다.[47]

TAH 프로그램이 시들해질 즈음, 프로젝트에 자발적으로 참여하는 교사들의 수가 갈수록 줄어들자 프로젝트 책임자들은 그 빈자리를 메우기 위해 다양한 방안을 모색해야 했다. 공짜 노트북이나 필라델피아와 워싱턴 D.C. 공짜 여행 같은 인센티브를 내놓았는데, 이를 위해 1인당 3만 달러의 비용이 산정되었다. 결국에 프로젝트 책임자들은 "교육 실천과 학생들의 성취에 좀 더 직접적인 영향을 줄 수 있는 목적사업에 보조금이 사용되어야 하는 것 아닌가"라는 질문을 받을 수밖에 없었다.[48] 과연 TAH 프로그램을 위해 1인당 3만 달러라는 큰 돈이 필요했을까?

TAH 프로그램은 허위 사실을 바탕으로 만들어진 것이다. 로버트 버드 상원의원을 자극한 것은 보수 성향의 싱크탱크에 의해 날조된 위기감이었다.[49] 2000년 6월, 당시 "시민 기억"은 과거 수십 년 동안 하늘이 무너져 내릴 거라고 떠들어댔던 것보다 붕괴될 위험이 없었다. 만약 이에 대해 다른 입장이 있다면 바로 그 대상, 미국에서 가장 엘리트 집단인 대학 졸업생과 태만한 교수들이었다. 보조금이 흘러들어오기 시작하자 누구도 이를 문제 삼지 않았다. 역사는 학교교육과정에서 오랫동안 극빈자 신세였다. 역사 교사들은 든든한 지원을 받는 수학·과학 교사들이 남긴 빵 부스러기를 쪼아먹고 있었다. 그런데 TAH의 자금으로 역사 교사들이 식탁에 앉을 수 있게 된 것이다.

2010년 6월 28일, 버드 상원의원이 92세로 사망했다. 다음 해 11월, 교육부 공식 홈페이지에는 다음과 같은 성명이 발표되었다. "TAH 프로그램을 위한 보조금은 2012년 회계연도 예산에 포함되지 않았다. 따라서 2012년에는 TAH 프로그램 지원을 받지 못할 것이다."[50] 점점 존재가치를 잃어가던 TAH 프로그램은 마침내 막을 내리게 되었다.

TAH 프로그램은 가톨릭의 칠죄종 중 탐식의 죄를 저질렀다. 너무 많은 돈을 낭비했고 성과는 거의 없었다. 교사들이 배우고 성장해나갈 지식 체계에 지속적인 기여도 하지 못했다. 그 여정에서 TAH 프로그램은 역사 교육에 대한 검증된 단일한 접근법도, 전문성 신장의 새로운 모델도, 국가 전체에 지속적인 영향을 미치는 시험, 평가 또는 교수 모듈도 남기지 못했다. 엄청난 성공을 자랑하는 보고서들이 교육부로 보내졌지만(이에 따라 '교만'이라는 또 다른 치명적인 죄를 범하게 되었다), 외부 평가기관들이 실시한 평가에서 거의 모두 실패했음이 드러났다. 교사의 전문성 신장이 학생들의 성취로 이어지게 하겠다는 TAH 프로그램의 위대한 약속은 큰 실망이 되어 돌아왔다. 개별 프로젝트들은 보조금의 10~15퍼센트를 평가에 할당했다. 초기 몇 년 동안 TAH 프로그램에 많은 예산이 쓰였지만, 여전히 교사와 학생들의 역사적 지식과 이해가 어떻게 성장했는지를 측정하기 위한 예산 5,000만~6,000만 달러가 남아 있었다. 이 엄청난 금액을 고차적 사고력 평가를 위한 혁신적 평가 개선에 사용하는 대신, 고용된 평가자들은 월요일에는 마약 예방 프로그램에, 화요일에는 십 대들의 임신 프로그램에, 수요일에는 역사적 사고를 측정하러 돌아다녔다. 프로젝트에 참여한 교사들도 대부분 평가에서 실패 확률이 낮은 길을 선택했다. 그들은 선이수제 시험이나 뉴욕주정부 시험의 선다형 문항을 베껴 프로젝트의 목표 일치 여부와 관계없이 이를 학생 평가에 활용했다. 이처럼 평가의 목적이 역사에서 비판적 사고를 측정하기 위한 적절한 도구를 설계하는 것이라기보다 학생들을 정규분포곡선상에 배치하는 수치만을 산출해내는 것이 되는 일은 빈번했다. 2011년 TAH 프로그램에 대한 최종 평가를 위해 책임자들을 인터뷰했을 때, 그들은 역사 해석에 대한 학생들의 성장을 측정하는 것에 대해 "평가의 본래 취지나 필요성에 맞게 (적절한 평가가) 제대로 실현되지 못했다"고 말했다.[51]

소심한 태도도 치명적인 죄가 된다면, 교육부는 분명히 참회해야 한다. 교육부가 프로젝트 간 비교에 사용할 수 있는 평가 도구 개발을 위한 자금을 비축해둔 것은 차치하더라도 교육부 자체적으로 각각의 프로젝트를 평가하는, 시간만 낭비하는 성과 없는 시도에 엄청난 돈을 낭비했다. 설상가상으로, 교육부 관계자들은 2002년에 미국역사학회, 미국역사가협회, 미국 사회과교육학회 이사들이 대거 참석한 회의에서 이들에게 받은 조언을 무시했다. 이 회의와 두 달 뒤 개최된 회의에서 역사 교육의 전문성 개발을 위한 "최선의 실천" 지침이 만들어졌다. 그리고 개별적인 역사적 사실보다 역사적 사고와 맥락화된 주제에 대한 학생들의 이해를 측정하는 것에 동의하고, 교육부에 선다형 시험 중지를 요구했다. 미국역사학회가 발표한 보고서에 따르면 평가는 "지속적이고 건설적인 교수·학습 및 전문성 향상"을 지향해야 하며, 프로그램 참가자는 "정기적으로 만나 학생 활동 사례를 토론하고, 더 나아가 학생들의 역사적 사고 향상을 위한 계획을 개발해야 한다."[52] 이 조언은 개별 프로젝트들에 영향을 주었을지는 모르지만 TAH 프로그램 전체에는 영향을 끼치지 못했다. 따라서 2011년 TAH 프로그램에 대한 최종 보고서가 발표되었을 때 교육부는 "지역별 평가 강화와 프로젝트 간 잠재적 비교에 기여할 수 있는 도구"를 다시 만들 것을 제안했다.[53] 그러나 이때 TAH는 이미 마지막 숨을 헐떡거리고 있었다.

03

'하워드 진' 다시 읽기

《미국 민중사》의 목표는 무엇?

현대 역사책 중 하워드 진의 《미국 민중사》에 필적한 만한 책은 없다. 미국에서 200만 부 이상 발간된 《미국 민중사》는 책 이상의 의미를 지닌 문화적 상징이다. 영화 〈굿 윌 헌팅Good Will Hunting〉(1997)에서 주인공 윌 헌팅은 상담사 숀 맥과이어에게 "진짜 역사책을 읽고 싶어요? 하워드 진의 《미국 민중사》를 읽어봐요. 정말 끝내줘요"라고 말한다. 2010년 진이 사망한 지 일주일 후에 《미국 민중사》는 아마존 베스트셀러 7위에 올랐다. 1980년에 초판이 발간된 책으로는 대단한 성적이었다. 한때 급진주의적 역사로 여겨졌던 《미국 민중사》는 이제 미국사의 주류가 되었다. 2002년에는 HBO 인기 드라마 〈소프라노스Sopranos〉에도 《미국 민중사》가 등장했다. 마피아 보스인 토니 소프라노는 아들 A.J.가 학교 역사 시간에 배운 내용을 듣고 화를 낸다. 그러자 A.J.는 "그건 사실이에요. 내 역사책에도 쓰여 있다고요"라고 말한다. 이때 카메라는 A.J.가 들고 있는《미국 민중사》를 비춘다.

하워드 진에게 역사는 "아래에서 위"를 바라보는 것이다. 그는 노예의 관점에서 미국 헌법을 생각하고, 강제 이주당한 체로키 인디언의 관점에서 앤드루 잭슨Andrew Jackson을 바라보며, 뉴욕의 아일랜드인의 관점에서 남북전쟁의 의미를 생각한다.[1] 우리가 이런 관점에서 생각하기 수십 년 전에 진은 99퍼센트를 위한 역사를 제공한 것이다. 교사들은《미국 민중사》가 국가에 의해 만들어진 미국 역사의 진보에 대한 내러티브를 바로잡는 반反교과서적 성격을 지녔다고 생각한다. 이것은 어떤 면에서 의심할 바 없는 사실이다. 학생들이《미국 민중사》로 미국-에스파냐전쟁을 배울 때, 산 후안 힐San Juan Hill 전투를 승리로 이끈 시어도어 루스벨트Theodore Roosevelt의 이야기 대신 쿠바의 찌는 듯한 더위와 굶주림에 고통받으며 에스파냐군의 총알이 아니라 자국 식품회사가 납품한 상한 고기를 먹고 식중독으로 괴로워하는 미국 보병들의 이야기를 듣게 된다. 이런 이야기들을 통해 학생들은 전통적인 교과서가 다루지 않은 숨겨진 역사를 알게 된다.

그러나 다른 측면, 즉 학문으로서 역사를 배우는 것이 어떤 의미가 있는지 역사 교육의 핵심과 관련된 측면에서는《미국 민중사》를 옹호하는 이들은 인정하려 하지 않겠지만 주정부가 공인한 교과서와 별반 다르지 않다. 전통적인 교과서와 마찬가지로《미국 민중사》는 내러티브를 풍부하게 하기 위한 자료를 충실히 연구하지 않고 전적으로 2차 사료에만 의존했다. 그리고 교과서와 마찬가지로 각주를 달지 않아서 필자의 역사 해석 과정을 되짚어보려는 호기심 많은 독자들을 좌절하게 한다. 또한 교과서와 마찬가지로 책에 사용된 원사료는 본문의 내용을 뒷받침해주지만 결코 대안적 견해나 새로운 시각을 제공하지 않는다.

처음 《미국 민중사》는 학술적으로 관심을 받지 못했다(미국의 유명 역사 학술지인 《미국역사리뷰American Historical Review》와 《미국역사저널Journal of American History》 어느 곳에도 서평이 실리지 않았다). 관심을 보인 역사가들 사이에서도 평이 엇갈렸다. 하버드대학의 오스카 핸들린Oscar Handlin과 코넬대학의 마이클 카멘Michael Kammen 같은 학자는 혹평했고, 컬럼비아대학의 에릭 포너Eric Foner 같은 학자는 호의적이었다.[2] 그러나 지난 30여 년간 《미국 민중사》는 미국인이 자신들의 과거를 이해하는 방식에 다른 어떤 책들보다 더 큰 영향을 주었다. 그사이에 입담 좋은 학자들은 입을 닫았다. 정치계간지 《디센트Dissent》의 공동편집자이자 좌파 성향의 학자 마이클 커진Michael Kazin이 이 책의 2003년도 판을 검토하면서 거의 20년 만에 다시 역사학자의 관심을 받게 되었다(커진은 지금까지 《미국 민중사》에 대한 평가는 이 책이 지닌 가치에 걸맞지 않다고 결론 내렸다).[3]

커진의 평가를 포함한 기존의 평가는 주로 《미국 민중사》의 내용에 초점을 맞추어 맹점을 지적하고 대안을 제시했다. 나는 하워드 진 또한 여느 작가와 마찬가지로 어떤 주제를 고르고 버릴지, 또 어떤 해석을 받아들일지를 결정할 권리가 있다고 생각한다. 그러나 나는 어떤 내용에 대해서는 그의 견해에 동의하지만(인디언 이주령, 윌슨 행정부의 인종차별과 이중성) 어떤 견해는(링컨이 이끌던 공화당과 제퍼슨 데이비스가 이끌던 민주당의 연합) 받아들일 수가 없다. 내 성향이 진과 비슷하든 아니든 상관없이 말이다.

나는 진이 이야기하는 내용보다 그렇게 이야기하게 된 이유에, 눈에 보이는 단어들보다 책의 서술 구조에 더 관심이 있다. 대개 건성으로 책을 읽는 독자들에게는 진이 자신의 해석이 옳다는 것을 확신시키기 위해 증거에서 결론을 끌어내는 데 사용한 조치와 전략들이 보이지 않는다. 수사학적 표현에 치중하기보다 이러한 조치와 전략들을 명확히 파악하는 것이 더 중요하다. 왜냐하면 학생들은 《미국 민중사》를 접할 때 분명 새로운 사실 이상의 것을 얻으려 할 것이기 때문이다. 학생들은 과거에 대해 질문하는 방법과 역사적 논쟁을 진전시키기 위해 증거를 수단으로 사용해야 한다는 점을 알고 있으며 그에 대해 배우고 있다. 《미국 민중사》는 많은 학생이 처음 접하는 긴 분량의 역사책일 것이며, 어떤 이에게는 유일한 책일 것이다. 그렇다면 《미국 민중사》는 학생들이 역사적 사실을 배우는 것을 넘어 '역사적으로 사고하는 것의 의미'에 대해 무엇을 가르치고 있을까?

《미국 민중사》는 장장 729쪽(영어판)에 달하며 500여 년의 역사를 다룬다. 진의 전략과 조치, 즉 내가 서술 구조라고 부른 것을 자세히 살펴보기 위해 책에서 중요하고 논란의 여지가 있는 몇몇 핵심적인 부분에 주목하고자 한다. 제16장 〈인민의 전쟁?〉은 1930년대부터 냉전 시대 초기까지를 다룬다. 이 장은 진이 독자들에게 미국사의 숨겨진 이야기를 소개하는 다른 장들과 달리 훨씬 위험하다. 진주만 공격이나 홀로코스트, 원자폭탄 투하 결정에 대해 처음 듣는 사람은 없을 것이다. 그러나 진의 목표는 우리가 알고 있는 혹은 안다고 생각하는 모든 것을 완전히 뒤집는 것이다.

정해진 답의 위험성

제2차 세계대전이 "인민의 전쟁"이었는지 생각해보자. 진이 인정해야 했던 것처럼, 어떤 차원에서는 그랬다. 수천 명이 군복을 입었고, 수백만 명이 힘들게 번 돈을 전쟁 채권을 사는 데 건넸다. 그러나 진은 우리에게 그러한 사실이 만들어진 것은 아닌지 의문을 갖도록 한다. 전쟁에 대한 대중의 분노와 저항은 드러나지 않았을 뿐 사실은 널리 퍼져 있지 않았을까? 진은 군인들이 느꼈을 분노가 어느 정도였는지 그들의 고통이 기록되지 않아 알기 어렵다고 말한다. 대신에 진은 분노를 쉽게 파악할 수 있는 집단, 즉 흑인에게 초점을 맞춘다. 그 주장은 일리가 있다. 짐 크로법Jim Crow law•은 미국 국내뿐 아니라 해외에 파견된 군대 내에서도 적용되었다. 국내에서 기본적인 자유가 부정당하는 상황에, 해외에서 자유를 지키기 위해 싸운다는 것은 쓰디쓴 모순이었다. 실제로 흑인 언론에 "더블 V"에 대한 기사가 실렸다. 이는 유럽에서의 파시즘에 대한 승리Victory와 미국 내 인종차별주의에 대한 승리Victory를 의미했다. 그러나 진의 주장은 다르다. 그는 흑인들이 인종차별에 대한 승리만을 지지했지 유럽과 아시아 전장에서의 승리에는 "만연한 무관심, 심지어 적대감"을 가졌고, 이것이 전형적인 아프리카계 미국인들의 전쟁에 대한 입장이었다고 주장했다.[4]

• '공공시설에서 백인과 유색인종 분리'를 골자로 한 법으로, 주로 미국 남부에서 1876~1965년까지 시행됐다. 법의 명칭인 '짐 크로'는 코미디 뮤지컬의 흑인 캐릭터 이름에서 따온 것으로, 흑인을 경멸하는 의미로 사용돼왔다.

진은 자신의 주장에 대해 세 가지 근거를 제시한다. 첫째는 흑인 기자가 "흑인들은 …… 분노하고 억울해하며, 철저히 전쟁에 무관심하다"라고 쓴 기사, 둘째는 한 흑인 대학생이 교수에게 "육군은 우리를 차별합니다. 해군에서는 취사병으로만 복무해야 하고, 적십자사는 우리의 피를 받지도 않아요. 사장들과 노동조합은 우릴 내치지요. 폭력은 계속되고 있고요"라고 한 말, 셋째는 흑인 언론에서 발표한 시 〈징집병의 기도〉이다. "사랑하는 주님, 오늘 / 저는 전쟁에 나섭니다 / 싸우기 위해, 죽기 위해 / 무엇을 위해서인가요? / 사랑하는 주님, 저는 싸울 것입니다 / 저는 두렵지 않습니다 / 독일군과 일본군이 / 제 두려움은 바로 이 땅 / 미국에 있습니다."[5] 이 내용에는 적개심이 들끓고 있다. 많은 독자가 이것이 당시 흑인 사회의 폭넓은 경향이라 생각할 것이다. 그러나 분노를 표현한 사례를 찾을 수 있는 것과 마찬가지로, 흑인들의 애국심과 전쟁에 대한 지지가 담긴 사례 또한 찾을 수 있다. 멀리서 찾을 필요도 없다. 흑인 대학생이 분노의 목소리를 높였던 바로 그 잡지에서 조지아주 포트밸리주립대학 총장이자 민권운동 지도자 줄리안 본드Julian Bond의 아버지인 호러스 만 본드Horace Mann Bond의 인터뷰 기사를 읽어보자. 편집인은 그에게 "흑인들은 누가 전쟁에서 이길지 신경 쓰나요?"라고 물었다. 본드는 질문에서 흑인들이 미국의 운명에 무관심하다는 암묵적 차별을 느끼고 발끈했다. "만일 미국에 살고 있는 흑인들이 위대한 국가의 투쟁 결과에 무관심하다고 생각하는 백인이 있다면, 그 백인은 흑인들에게서 국적을 빼앗아야 한다고 생각할 것입니다. …… 국가의 투쟁 결과에 무관심한 흑인은 자신이 태어나고 자란 국가에 대한 충성심이 없다고 말입니다."[6]

내가 위에서 했던 것처럼 반대 사례를 열거하는 것은, 본드의 말을 빌리자면, "다양한 지성과 감성, 견해를 가진 1,300만 명"에 달하는 아프리카계 미국인 공동체에 관한 주장을 펼치기에 적절한 방법은 아니다.[7] 진이 인용한 세 가지 일화는 기록보관소의 자료를 조사하거나 흑인 언론의 마이크로필름에서 찾은 것이 아니다. 그가 인용한 것은 모두 하나의 2차 사료, 즉 확실하게 전쟁에 반대하는 아프리카계 미국인의 목소리만을 담고 있는 로런스 위트너Lawrence Wittner의 《전쟁에 대한 반란Rebels Against War》(1969)에서 발췌한 것이다.[8] 진이 사용한 증거는 이 책의 239쪽과 그 뒤의 두 쪽에 걸쳐 실려 있다. 또한 해당 지면에는 진이 빠뜨린 중요한 정보도 있다. 위트너는 징병 대상자인 18~37세 남성 등록자 수가 총 1,002만 2,367명이라 했다. 이 중 24퍼센트인 242만 7,495명이 흑인이었다. 그리고 위트너는 징병 대상자 중 양심적 병역거부자가 4만 2,973명이었다고 밝혔다. 만약 양심적 병역거부자의 수가 흑인과 백인의 징병 대상자 비율과 같다면, 병역을 거부한 흑인은 1만 명이 넘었을 것이다. 더욱이 진의 주장대로 흑인들 사이에 전쟁에 대한 적대감이 있었다면 병역거부자는 그보다 더 많았을 것이다. 그러나 실제 흑인 양심적 병역거부자 수는 400명에 불과했다. 위트너는 "심지어 흑인 등록자가 병역을 기피한 경우는 법무부 사례의 4.4퍼센트만 차지할 정도로 낮았다"라며 "놀랍게도 양심적 병역거부자인 흑인 남성은 거의 없었다"고 결론지었다.[9]

여기서 진이 사용한 추론 형태는 "예스yes형" 질문으로 알려져 있다. 역사가 아일린 S. 크레디터Aileen S. Kraditor에 따르면, 예스형 질문은 역사가가 이미 원하는 답을 가지고 과거를 탐구하는 것이다. 근대성의 특징은 모든 답을 구하는 것이기 때문에(20세기 중반까지는 확실히 그랬다), 예스형의 질문을 하는 사람들은 결국 그들이 원하는 답을 얻는다.[10] 예스형 질문이 편파적이라는 반론에 대해 진은 모든 역사는 편향되어 있고, 모든 역사가가 어떤 사실을 강조하고 배제할지 선택한다고 대답할지도 모른다(실제로 그는 종종 그랬다).[11] 크레디터는 중요한 조건이 충족되었다고 하더라도 "자료를 이해하는 데 필수적인 정보가 포함된 자료는 누락되어서는 안 된다"고 규정했다.[12] 그런데 진은 세 가지 일화를 인용하여 약 1,300만 명의 흑인을 일반화하는 동시에 242만 7,495명이라는 참전 가능한 흑인 등록자에 대한 데이터를 무시하는 아주 위험한 방식으로 예스형 질문을 이용했다.

질문은 대학 세미나에서 마주친 역사인지 그보다 낮은 수준에서 배운 정련된 역사인지에 따라 달라진다. 그렇지만 항상 질문은 완성되지 않은 역사 지식의 본질, 즉 결코 역사의 단편들이 완전히 맞춰질 수 없음을 알려준다. 정치적인 면에서 다소 급진적인 《미국 민중사》는 다른 형태의 역사 탐구를 동반한다. 하워드 진에게 질문은 독자들에게 충격을 주어 과거를 새롭게 생각하도록 하는 장치이지만, 역사가들이 어깨를 으쓱할 정도로 해결하기 곤란한 인식론적 문제는 아니다. 제16장은 29개의 질문이 거의 모든 쪽에 하나씩 나온다. 그중에서 주저하지 않고 대답할 수 있는 질문 몇 가지를 보자.

- 제2차 세계대전 중 미국의 행위는 인민의 전쟁이라 할 수 있는가?
- 연합군의 승리는 제국주의, 인종주의, 전체주의, 군국주의를 몰아내고 추축국과 완전히 다른 무엇인가를 제시했는가?
- 미국의 전시 정책은 생명, 자유, 행복 추구와 같은 보통사람들의 권리를 존중했는가?
- 전후 미국은 국내 및 해외 정책을 통해 전쟁을 벌일 가치가 있었음을 보여주었는가?[13]

정답은 아니, 아니, 아니, 아니다.

'예/아니오'로 답할 수 없을 때, 진의 질문에는 전문적인 역사적 글쓰기에서 거의 접할 수 없는 '또는either/혹은or'이라는 수사적 표현이 덧붙는다.

- 미국의 행동은 전쟁의 목적이 인도적 차원이었음을 보여주는가, '아니면' 권력과 이익에 중점을 둔 것이었음을 보여주는가?[14]

• 미국은 어떤 나라가 다른 나라를 지배하는 것을 종식시키기 위해 싸웠는가, '아니면' 지배국이 미국의 우방이라는 것을 확인하기 위해 싸웠는가?[15]
• 추축국의 패배로 파시즘의 "근본 요소인 군국주의, 인종주의, 제국주의는 사라졌는가?" '아니면' 이미 오염된 승전국의 뼈에 흡수되었는가?[16]

역사가들 대부분은 불확정성과 다중 인과관계의 난관에 부딪혔을 때 더 넓은 가능성을 위해 '둘 다both'와 '그리고and'라는 표현을 사용할 뿐, '또는'과 '혹은'이라는 협소한 표현을 사용하지 않는다. 그러나 진은 그렇지 않다. '예/아니오'로 표현하든, 아니면 '혹은/또는'으로 표현하든, 그의 질문은 항상 단 한 가지 정답만 가지고 있다.

불확실한 연대

원자폭탄 투하에 대한 선구적인 논의에서 진은 "제2차 세계대전 초기 독일은 네덜란드의 로테르담, 영국의 코번트리 등지에 폭탄을 투하했으며, 프랭클린 루스벨트Frangklin Roosevelt는 이를 '인류의 양심에 엄청난 충격을 준 비인간적인 야만 행위'로 묘사"했다고 주장했다. 그러고는 "독일의 로테르담과 코번트리 폭격은 독일 도시들에 대한 영국과 미국의 폭격에 비하면 매우 작은 규모였다"라고 덧붙였다.[17] 그런 다음 그는 가장 악명 높은 드레스덴 폭격을 포함해 가장 파괴적인 연합군의 폭격 작전을 열거했다. 기술적인 의미에서 진의 주장은 근거가 확실하다. 1940년 5월 14일 로테르담 폭격으로 1,000여 명이 목숨을 잃었고, 1940년 11월 14일 코번트리 폭격으로 약 550명이 사망했다.[18] 이에 비해 드레스덴에서는 2만~3만여 명이 목숨을 잃었다.[19] 진의 요점은 분명하다.

나치에게 비난의 화살을 돌리기 전에 우리 자신을 돌아봐야 한다. 하지만 이 점을 지적하기 위해 진은 역사적 맥락을 소홀히 했다. 그는 두 단계에 걸쳐 원하는 효과를 얻었다.

첫 번째로 그는 "제2차 세계대전 초기"라는 문구로 자신의 주장을 시작하지만, 드레스덴 폭격은 1945년 2월, 모든 계획이 중단되고 군사 표적('전략폭격')과 민간 표적('집중폭격')의 구분이 무의미해졌을 때 일어났다. 만약 전쟁 초기가 비교의 시점이라면, 영국 공군의 활동에 초점을 맞춰야 한다(미국은 진주만 공격이 일어나고 4일 후인 1941년 12월 11일까지 독일에 선전포고를 하지 않았다). 전쟁 초반 몇 달 동안 영국 공군 사령부의 작전은 독일 상공에서 선전 전단을 투하하고, 독일 북부의 항구 도시 빌헬름스하펜에 정박해 있던 독일 함대를 무력화시키는 것으로 제한되었다.[20] 다시 말하면, "제2차 세계대전 초기"라는 문구에도 불구하고 진의 주장은 시간순을 어기고, 사건을 뒤섞어놓음으로써 힘을 얻었다.

이 주장을 자세히 살펴보면, 이보다 더 교묘한 두 번째 메커니즘이 작용하고 있다는 것을 알 수 있다. 이 주장은 궁극적으로 '독자의 예상되는 무지'라는 하나의 근거에서 힘을 얻는다. 제2차 세계대전의 연대순을 잘 아는 사람들은 "제2차 세계대전 초기"라는 문구와 코번트리 폭격 날짜 사이에 괴리가 있음을 즉시 감지할 것이다. 독일군의 공중전 담당 부대였던 루프트바페Luftwaffe의 폭격기가 코번트리를 공습할 당시, 나치 조종사들은 수백 차례 이상 출격한 경험이 있는 노련한 베테랑들이었다. 그것은 히틀러가 폴란드를 침공한 1939년 9월 1일, 즉 이미 1년 전에 전쟁이 시작되었기 때문이다. 로테르담을 공격하기 8개월 전, 코벤트리 폭격 14개월 전, 나치는 바르샤바 대량학살작전을 개시했다. 로테르담 폭격이 아무것도 아닌 것처럼 보일 정도로 전쟁사에 그런 엄청난 공중 포격은 없었다. 1939년 9월 25일('검은 월요일') 하루 동안 루프트바페는 도시 전체를 지옥으로 만들겠다는 단 하나의 목표로 바르샤바에 1,150여 차례나 출격해 560톤의 고성능 폭탄과 72톤의 소이탄을 투하했다. 그들은 성공했다. 연기가 3킬로미터 상공으로 치솟았고, 100킬로미터 이상 떨어진 곳에서도 불길이 보였다. 9월 27일 폴란드 군대가 항복했을 때 바르샤바의 건물 절반 이상이 파괴되었고, 4만 명의 폴란드인이 사망했다.[21] 그러나 나치의 목표는 폴란드의 항복을 받아내는 것을 넘어, '슈렉리크카이트Schrecklichkeit, 무시무시함, 공포'로 알려진 정책으로 공포심을 유발하는 것이었다. 루프트바페는 날카로운 소리를 내는 급강화 폭격기를 장착하고 귀청을 찢을 듯 날아다녔으며 도망치는 시민들을 향해 맹포격을 퍼부어 폴란드인들을 공포에 떨게 했다. 폴란드 침공 전날, 히틀러는 이 전쟁의 목적은 특정 지역을 차지하거나 국경선을 넓히는 것 같은 전통적인 범주에 들지 않는다고 설명했다. 목표는 "살아 있는 모든 것을 소멸"시키는 것이었다. 히틀러는 장군들에게 "최대한 잔인하고 자비심 없이" 전쟁에 임하라고 명령했다.[22] 막스 폰 셴켄도르프Max von Schenckendorff 장군은 "독일은 주인이고, 폴란드는 노예"라고 말했다.[23]

진은 1940년 코번트리와 로테르담에 대한 나치 공격에 초점을 맞춰 연합군의 폭격을 비판했지만, 1939년 9월 비양심적인 독일의 바르샤바 폭격에 대해서는 침묵했다. 진은 프랑스 철학자이자 사회운동가인 시몬 베유Simone Weil의 말에 동의하며 이를 인용했다. 나치 학살부대 아인자츠그루펜Einsatzgruppen이 폴란드의 유대인들을 숲으로 몰아 구덩이에 파묻을 때, 베유는 나치의 파시즘과 영국·미국의 민주주의 원칙의 차이를 모호하게 만들었다. 둘 다 본성을 숨기는 가면이라고. 그리고 이러한 가면을 쓰고 보면, 우리의 적은 "국경이나 전선을 마주보고 있는 동맹국의 적이 아니라, 스스로를 우리의 보호자라고 부르며 우리를 노예로 만드는 장치"라는 것을 알게 된다고 베유는 주장했다. 진은 제2차 세계대전의 진짜 투쟁은 국가들 사이에 있었던 것이 아니라 오히려 "각 나라 안에 있었다"고 덧붙였다.[24] 그의 입장에서 생각해볼 때, 그가 1939년이 아니라 1940년에 전쟁이 시작되었다고 한 것은 놀랄 일이 아니다.

과도한 확신

원자폭탄 투하에 대한 하워드 진의 주장은 지난 50년 동안 이 사건을 둘러싼 논쟁에 관심을 가져온 사람이라면 익숙할 것이다. 진은 일본 국민 모두가 지하 방공호나 동굴에 숨어 있을 것이라 예상한 미국이 깊은 고뇌를 거쳐 최후의 수단으로 원자폭탄을 투하했고, 그러지 않았다면 몇 년까지는 아니더라도 몇 달은 더 전쟁이 지속되어 미국은 헤아릴 수 없는 손실을 입었을 것이라는 고등학교 때 배운 내러티브를 완전히 뒤엎는다. 그는 이 중에서 그 어느 것도 인정하지 않는다. 그에게 원자폭탄은 생명을 구하는 것보다 자본주의의 과학기술과 더 관련된 것이었고, 일본을 진압하는 것보다 소련을 위협하는 것으로서 더 의미가 있었다. 독자는 다시 몇 가지 수사적인 질문에 직면한다. "원자폭탄 투하를 막기 위해 많은 돈과 노력이 투자되었나?" 또는 "소련이 일본과의 전쟁에 뛰어들기 전에 미국이 폭탄을 떨어뜨려주기를 간절히 원했기 때문인가?" 답은 둘 다 무조건 '아니다'이다.[25]

진은 자신의 주장을 뒷받침하는 근거로 수정주의 학파인 가 알페로비츠Gar Alperovitz의 《핵 외교Atomic Diplomacy》(1967)와 마틴 셔윈Martin Sherwin의 《파괴된 세계A World Destroyed》(1975)를 이용했다.[26] 이 책들이 말하는 내용은 이렇다. '전쟁범죄 중 가장 큰 범죄는 핵폭탄 투하다. 대량학살과 파괴는 전쟁을 끝내는 데 불필요했다. 사이판, 루손, 이오지마에서 연합군이 승리하여 오키나와에 교두보를 구축했으며, 1945년 5월 미군의 도쿄 대공습으로 일본은 이미 무릎을 꿇은 상태였다.' 원자폭탄 투하의 진짜 목적은 일본의 항복과 상관없이 미국의 힘을 보여주는 데 있었고, 따라서 원자폭탄은 제2차 세계대전을 끝낸 것이 아니라 또 다른 갈등, 냉전의 첫 포화였다는 것이다.

진의 주장의 핵심 근거는 1945년 7월 12일 일본 외무대신 도고 시게노리東鄕茂德가 모스크바 주재 일본 대사에게 보낸 전신을 도청한 내용이다. 이때까지 소련은 일본에 대해 중립을 유지하며 다른 연합국에 가담해 선전포고를 할 수도 있다는 제스처를 취했으나 이후 뒤로 물러났다. 도고 외무대신이 보낸 전신은 표면상으로는 하나의 조건을 제외하고 연합군에 항복하겠다는 일본의 의지를 보여준다. 진은 이를 "일본인들은 모스크바에 있는 대사에게 연합국과 평화협상을 진행하라고 지시한 것으로 알려져 있다. 도고는 모스크바 주재 대사에게 '무조건적인 항복은 평화를 가로막는 유일한 장애물이다'라고 전신을 보냈다"라고 썼다.[27] 그런데 이 설명에는 한 가지 문제가 있다. 바로 그런 전보는 존재하지 않는다는 것이다.

역사가들은 어떤 것을 인용할 때 독자들과 약속을 맺는다. 따옴표 사이의 문장은 정확히 같은 단어와 구절을 동일한 순서로 인용하고, 문헌 자료의 출처를 밝혀 독자들이 찾아볼 수 있게 한다. 인용 부호와 이에 따라붙는 주석들은 "나를 믿을 수 없다면 직접 찾아보시오"라고 하는 말과 같다. 그런데 진은 일본 외무대신이 보낸 전신의 원본을 찾기 위해 문헌을 참조하지 않고 마틴 셔윈의《파괴된 세계》라는 2차 사료에 의존했다. 셔윈 역시 이 전신 내용을 또 다른 2차 사료인 로버트 부토우Robert J. C. Butow의《일본의 항복 결정Japan's Decision to Surrender》에서 인용했다고 각주에서 밝혔다. 부토우의 책은 국가기밀문서였던 전신의 도청 내용 기록이 공개되기 전인 1954년에 출판되었다. 부토우는 해군 장관이었던 제임스 포레스털James Forrestal의 일기를 인용했는데, 거기에는 일본 도청에 대한 장관의 생각이 담겨 있다. 하지만 부토우 역시 그 일기를 모두 읽지 않았을 수도 있다. 쟁점을 더욱 흐리기 위해 부토우는 글자 그대로 인용하지 않고 말 줄임표를 사용해 전신 내용을 편집했다.

정리하면 도청된 일본의 "전신"은 국방부 브리핑에 대한 제임스 포레스털의 해석을 로버트 부토우가 해석하고 이를 마틴 셔윈이 해석하고 이를 다시 하워드 진이 해석한 것이다. 이처럼 고장 난 전화 게임을 통해 존재하지 않았던 전신이라는 단어가 생겨났다. 이것은 불행한 일일뿐 아니라 막을 수도 있는 일이었다. 실제 전신 도청 내용 기록은 50년 이상 기밀문서였다가 공개되어 지금은 위스콘신대학 도서관 웹사이트에서 쉽게 찾아볼 수 있다.[28]

일본은 궁지에 몰려 모든 희망을 잃어가는 듯했지만, 1945년 6월 말까지만 하더라도 미국의 공격을 막는 데 필요한 석유를 대가로 만주와 사할린 남부를 넘기겠다고 할 정도로 소련과의 거래에 악착같이 매달렸다.[29] 일본이 미적거리며 항복 결정을 미루자 소련의 인내심은 점차 약해졌다. 히로시마 원자폭탄 투하 한 달 전 모스크바에 보낸 전신에서 도고 외무대신은 여전히 중립적인 소련이 미국과 영국 연합군에 메시지를 전해주길 바랐다. 비록 "무조건적 항복"이라는 말이 나오기는 하지만 내용은 그리 타협적이지 않다.

> 천황 폐하께서는 우리나라에 매일 늘고 있는 재앙과 현 전쟁에서 교전 중인 많은 국가의 시민이 직면한 재앙과 희생에 근심이 크십니다. 천황 폐하께서는 진심으로 전쟁이 끝나기를 바라고 계십니다. 그러나 대동아전쟁에서 미국과 영국이 무조건적 항복을 주장하는 한 우리는 일본의 생존과 영광을 위해 모든 노력을 기울일 것입니다. 결과적으로 무력 공격으로 인한 교전국 시민들의 막대한 유혈 사태는 천황 폐하께서 바라시는 일이 아닙니다.[30]

이 전신에는 일본이 받아들일 수 있는 조건에 대한 자세한 정보가 없다. 진의 주장과는 달리, "미국이 단 하나의 항복 조건, 즉 일본의 신성한 존재인 천황을 그대로 둔다면 일본은 군대를 철수하고 군도軍刀를 내려놓을 것이다"라고 말하지 않았다.[31] 외교적으로 정리해보면 도고의 전신은 틀림없는 위협이었다. 도고의 메시지는 "천황은 평화를 사랑하지만, 연합국이 무조건적 항복을 계속 요구한다면 우리가 크게 갚아줄 것이다"라는 의미를 담고 있다.

진의 내러티브는 도쿄에서 모스크바로 전신을 보냈다는 것에서 끝난다. 그러나 전보를 받은 쪽에서는 무슨 일이 일어났을까? 모스크바의 일본 대사는 최근의 제안과 암묵적인 위협은 "구체성이 결여된 추상적 나열"에 불과해 소련에 별 의미가 없을 것이라고 도쿄에 전신을 보냈다.[32] 소련의 외무차관 솔로몬 로조프스키Solomon A. Lozovsky는 더 퉁명스러웠다. 일본의 제안은 "단순한 일반화와 명확한 제안이 없는" 공허한 소리로 들린다는 것이었다. 소련은 모스크바에 특사를 파견하겠다는 천황의 요청을 무시했다. 왜냐하면 전쟁을 끝내기 위해 일본이 내건 조건들이 너무나 "불확실"했기 때문이다.[33]

폭탄이 투하되기 전 일본은 본토결전本土決戰을 위해 최대한의 노력을 기울였다. 90만 명의 병력을 일본 열도의 최남단인 규슈九州 일대에 배치했고, 전 국민을 전투 대열로 몰았다. 여성들은 무기로 사용하기 위해 대나무를 뾰족하게 갈았고, 학생들은 백병전을 위해 훈련을 받았다. 당시 고등학생이었던 가사이 유키코는 자신이 받았던 훈련을 이렇게 회상했다. "단 한 명의 미군이라도 죽여야 한다. 자기방어를 위해 송곳이라도 사용할 준비를 해야 한다. 적의 복부를 노려야 한다."[34] 일본은 미국을 이길 수 있다는 환상을 갖고 있지 않았다. 그러나 적들이 피투성이가 되고 망가져서 평화를 청할 정도로 자신들이 막대한 손실을 입힐 수 있을 것이라 믿었다. 7월 14일 도쿄에서 모스크바로 전신을 보낸 이틀 뒤, 도고 외무대신은 모스크바 주재 일본 대사에게 두 번째 메시지를 보냈다. 이번에는 일본의 의도를 구체화했다. "우리는 평화를 추구하지만 무조건적 항복은 아니다."[35]

1989년 히로히토 천황의 사망 이후 세상에 드러난 전신의 내용은 당시 일본이 무엇을 요구했는가를 분명히 보여주었다. 전시 정책을 수립하는 여섯 명의 위원으로 구성된 일본전쟁위원회는 항복을 위해 네 가지 거부할 수 없는 조건을 내세웠다. 그들은 천황제 유지 외에도, 군사 점령을 하지 않을 것, 일본의 일정과 전략에 따라 군대를 해체할 것, 전범 재판은 일본 재판소가 맡을 것을 요구했다. 육군대신 아나미 고레치카阿南惟幾와 육해군 사령관들에게 이것은 협상의 여지가 없는 "절대적인" 조건들이었다.[36] 진은 이 '절대적인' 조건들에 대해서는 전혀 언급하지 않았다. 그에게는 상징적 지위의 천황제 유지라는 단 하나의 조건만 있었다.

무조건적 항복 대 평화를 위한 협상의 가능성을 제기하는 사람들은 역사학자들이 '반사실적counterfactual 추론'이라고 부르는 게임을 한다. 만약 사실과 다른 일이 일어났다면 과거가 어떻게 달라졌을지 생각하는 것이다. 이 게임은 '만약if', '~할 수도 있다may', '~했을 수도 있다might' 같은 요소로 이루어져 있다. 일본학 연구의 권위자이자 퓰리처상을 수상한 《패배를 껴안고Embracing Defeat》(1999)를 쓴 존 다우어John Dower도 "만약 미국이 천황제 유지를 보장했다면 일본 군국주의자들은 핵이 떨어지기 전에 항복했을지도 모른다. 결과가 어떻게 달라졌을지 우리는 결코 알 수 없다"라며 반사실적 추론에 기반하고 있다.[37] 일본 도시샤대학의 역사학 교수 아사다 사다오麻田貞雄는 "일본의 항복 결정에 대한 어떤 설명도 반사실적 추론 없이는 완전할 수 없다. 아무리 위험할지라도 …… 원자폭탄을 사용하지 않고 소련의 개입과 전략폭격, 해상봉쇄가 계속되었다면, 과연 일본은 미국이 규슈상륙작전을 계획한 11월 1일 이전에 항복했을까? 우리가 확인할 수 있는 일본어 자료들은 결정적인 답을 주지 못한다"라고 말했다.[38] 스탠퍼드대학의 바튼 J. 번스타인Barton J. Bernstein 또한 이렇게 말했다. "일본의 천황제를 유지시켜주거나 소련의 개입을 기다리거나 아니면 일반적인 폭격을 가하는 등의 대안들로도 원자폭탄을 투하하기 전에 전쟁을 끝낼 수 있었을 것이다. 그렇지만 프랭클린 루스벨트의 발언을 빌리면 증거는 다소 '불충분'하며 일본 군국주의자들의 비타협적인 태도를 본 사람이라면 누구라도 다른 대안들에 완전한 확신을 갖지 못했을 것이다."[39]

반사실적 추론 또는 일어나지 않은 과거를 추측할 때에는 겸손해야 한다. 그러나 진은 반사실적 추론을 구사할 때 한 가지 주제 연구에 일생을 헌신한 학자들을 비롯해 그 누구도 모르는 무언가를 자신만 알고 있는 듯한 자세를 취한다. "만약 미국이 무조건적 항복을 주장하지 않았다면, 즉 일본이 항복을 위해 내건 천황제 유지를 받아들였다면 일본은 전쟁을 끝내는 데 동의했을 것이다"라는 것이다.[40] 그랬을지 아니었을지 알 수 없는 일인데도 진은 "전쟁을 끝내는 데 동의했을 것이다"라고 말했다. 그는 실제 일어난 역사뿐 아니라 일어나지 않은 역사에 대해서도 확신했다.

그는 어디에서 그러한 확신을 얻었을까? 일단 마음을 먹고 나면 새로운 증거나 학문적 성과, 이전에 알려지지 않았던 문서의 발견, 역사적 행위자의 증언도 그의 생각을 흔들 수 없는 듯하다. 《미국 민중사》의 초판본 출간 이후부터 2003년도 판이 출간되기까지 20여 년 동안 엄청난 학문적 성과가 쌓였음에도 불구하고 진의 내러티브는 거의 변함이 없었다. 이를테면 일본에서는 1989년 히로히토 천황이 사망한 후 침묵의 베일이 걷히고, 수많은 회고록과 일기를 통해 전쟁 당시에 대한 폭로가 이어졌다. 이중 일부는 히로히토 천황 측근의 것이었다.[41] 이러한 자료와 함께 공개된 일본 문서들은 제2차 세계대전 말기에 대한 역사가들의 이해를 변화시켰다. 그러나 진은 이처럼 새로 발견된 사실들을 자신의 책에서 단 하나도 언급하지 않았다. 2003년도 판의 제16장 〈인민의 전쟁?〉은 1981년에 출간된 참고문헌 하나와 아이티 혁명과 전쟁저항자연맹War Resisters League에 관해 두 문장이 새로 추가된 것 외에 1980년도 판과 단어 하나 바뀌지 않았다.

1980~2003년 《미국 민중사》는 네 차례 개정되었고, 현대사 부분은 개정본마다 9·11테러를 포함한 새로운 내용이 추가되었다. 그러나 현대사 이전 인류의 500년 이상을 담고 있는 역사에는 단지 네 개의 참고문헌만이 추가되었다. 그중 세 개는 엘리너 루스벨트Eleanor Roosevelt의 전기를 써서 논란이 되었던 작가 블랑쉬 비젠 쿡Blanche Wiesen Cook의 것이다.

업데이트되지 않는 역사

1950년대에 대한 하워드 진의 내러티브는 잘 알려진 길을 따라간다. 그리스 내전에서 공산주의 세력이 승리할 가능성이 커지고 중국에서 공산주의가 성공함에 따라, 옷장 안과 침대 아래에 공산주의자들이 숨어 있다는 공산주의에 대한 근거 없는 공포가 미국 전역을 휩쓸었다. 국가가 나서서 연방정부 내 "비애국적 인물의 유입"을 뿌리째 뽑아버리겠다는 트루먼Harry S. Truman 대통령의 행정명령 제9835호는 공산주의에 대한 히스테리를 부채질했다. 기본적인 자유가 사라지고, 잡지들은 〈공산주의자들이 당신의 자녀 뒤에 있다〉 같은 제목의 논설들로 공포를 조장했다. 할리우드 영화 제작자들은 〈나는 공산주의자와 결혼했다〉('13부두의 여인'이라는 제목으로 개봉), 〈나는 FBI의 공산주의자다〉 같은 반공 영화를 수십 편 제작했다.

조지프 매카시Joseph McCarthy가 불러일으킨 공산주의자 색출 열풍은 수많은 무고한 사람을 소용돌이 속으로 몰아넣었다. 줄리어스 로젠버그Julius Rosenberg와 에델 로젠버그Ethel Rosenberg 부부는 싱싱형무소Sing Sing 전기의자에서 고통에 몸부림치며 죽어갔다. 진은 그들에게 내려진 판결이 해리 골드Harry Gold 같은 기회주의적인 악당의 무고 탓으로 보았다. 해리 골드는 FBI에게 400시간 이상 심문을 받은 후 자신의 노선을 바꾼 고도의 거짓말쟁이다.[42] 진은 로젠버그 사건을 "정부가 결정한 노선의 끝에 서 있는 자는 반역자"임을 알리는 냉엄한 경고였다고 주장한다.[43]

진은 제2차 세계대전 이후 납세자들은 군비를 위한 세금 납부를 꺼렸고, 정부는 "군비 정책에 대한 대중의 지지"를 얻기 위해 공포를 조장해야 했다고 주장한다.[44] 진의 주장에 따르면 이런 공포는 사실에 기반하지 않았다. 진은 "스파이 행위는 단 한 건도 밝혀지지 않았다"라고 한 역사학자 더글러스 밀러Douglas T. Miller와 매리언 노박Marion Nowak의 말을 인용했다.[45] "체제 전복 행위의 증거를 발견하지 못했음에도 공식적인 빨갱이 사냥은 미국 정부 내에 스파이들이 침투해 있다는 인식을 대중에게 심어주었다."[46] 이러한 생각은 실체가 없는 망상이었다.

진이 들려주는 이야기는 오늘날 많은 사람이 1950년대를 기억하는 방식과 딱 들어맞는다. 그러나 기억은 변화에 저항하는 것으로 악명이 높다. 논쟁의 여지가 없는 증거와 직면했을 때조차 말이다. 매카시 시대에 대한 진의 설명은 지난 25년 동안 밝혀진 산더미 같은 증거들을 외면하고 있다. 새로운 증거들은 1950년대 공산주의자들의 스파이 행위에 대한 역사가들의 인식을 바꾸어놓았다.

1992년 소련 붕괴 후, 옐친Boris Nikolayevich Yeltsin 러시아 대통령은 국가문서보관소의 문을 열어 숨겨져 있던 옛 소련의 공작들을 공개했다. 역사가들은 미국 공산당CPUSA에 관한 파일 4,300개를 발견했다. 이 파일들은 모스크바가 모든 외국 공산당 기록의 통합을 지시했을 때 미국 공산당 지도부가 비밀리에 전달한 것들이었다.[47] 이 파일들은 소련의 스파이 행위가 소문보다 더 많았을 것이라고 의심했던 사람들조차 놀라게 했다. 이것을 연구한 학자들은 미국 시민을 대상으로 첩보원을 모집한 내용을 담은 미국 공산당 고위 관리들의 공문을 발견했을 뿐만 아니라, 미국 해군 정보국이나 국무부 같은 기관에서 도난당한 문서도 찾아냈다.

그러나 소련의 기록물에 최초로 접근한 미국인인 에모리대학의 역사학자 하비 클레르Harvey Klehr가 주목한 것은 잘 알려져 있지 않은 미국 방첩 활동에 관한 문서들이었다. 클레르는 제2차 세계대전이 한창일 때 모스크바와 워싱턴, 뉴욕, 샌프란시스코, 시카고의 요원들 사이에 오고

간 비밀전보를 해독하는 것을 목적으로 한 군사작전 베노나 프로젝트Venona project에 관한 문서들을 발견했다. 이 작전은 너무나 비밀스러워서 운영과정이 하원의 반미활동위원회House Committee on Un-American Activities에도 공개되지 않았다. 심지어 트루먼 대통령조차 몰랐다. 만약 이 작전이 유출되면 결코 해독할 수 없을 거라 생각했던 소련의 '일회성 전보'의 암호가 이미 깨져버렸다고 소련에 경고하는 것이 될 것이라는 우려가 아주 컸기 때문이다.[48]

이 새로운 증거들은 "적색공포"라는 친숙한 내러티브의 토대를 흔들었다. 이 증거로 줄리어스 로젠버그가 사실은 로스앨러모스 국립연구소의 최고 기밀정보에 접근할 수 있었던 그의 처남 데이비드 그린글래스와 함께 첩보 조직의 중심에서 활동하던 열혈 신봉자였음이 밝혀졌다. 로젠버그와 그린글래스 등은 외국 세력을 대신해 미국 정부 고위층에 침투한 미국 시민 네트워크에 연결되어 있었다. 스파이들은 법무부, 전쟁정보국, 전시생산국, 육군통신대, 경제전쟁위원회, 검열국, 국무부에 침투했다. 그들 중 최고위층에 있던 사람은 해리 덱스터 화이트Harry Dexter White다. 그는 재무부의 2인자이자 프랭클린 루스벨트 대통령의 고문이었으며, 현대 경제에서 가장 영향력 있는 기관인 국제통화기금과 세계은행의 창립에도 크게 관여했다.[49]

미국 역사상 가장 큰 보안상의 침해는 뉴멕시코 사막의 외딴 곳에서 일어났다. 1945년 7월 16일, 미국의 과학자들이 앨라모고도Alamogordo에서 원자폭탄을 실험하고 있을 즈음, 소련 원자폭탄의 아버지 이고르 쿠르차토프Igor Kurchatov는 로스앨러모스 연구소에서 밀반출한 원자폭탄 스케치를 모스크바에서 2년째 연구하다 거기서 약 1,000킬로미터 떨어진 소련 원자폭탄 프로그램의 일급 기밀장소인 제2실험실로 이동했다. 그곳에서 쿠르차토프는 하버드대학에서 수학한 영재로 로스앨러모스 연구소의 최연소 물리학자가 된 시어도어 홀Theodore Hall과 아이오와 태생의 조지 코발George Koval 같은 스파이들이 제공해준 문서들을 연구했다. 코발은 대공황이 한창일 때 러시아 출신 부모와 함께 소련으로 이주해 스파이가 되었다. 그는 미국으로 돌아가 맨해튼 프로젝트의 한 직책을 맡아 가장 민감한 부분인 폭탄 내부의 점화 발화제에 관한 연구를 진행했다.[50] 이 스파이들은 내파 원리에 대한 상세한 정보를 소련에 전달했다. 소련 과학자들에게 이 이론은 새로운 것이었고, 러시아어에 내파 원리에 해당하는 말이 없었기 때문에 그들은 "내부를 향한 폭발"이라는 어색한 문구를 사용했다.[51] 미국에서 조금씩 빼돌린 문서들로 소련은 수많은 실험 단계를 건너뛸 수 있었고, 원자폭탄 연구 기간을 4~14년 정도 줄일 수 있었다.[52] 1949년 8월 29일 카자흐스탄의 세미팔라틴스크 시험장에 떨어진 원자폭탄은 나가사키에 떨어진 폭탄을 거의 베낀 것이었다. 쿠르차토프는 자신이 어디에 빚을 지고 있는지 잘 알고 있었다. 그가 1943년 소련 정부 상관에게 제출한 보고서(KGB 파일 13676)의 내용에서 알 수 있듯이, 미국의 비밀은 "소련과 소련의 과학 발달에 매우 크고 중요한 의미"를 가졌다.[53]

격동의 1960년대를 경험한 미국 역사학자들에게 미국 공산당 지도자들은 도덕성과 적극성, 즉 자본주의의 폐단을 예견하는 모범으로 비쳤다. 뉴욕 해밀턴대학의 역사학 교수인 모리스 이서먼Maurice Isserman은 1968년 리드대학 시절 포틀랜드혁명청년운동Portland Revolutionary Youth Movement의 창립 회원이 되었다. 그는 학사학위를 받고 당시 저명한 마르크스주의 역사학자였던 유진 제노베즈Eugene Genovese의 지도를 받아 로체스터대학에서 역사학 박사학위를 취득했다.[54] 베노나 문서가 공개되고 전직 KGB

의 폭로가 이어지자 이서먼은 자신이 쓴 《당신은 어느 편에 서 있었나: 제2차 세계대전 중의 미국 공산당Which Side Were You On: The American Communist Party during the Second World War》(1982)에 중대한 오류가 있다는 것을 깨달았다. 제2차 세계대전 중 소련의 스파이 행위에 대한 미국 공산주의자들의 개입에 대한 논의를 빠트린 것이다.[55] 1999년 그는 《뉴욕타임스》 기자에게 "20년쯤 전에 나는 미국의 공산주의자들이 스파이 활동을 하지 않았다고 했지만, 더는 이 생각을 고수할 수 없다"라고 말했다.[56] 그는 기밀이 해제된 KGB 문서를 근거로 앨저 히스Alger Hiss•의 유죄에 대해 더욱 직접적으로 언급했다. "이제 직면하자. 토론은 끝났다."[57]

• 앨저 히스는 프랭클린 루스벨트 대통령 시절 미국 국무부 고위 관료를 지냈다. 1948년 소련 스파이 혐의를 받고 결백을 주장했으나, 소련의 기록이 공개되면서 스파이였음이 밝혀졌다.

베노나 프로젝트의 존재에 대해 아무것도 몰랐던 조지프 매카시는 1950년에 자신이 205명의 공산주의자 명단을 가지고 있다고 주장했다(그 수는 계속 바뀌었는데, 의회 기록에서는 56명으로 줄었다). 매카시가 이 주장을 제기했을 때는 이미 소련이 중요한 스파이들을 안전한 은신처로 보낸 뒤였다. 소련 네트워크는 암호 연구자들이 베노나로 전달되는 전송 내용을 해독하는 일을 하는 알링턴 홀Arlington Hall에도 미국 육군 신호정보국의 러시아 언어 전문가인 윌리엄 와이즈밴드William Weisband를 스파이로 심어둘 정도로 효율적으로 작동했다. 매카시가 언급한 사람들 중 결정적으로 베노나의 기록과 관련된 사람들은 거의 없었다. 그러나 매카시와 그의 동료들은 자신들의 이익을 위해 스파이에 대한 대중의 두려움을 이용했다. 스파이 행위와 관련 없던 공산당 일반 회원들과 공산주의 이념에는 동조하나 당에 가입하지 않았던 사람들, 평범한 자유주의자들을 가리지 않고 공격했다.[58] 매카시를 "반공주의에 물든 문화"

를 만들어낸 과대망상주의자로 본 하워드 진의 생각은 옳다.[59] 그러나 모순적으로 매카시의 무차별적인 혐의 주장은 진짜 스파이들을 가려주었다. 그들은 무분별한 대중 선동에서 분출된 마구잡이식 고발 분위기 뒤에 숨어 있을 수 있었다.

매카시에 대한 기억은 어두운 그림자로 계속 남아 있다. 단순히 공산당 활동을 언급하는 것만으로도 매카시의 비난은 충분히 혐오스러웠고 비열했기에 많은 사람이 지난 25년 동안 사실로 밝혀진 증거들에 눈을 감아버렸다. 하워드 진은 《미국 민중사》에서 제1차 걸프전, 클린턴 정부 시기, 북미자유무역협정, 이라크전쟁, 9·11테러에 관한 내용은 업데이트했지만, 미국인의 삶에 개입된 공산주의자에 대한 그의 설명은 영구히 고정된 스냅사진으로 남아 있다. 진은 자신이 결백하다고 변호했던 범죄자들이 국가기밀 누설을 인정하고 나왔을 때조차 자신의 주장을 되풀이했다. 1951년 모톤 소벨Morton Sobell이 줄리어스 로젠버그의 공범으로 기소되었다. 진은 소벨에 대한 증거들이 너무 조잡해서 "변호인이 변호할 필요가 없다고 결정했다"라고 기록했다.[60] 소벨은 사형은 면했지만 19년 동안 연방 교도소에서 복역했으며, 그 기간 내내 자신의 무죄를 주장했다. 그러나 2008년 9월, 91세의 소벨은 《뉴욕타임스》에 자신이 소련의 스파이였으며 로젠버그와 연루되어 있었다고 인정했다. 이 고백에 이어 로젠버그의 두 아들도 유감스럽게도 자신들의 아버지가 스파이였다고 인정했다.[61] 이를 취재한 기자가 진에게 연락해 그의 생각을 묻자 진은 "약간 놀랐다"라고 말했다. 그리고 이렇게 덧붙였다. "나에게는 그들이 유죄인지 아닌지가 중요하지 않다. 중요한 것은 그들이 냉전이라는 히스테리 속에서 공정하게 재판을 받지 못했다는 점이다."[62]

진과 마찬가지로 월터 슈나이어Walter Schneir와 미리엄 슈나이어Miriam Schneir

부부는 공산주의자들에 대한 스파이 혐의가 정신 나간 국가의 상상의 산물이라는 것을 증명하기 위해 수십 년 동안 애썼다. 425개의 각주가 빽빽이 달린 《심판으로의 초대Invitation to an Inquest》(1965)에서 슈나이어 부부는 로젠버그를 "한국전쟁에 대한 국가적 불안과 소련과의 핵 분쟁 가능성"에 맞서 일어난 여론 조작용 재판의 무고한 희생자로 묘사했다.[63] 그러나 30년 후 개방된 소련과 미국의 기록보관소에서 새로운 자료들이 발견되자, 슈나이어 부부는 자신들의 한평생 연구를 재검토해야 했다. 1995년 그들은 로젠버그 부부의 무죄를 입증하기 위해 기울였던 노력이 무의미했음을 밝혔다. 이 결론은 "많은 사람에게 고통스러운 소식"이었다. 결국 그들은 역사란 증거에 의해 제약을 받는 것임을 깨달았다. 증거가 변하면 이야기 역시 변해야 한다. 그들은 평소답지 않은 간결함으로 끝을 맺었다. "작가의 임무는 진실을 말하는 것이다."[64]

지나친 인기

《미국 민중사》는 과거 주류 내러티브에 도전하는 대항적 책으로 시작해, 1980년 초판 발행 이후 30여 년이 지난 오늘날 지배적인 내러티브의 위치에 이르게 되었다. 이 책은 역사는 물론 경제학, 정치학, 인류학, 문화학, 여성학, 민족학, 인종학 강좌의 필독서 목록에 어김없이 등장한다. 다양하게 편집·각색된 《미국 민중사》는 교사양성과정에서 여전히 가장 인기 있는 도서이며, 일부 수업의 강의 요강에 실린 유일한 역사책이기도 하다.[65]

2008년 미국 사회과교육학회는 전국 최대 규모의 사회과 교사 모임인 연례학술대회에 하워드 진을 초청했다. 진의 연설은 박수갈채를 받았고, 출판사 하퍼콜린스HarperCollins의 도움으로 청중들에게 《미국 민중사》의 사본이 배포되었다. 이 협회 회보에 글을 쓴 시드 골스턴Syd Golston 회장은 진을 "우리에게 영감을 주는 사람"이라고 칭송했다.[66] 1980년대 출간 당시, 미국 건국의 아버지들을 "현대에 고안된 가장 효과적인 국가 통제 시스템" 속으로 국민을 밀어 넣은 어둠의 무리라고 비판한 책이 미국 교육부가 후원한 미국역사교육정보센터National History Education Clearinghouse 웹사이트에 대서특필되리라고 누가 예상할 수 있었을까?[67]

교사들은 《미국 민중사》의 전체 내용을 가르치는 데 필요한 모든 것을 가지고 있다. 본문에 기록된 주요 문서들의 원본, 배우 맷 데이먼Matt Damon과 대니 글로버Danny Glover, 조쉬 브롤린Josh Brolin, 케리 워싱턴Kerry Washington이 낭독한 사료 DVD, 토론을 위한 아이디어와 단원 정리 문항이 포함된 교사를 위한 특별판, 심지어 《미국 민중사》의 관점에서 가려낸 주요 사건을 담은 화려한 연표와 코팅된 벽보까지.[68] 10~14세를 대상으로 한 어린이용은 물론, 그림을 좋아하는 학생들을 위해 맥밀런Macmillan 출판사에서 발행한 그래픽 에디션도 있다. 이 그래픽 에디션은 "만화책 형식"으로 역사의 유익함을 강조한 학습 계획안을 제공한다.[69]

2007년, '다시 생각하는 학교Rethinking Schools'와 '변화를 위한 교육Teaching for Change'이라는 두 단체는 전국의 중·고등학교에서 《미국 민중사》를 이용해 역사 교육을 하도록 장려하는 웹사이트인 '진 교육 프로젝트'를 개설했다.[70] 이 웹사이트는 10만 건이 넘는 다운로드 횟수를 자랑하며 교사들에게 모의재판(콜럼버스를 타이노 인디언 수만 명을 살해한 죄로 기소해 재판하기)이나 역할극(찬양받지 못한 영웅들: 사회정의를 위해 싸운 사람들에게 감사하도록 가르치기) 등 《미국 민중사》를 활용하는 수업자료를 제공했다. 학생들은 역할극에서 프레더릭 더글러스Frederick

Douglass, 로자 파크스, 해리엇 터브먼, 냇 터너Nat Turner, 세자르 차베스Cesar Chavez, 프레드 고레마츠Fred Korematsu, 블랙팬서Black Panther 당원, 레너드 펠티에Leonard Peltier, 그리고 헨리 데이비드 소로우Henry David Thoreau와 존 브라운John Brown 같은 인물 중 하나를 맡을 수 있다. 마지막 두 인물, 소로우와 브라운은 단순히 노예나 대토지를 소유하지 않았다는 사실을 넘어 학생들에게 그들이 미국 역사 속 다양한 저항운동 중 한 부분을 담당했음을 가르치기 위해 포함되었다.[71] 수업자료 저자들은 이런 자료가 역사를 가르치는 새로운 방식인 "민중교육학"의 바탕을 형성하고 있다고 본다. 그들은 민중교육학은 학생들을 "교과서를 읽고 각 장의 마지막에 나오는 질문에 답하는 고분고분한 단어 소비자"로 만드는 전통적인 교수법과 반대되는 것으로, 학생들에게 교과서 내용을 따져보고 말할 수 있는 힘을 키워준다고 주장한다.[72]

그러나 수업자료를 검토한 결과, 이 수업방식은 배운 내용에 도전하기보다 배운 것을 반복하는 것일 가능성이 컸다. 교사용 안내서에서는 학생들에게 자료집 《민중사의 목소리》 제16장을 읽게 한 후 "학생들 스스로가 생각하는 내용의 요점을 확인하라"고 설명해놓았다.[73] 그런 뒤 학생들의 대답이 어긋나지 않도록 요점 내용을 순서대로 나열해놓았다.

- 제2차 세계대전은 미국이 참전하여 관심을 많이 받은 전쟁이었지만 단순히 '좋은 전쟁'은 아니었다.
- 전쟁 기간 중 국내외에서 미국의 전시 정책은 국가가 싸워 지켜내야 할 민주적 가치를 반영하지 않았다.
- 일본에 원자폭탄을 투하한 것은 소련과의 냉전의 시발점이 되었다.[74]

"민중교육학"은 어린 독자들이 자신의 생각을 뒷받침하기 위해 유리한 예들을 기꺼이 추구한다는 조건하에 "텍스트를 더욱 적극적으로 읽도록" 권장하는 것처럼 보인다. 그러나 교사들이 학생들에게 질문을 제시하고서 그에 대한 답변을 명확히 하는 데 《미국 민중사》와 《민중사의 목소리》에 주목해야 한다고 말한다면, 학생들이 어떻게 저자와 텍스트의 내용에 반론을 제기할 수 있을까?[75] 만일 진의 《미국 민중사》가 그러한 토론에 활용할 수 있는 유일한 자료라면, 교사용 안내서는 '무엇이 요점인가?'라는 질문 외에는 다른 지시 사항을 제시할 수 없다. 이런 "토론"의 결과는 시작부터 이미 정해져 있다.

많은 면에서 《미국 민중사》와 전통적 교과서들은 학생들을 정보 분석가가 아닌 정보를 받아들이는 역할로 격하시킨다는 점에서 유사하다. 단지 정치적 스펙트럼만 다를 뿐이다. 언어학자 에이번 크리스모어Avon Crismore는 역사가들의 글쓰기 특징을 조사한 결과, 역사적 확실성의 한계를 나타내기 위해 수사적 표현을 자주 사용한다는 것을 발견했다. 그러나 교과서에 실린 역사가들의 글에는 그러한 표현이 나타나지 않는다.[76] 《미국 민중사》에서도 그런 수사적 표현을 볼 수 없다. 대신 《미국 민중사》에서 역사의 빈틈은 자신의 견해를 강하게 확신하는 저자의 존재에 의해 가려져 있다.

확실히 《미국 민중사》는 1960~1970년대 미국 사회의 규율을 흔든 움직임들, 즉 노동계급의 역사, 페미니스트의 역사, 흑인의 역사, 다양한 소수 민족의 역사를 한데 모은 책이다. 이 역사들은 모두 역사적 사건에 대한 다양한 "입장"에서 제기된 여러 해석을 보여주면서 1950년대 학교에서 통용되던 역사를 산산조각 내버렸다. 《미국 민중사》는 교과서가 아니라는 점에서 자유로울 수 있지만, 역사 지식에 대해서는 확고하리만치 전통적인 자세를 취한다. 비록 도덕적으로 우월하다고 주장하며 현재 학생들이 행동으로 옮길 수 있는 더 나은 입장을 약속하지만, 다양한 과거의 상에 대해 하나의 획일적 읽기로 대신한다.[77]

《미국 민중사》가 전통적 역사 교과서들과 다른 한 가지가 있다. 바로 숙련된 문장가가 썼다는 것이다. 전형적인 교과서의 복잡하고 따분한 산문체에 비해 진의 힘 있는 문체는 독서 의욕을 복돋운다. 이런 점에서 많은 독자에게 《미국 민중사》가 단지 과거를 보는 하나의 방식이 아니라 그 자체로 진실이 된다는 게 놀랍지 않다. 이것은 아마존에 독자들이 남긴 리뷰를 보면서도 받게 되는 인상이다. 어떤 독자들에게 "민중사"는 마이클 커진이 말한 것처럼 "폭로의 힘과 권위" 그 자체다.[78] 아이디 gmt903은 "진실이 이 책의 핵심"이기 때문에 이 책을 "역사 선생님이나 미국 역사에 관심이 있는 모든 사람"에게 추천한다고 남겼다. 뉴욕에 사는 맬컴은 "애국적이건 아니건 이 책은 진실을 말한다"라고 적었다. 산타모니카의 노이톨은 "명백하고 훼손되지 않은 진실"을 보여준다고 썼다.[79] 연설가로서의 진의 카리스마도 비슷한 반응을 불러일으켰다. 진의 동명 자서전을 느슨하게 따르는 다큐멘터리 〈달리는 기차 위에 중립은 없다In You Can't Be Neutral on a Moving Train〉에서 3일 동안 제대로 씻지 못해 꾀죄죄한 빨간 머리칼의 어느 열정적인 교사는 진의 강의를 들으러 온 이유를 들려준다. "저는 언젠가 학생들에게 진실을 가르치고 싶어요. 그래서 내가 여기 있는 것이죠."

다른 관점을 허용하지 않는 역사

1964년 1월 23일 미시시피주 해티즈버그Hattiesburg의 쌀쌀한 목요일, 흑인과 백인 시민들이 포레스트 카운티 법정으로 몰려들었다. 이날은 "보행자의 통행을 방해"했다는 혐의로 기소된 비폭력학생협력위원회 운동가의 재판이 열리는 날이었다.[80] 재판을 맡은 밀드러드 W. 노리스Mildred W. Norris 판사는 이전에 한 번도 보지 못했던 장면, 즉 법정 방청석에 흑인과 백인이 함께 앉아 있는 상황을 마주해야 했다. 판사가 방청객에게 "질서 회복"을 명령하자, 한 깡마른 백인이 일어나 말했다. "존경하는 판사님, 대법원은 법정에서 좌석 분리는 위헌이라는 판결을 내렸습니다. 판사님은 그 판결을 따르지 않으실 것입니까?"[81] 이 말을 들은 노리스는 방청객이 "소란을 피우지 않는다"는 조건으로 좌석 통합을 허용했다. 이는 미시시피 법학사에서 전례가 될 만한 사건이었다.

그 깡마른 백인이 바로 하워드 진이었다. 1922년 가난한 유대인 이민자 집안에서 태어난 진은 먹고살기 위해 "지주보다 항상 한 발 앞서라"라고 말할 정도로 형편이 어려운 가정환경에서 성장했다.[82] 제2차 세계대전에 폭격수로 참전했던 경험은 그를 인간의 문제를 해결하기 위해 폭력을 사용하는 것에 반대하는 평화주의자로 바꾸어놓았다.

컬럼비아대학에서 역사학 박사학위를 받은 후 진은 흑인 여성들만 다니는 스펠만대학에서 교편을 잡게 되었다. 그러나 학생들을 조직해 "백인 전용"이었던 애틀랜타 도서관에 들어가 헌법과 존 스튜어트 밀John Stuart Mill의 《자유론》 사본을 요청하는 행동을 벌여 해고되었다. 그 뒤 베트남전쟁이 한창이던 때에 진은 대니얼 베리건Daniel Berrigan 신부와 하노이에 가서 미군 포로 세 명의 석방을 협상했다. 보스턴대학에서 다시 교편을 잡고서도 치열하게 보낸 20여 년, 그는 마지막 수업 날에도 학생들과 함께 피켓을 들고 시위에 나섰다. 2010년 사망할 때까지 하워드 진은 자신이 옳다고 믿는 것에 헌신하고 실천하는 삶을 살았다.

하지만 내가 여기서 말하고 싶은 것은 인간 하워드 진에 대해서가 아니다. 진의 교육과정에 관한 것이다. 진은 존경할 만한 삶을 살았다. 하지만 40여 년 전에 쓰인 2차 사료를 통해 원자폭탄에 대한 교훈을 말하거나, 소련의 기록보관소 개방 이후 밝혀진 증거를 고려하지 않고 냉전에 대해 가르치거나, 폴란드에 대한 히틀러의 야만적인 공격을 무시하고 나치의 폭격을 연합군의 폭격과 결부시키거나, 미국에서 인종차별이라는 장벽이 해체될 무렵 아우슈비츠에서는 소각장을 만들기 위해 벽돌을 깔았다는 것을 설명하지 않고 짐 크로법과 홀로코스트를 동일 선상에서 보는 문제들에 대해서는 그렇지 않다.

특히 우리가 약자에 대한 그의 열정적인 관심에 애착을 가질 때, 진의 부인할 수 없는 카리스마는 위험해진다. 아직 역사의 해석적 속성을 경험하지 못한 젊은이들은 누군가의 주장이 사회정의의 현안과 일치하기 때문이 아니라 제시하는 자료와 특정한 해석의 틀에서 벗어난 증거들을 설명할 수 있는 능력으로 판단되어야 한다는 것을 배우는 중이다. 이런 학생들을 어떻게 가르쳐야 할지 논할 때 진이 가진 힘은 그 위험성이 가중된다. 진의 설득력은 학생들이 스스로 생각하고 말할 능력을 소멸시킨다.

《미국 민중사》가 오랜 시간 관심을 받는 데는 많은 이유가 있다. 1552년 이래 역사학자들은 콜럼버스의 잔혹 행위에 대해 알고 있었다. 하지만 미국에서 바르톨로메 데 라스 카사스Bartolome de las Casas가 콜럼버스의 잔혹 행위를 소름끼치도록 자세히 묘사한《인디언 멸망에 대한 짧은 설명A Short Account of the Destruction of the Indies》이 출간되었을 때,《미국 역사와 미국 민족의 승리The American Pageant and Triumph of the American Nation》' 같은 교과서로 공부하고 성장한 미국인들에게 이는 충격적인 폭로로 다가왔다. 진은《급진적 역사 비평Radical History Review》 구독자들에게는 지극히 상식적인 지식이 다른 많은 독자에게는 보이지 않는다는 것을 알아챘다.

미국인들은 분명한 내러티브를 좋아한다. 콜럼버스가 아라와크족Arawaks의 손을 잘라내는 데 사용한 양날칼에서부터 앤드루 잭슨이 크리크족Creek을 향해 총알을 퍼부었던 소총, 그리고 1945년 8월 6일 히로시마에서 터진 9,700톤의 원자폭탄을 하나의 선으로 연결하는 데는 진의 탁월함이 필요했다. 많은 사람이 이런 이질적인 사건들을 하나의 연속된 내러티브의 일부로 보게 되면서 인식의 전환이 이루어졌다. 스포츠 기자 데이브 지린Dave Zirin은 《미국 민중사》를 우연히 처음 접한 십 대 때를 이렇게 회상했다. "나는 역사란 1215년에 마그나카르타(대헌장)가 작성된 사실을 배우는 것이라 생각했다. 그런데 나는 마그나카르타가 1215년에 작성된 것은 알았지만, 정작 그것이 무엇인지 몰랐다. 하워드는 역사에서 영웅들을 들어내고 …… 그들의 거만한 머리를 다른 곳으로 돌렸다. …… 역사의 희생자가 되는 대신에 실제로 민중들의 역사를 만들었다."[83]

2004년 《디센트》에 실린 《미국 민중사》 서평에서 마이클 커진은 진이 성공한 진짜 이유는 내러티브의 적시성에 있다며 다음과 같이 말했다. "진은 가까운 과거에 형성된 우리의 욕구를 채워주었다. 미국 좌파에게 그리 좋은 시절이 아니었던 1980년 이후 몇 년 …… 《미국 민중사》는 어떤 위안을 주었다."[84] 커진의 평은 대체로 적중했지만, 적시성에 관한 언급은 완전히 빗나갔다. 진이 여전히 인기 있는 것은 시의적절해서가 아니라 시의적절하지 않기 때문이다. 《미국 민중사》는 우리 안의 홀든 콜필드Holden Caulfield•에게 말한다. 우리의 영웅들은 뻔뻔한 사기꾼들이고, 우리 부모와 선생님들은 거짓말을 묵인해왔으며, 교과서는 선동을 위

• 《호밀밭의 파수꾼》의 주인공으로, 사회에 적응하지 못하는 감수성이 예민한 소년을 가리킨다.

한 것이었다. 구글에서 정치인들의 부적절한 행위를 검색할 수 없던 시절, 진은 국가의 "치부"를 드러냈다. '그들은 모두 사기꾼'이란 메시지는 결코 유행을 타지 않는다.

하지만《미국 민중사》가 다른 정치적 관점에서 자격 없는 내러티브를 퍼뜨리는 것은 시간문제였다. 지면에는 거만함이 넘쳐 흐르고 베스트셀러라는 자부심에 도취했다. 일부 평론가들은 이런 거침없고 일방적인 블록버스터에 크게 신경 쓰지 않는다. 2010년 텍사스 교육과정 논쟁•이 최고조에 달했을 때 조너선 짐머맨Jonathan Zimmerman은 교사들에게《미국 민중사》와 보수적인 교재를 함께 사용해 이 모두를 학생들에게 가르칠 것을 제안했다. 그러면 학생들은 "미국인 모두가 국가와 국가의 의미에 대한 미국인들의 생각이 모두 같지 않음을 알게 될 것이고, 스스로 그 차이를 분류해낼 것이다"라고 했다.[85]

나는 짐머맨의 말에 담긴 의미를 생각하는 것만으로도 몸서리가 쳐진다. 대립하는 두 개의 획일적인 내러티브가 만나게 되면 역사는 유럽 축구 무대로 변하게 된다. 그곳에서 각 팀의 팬들은 상대 팀 관중석에 불을 지르고 천박한 욕설로 상대 팀을 조롱한다. 짐머맨이 제안한 방식으로 역사에 접근하는 것은 우리가 생각하도록 독려하는 대신 야유하는 법을 가르쳐준다.

진은《미국 민중사》가 처음 출간되었을 때 서평을 한 하버드대학의 오스카 핸들린Oscar Handlin 교수를 비판하며 "그는 내 책을 싫어한다. …… 역사가들이 내 책을 싫어하든 좋아하든 그것은 그들의 관점에 달려 있다"라고 말했다.[86] 인정하건

• 정치적으로 보수적인 색채가 짙은 텍사스주 교육위원회는 2010년 교육과정을 개정하여, 미국 건국과 관련된 내용에 기독교의 영향, 보수적 그룹과 인물들을 강조하는 새로운 사회과 교과서 표준을 채택했다. 이 교과서 표준은 역사적 관점이나 인종, 종교 등의 사회적 문제에 대해 보수적인 시각을 노골적으로 드러냈는데, 이런 텍사스의 영향력이 미국 전역으로 확대될 우려가 제기되면서 논쟁이 일었다.

대 이런 일은 자주 일어난다. 우리가 어느 쪽의 정치적 행보를 좋아하느냐에 따라 역사에 대한 호불호도 결정되는 경우가 많다. 많은 사람이 과거를 통해 현재를 읽어내는 자신을 발견한다. 특히 깊이 관심을 가지고 있는 문제들에 대해서 말이다. 나는 내가 그렇다는 것을 안다. 하지만 그것이 나의 자부심의 근원이라고 생각하지는 않는다. 정해진 답을 가지고 과거를 마주하는 대신 열린 마음을 가져야 하지 않을까? 적어도 때로는 놀랍거나 의심스럽거나 생각을 완전히 바꾸어줄 해석이나 새로운 사실을 환영해야 하지 않을까? 영국 역사학자 존 사빌John Saville의 말처럼 역사가 "의무를 다할 것"을 기대할 때, 우리는 역사의 자율성을 해치고 활력을 빼앗게 된다.[87] 모든 것이 들어맞는다면, 물음표는 느낌표의 희생양이 된다.

역사에 대한 근거 없는 확신은 위험하다. 왜냐하면 그것은 지적 무기력을 가져오기 때문이다. 진실이라고 여기는 좌나 우의 이분법적 역사는 회색지대를 혐오한다. 그것은 선의를 가진 사람들이 같은 것을 보고 다른 결론을 낼 수 있다는 민주적 통찰력을 깔아뭉갠다. 또한 다른 관점에서 세상을 보려는 사람들의 기본적인 동기를 하찮게 여긴다. 그것은 '아마도', '어쩌면', '~일지도 모른다' 같은 모호하게 얼버무리는 표현들을 혐오하고, 그중 최악이라고 여기는 '반면에' 같은 단어들을 없애려 한다. 의심의 여지가 없는 세상에서 진실은 손을 쓸 수가 없다. 그런 역사는 다양한 생각에 대한 우리의 관용을 위축시키고, 예외적인 규칙에 거부반응을 일으키게 한다. 가장 심각한 점은 새로운 증거 앞에서 우리가 신념을 수정하는 데 필요한 도덕적 용기를 감소시킨다는 것이다. 그것은 궁극적으로 우리가 어제나 그제 한 생각을 내일도 똑같이 하게 한다. 이것이 과연 우리가 학생들에게 바라는 것인가?

2부

역사적 사고 ≠ 놀라운 암기력

HISTORICAL THINKING ≠ AN AMAZING MEMORY

04

블룸의 분류학과 역사적 사고

교육목표의 혼란을 잠재우다

제2차 세계대전이 끝난 직후는 끊임없는 변화의 시대였다. 전쟁에 참전했던 많은 군인이 제대군인원호법GI Bill으로 알려진 군인재정착법Servicemen's Readjustment Act(1944)의 혜택을 받기 위해 서둘러 고향으로 향했다. 미국의 고등교육은 새로운 국면을 맞이했다. 전쟁이 끝나고 정부가 당면한 과제는 "보통교육General Education"으로, 교양인으로서 알아야 할 것을 재검토해야 할 상황이었다. 당시 미국에서는 세상이 너무나도 빨리 변해서 안정된 세계에나 걸맞은 질서정연한 지식을 제공하던 낡은 방식으로는 현시대와 새로운 수요자들의 요구를 따라갈 수 없다는 인식이 커지고 있었다. 원자의 핵분열로 학문의 경계를 넘어선 지식이 생겨났다. 원자폭탄의 영향은 과학자들에게 인문주의자처럼 생각하기를 요구했으며 그 반대도 마찬가지였다. 지식은 여전히 우위에 있었다. 그러나 군인에서 학생으로 돌아온 이들을 대상으로 교육자들이 가르쳐야 할 더욱 긴급한 능력들이 있었다. 그러나 이 능력들을 어떻게 구체화할 것인가? 교육과정에 포함할 것과 배제할 것을 합리적으로 결정하기 위해 이 능력들을 뭐라고 부를 것인가?[1]

전후 수년 동안, 시카고대학의 교육학 교수인 벤저민 블룸Benjamin Samuel Bloom은 그의 전설적인 스승인 랠프 타일러Ralph Tyler의 자리를 이어받아 일했다. 학부생의 학력 평가를 책임지는 평가원의 감독으로서 블룸과 그의 동료들은 각 학부에서 발표한 엄청난 양의 목적, 목표, '학습목표'(타일러를 유명하게 만든 용어)를 정리하는 작업을 시작했다. 첫 번째 단계로 분류 체계를 개발하고, 두 번째 단계에서는 더 넓은 범위의 인간 능력을 측정하기 위한 새로운 평가를 만들어냈다.

이렇게 시작된 《교육목표 분류학Taxonomy of Educational Objectives》(1956)이 엄청난 인기를 끌게 될 것이라고 누가 생각이나 했을까? 블룸의 《교육목표 분류학》은 사실상 모든 언어로 번역되었으며, 미국은 물론 일본과 타지키스탄의 교실에서도 블룸의 교육목표 분류학 포스터를 찾아볼 수 있게 되었다. 블룸을 다루지 않는 교육학 관련 책은 거의 찾아볼 수 없다.[2] 루이스 터먼Lewis Terman이 비네-시몽 지능검사법Binet-Simon Intelligence Test을 영어로 번역한 이래 보통사람들이 배우고 가르치는 것에 관해 어떻게 사고하는지를 학문적으로 논의한 사례는 없었다.

블룸의 분류학의 가장 큰 장점은 여섯 개밖에 안 되는 항목으로 이루어졌다는 단순성이다. 원래의 핸드북 1권과 나중에 출간된 2권[3]을 합쳐도 그 내용은 간결하고 직관적이었다. 블룸의 연구팀은 전문 용어가 아닌 "지식knowledge", "이해understanding", "적용application", "분석analysis", "종합synthesis", "평가evaluation" 같은 일상적 용어를 사용했다. 이런 결정으로 범주는 명료해졌으며 적용하기 쉬워졌다. 전문화와 분산화를 특징으로 하는 전후 세계에서 이 분류 체제는 교육자들에게 사고하는 것에 대한 분명한 방식을 제공했다. 교사들은 자신을 수학 교사, 영어 교사 또는 역사 교사로 여기지만, 모든 교사는 본질적으로 같은 일, 즉 학생들에게 사고하는 법을 가르치는 일을 한다. 수많은 사고의 종류에도 불구하고, 블룸은 사고를 여섯 가지 핵심 범주로 축소해 나열하고 분류했으며 위계를 정했다.[4] 혼돈에 대한 해결책이 있다면, 그것을 블룸이 제공한 것이다.

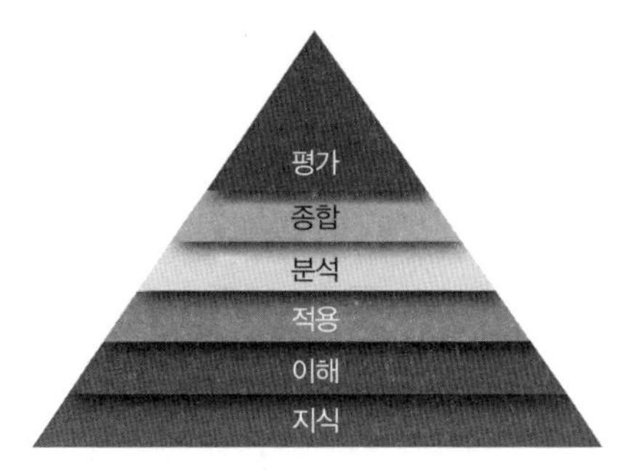

많은 교실에 붙어 있는 블룸의 교육목표 분류학 포스터, 《교육목표 분류학》(1956).

블룸의 분류학은 어떻게 작동할까? 가장 하위에 '지식'이 있다. 다음 사고 단계를 준비하는 단계로서 '지식'은 학생들이 더 높은 사고 단계로 올라갈 수 있는 토대를 형성한다. 더 높은 수준의 사고로 나아가기 위해서는 낮은 수준의 사고가 필요하다. 이것을 보여주는 것이 피라미드 모양의 포스터다. '지식'은 가장 쉬운 단계로, '종합'과 '평가'는 지적인 등산객들이 오르려 노력하는 드높은 정상으로 묘사되었다. 그러나 여기에는 한 가지 문제가 있다. 이것을 역사 교육에 적용하려면 포스터를 거꾸로 뒤집어야 한다는 것이다.

블룸의 피라미드에서 '지식'은 '판단'을 내리기 위해 조립하는 블록의 역할을 한다. 그러나, 새로운 사실들을 익히는 것은 학생들이 좀 더 지적인 방식으로 세상을 볼 수 있게 하지만, 그것이 반드시 학생들에게 사고하도록 가르치지는 않는다. 수학이 단순히 '정의'를 모아놓은 것 이상인 것처럼 역사도 사실의 집합 그 이상이다. 역사는 희미하고 부분적인 단어의 조각들을 가지고 정확하고 설득력 있는 이야기를 종합해내는 지적 학문이다. 그리고 그 과정은 절대 끝나지 않는다. 목적지는 새로운 시작으로 이어진다. 진정한 역사 탐구는 그것이 시작된 곳에서 물음표로 끝나야 한다.

역사 수업은 대부분 일주일을 단위로 질서정연하게 이루어진다. 월요일에서 목요일까지 학생들은 각종 정의와 수많은 지식을 학습하고, 금요일에 시험을 친다. 일부 학교에서는 이러한 패턴이 1년 내내 지속된다. 이와 같이 역사 수업이 실행되는 이유에 대해서 물었더니 한 교사는 블룸의 분류학을 언급했다.

> 저는 학생들이 비판적 사고를 하기를 바랍니다. 그러나 아무것도 없이 생각할 수는 없지요. 그러기 위해서는 데이터베이스가 필요합니다. 분석, 종합, 평가 등 높은 수준에 도달하기 위해서는 지식이 필요한 거지요. 데이터베이스가 없는데 어떻게 질문할 수 있나요? 그래서 저는 9월부터 12월까지 학생들에게 지식 기반을 제공하고, 크리스마스 이후에 사고하기를 시작한답니다.

기본 지식이 부족한 학생들 때문에, 많은 교사가 배경 지식의 구멍을 메우는 것으로 새 단원을 시작한다. 그러나 교과서에 있는 전형적인 형태의 지식이 과연 비판적 사고로 가는 길을 열어줄까?

비판적으로 사고하기

나는 오랫동안 우수한 고등학생들이 학교에서 배운 지식으로 무엇을 할 수 있는지에 관심을 기울였다.[5] 몇 년 전 나는 전통적인 기준에서 최고의 학생으로 여겨지는 똑똑한 학생들을 연구하기 위해 세 곳의 고등학교 수업을 방문했다. 학생들은 대학 학점을 미리 취득할 수 있는 선이수제 수업을 듣고 있었다.[6] 17세의 제이컵은 자신의 생각이 분명한 운동선수로, 교사는 그를 예리한 "비판적 사고자"로 추천했다.[7]

2년 반 동안, 우리는 제이컵과 그의 반 친구들에게 다양한 과제를 부여하고 그들이 학교에서 받는 역사 수업을 관찰했다. 선이수제 시험이 끝난 후(이 시험에서 제이컵은 우수한 점수대인 4점을 받았다) 우리는 제이컵에게 그가 단 한 번도 읽어보지 못했을 자료, 1892년 벤저민 해리슨Benjamin Harrison 대통령의 "콜럼버스의 날Discovery Day" 기념 선언문[8]을 제시했다. 그리고 그 문서를 "역사적으로" 읽도록 요청했다. 제이컵이 그 문서에 대해 어떻게 생각하는지 얘기하고, 그 문서가 어떻게, 왜 만들어졌는지 문제 제기를 해보도록 한 것이다.

DISCOVERY DAY.

OCTOBER 21 PROCLAIMED A NATIONAL HOLIDAY BY THE PRESIDENT.

WASHINGTON, July 21.—The following proclamation was issued this afternoon by the President:

A PROCLAMATION.

Whereas, By a joint resolut on, approved June 29, 1892, it was resolved by the Senate and House of Representatives of the United States of America in Congress assembled, "that the President of the United States be authorized and directed to issue a proclamation recommending to the people the observance in all their localities of the four hundredth anniversary of the discovery of America on the 21st day of October, 1892, by public demonstrations and by suitable exercises in their schools and other places of assembly."

Now, therefore, I, Benjamin Harrison, President of the United States of America, in pursuance of the aforesaid joint resolution do hereby appoint Friday, Oct. 21, 1892, the four hundredth anniversary of the discovery of America by Columbus, as a general holiday for the people of the United States. On that day let the people so far as possible cease from toil and devote themselves to such exercises as may best express honor to the discoverer and their appreciation of the great achievements of the four completed centuries of American life.

Columbus stood in his age as the pioneer of progress and enlightenment. The system of universal education is in our age the most prominent and salutary feature of the spirit of enlightenment, and it is peculiarly appropriate that the schools be made by the people the centre of the day's demonstration. Let the national flag float over every school house in the country, and the exercises be such as shall impress upon our youth the patriotic duties of American citizenship.

In the churches and in the other places of assembly of the people, let there be expressions of gratitude to Divine Providence for the devout faith of the discoverer, and for the Divine care and guidance which has directed our history and so abundantly blessed our people.

In testimony whereof, I have hereunto set my hand and caused the seal of the United States to be affixed.

Done at the City of Washington, this 21st day of July, in the year of our Lord one thousand eight hundred and ninety-two and of the independence of the United State the one hundred and seventeenth.

BENJAMIN HARRISON.

By the President: JOHN W. FOSTER, Secretary of State.

The New York Times
Published: July 22, 1892

1892년 7월 22일자 《뉴욕타임스》에 실린 벤저민 해리슨의 "콜럼버스의 날" 선언문.

제이컵은 즉각적이고 열정적으로 반응했다. "처음 딱 떠오르는 생각은 콜럼버스가 진보적이며 계몽적인 개척가였다는 점이에요. 자료에 분명히 나타나 있죠. 하지만 제가 배운 바에 따르면 그의 목적은 그렇게 고상하지 않았어요. 그냥 돈을 많이 벌고, 인도로 가는 길을 찾아 지구가 평평하지 않다는 것을 보여주는 것이었어요." 그러고는 제이컵이 투덜거렸다. "그리고 이 자료는 콜럼버스의 독실한 신앙을 찬양하고 있어요. …… 그는 진정한 기독교 신자라고 주장했지만 인디언들을 잡아다가 고문했어요. 그래서 아마도 이 자료에 나타난 것처럼 그렇게 고상한 사람은 아니었을 거예요." 또 다른 사실을 파악했냐고 묻자, 제이컵은 "이날이 우리가 기념해야 할 휴일이 되었다는 사실이야말로 더더욱 잘못된 것이죠"라고 덧붙였다.

제이컵의 반응은 이 똑똑한 학생들 사이에서 특이한 사례는 아니지만 여러 면에서 이상적이었다. 제이컵은 자료를 읽으면서 바로 콜럼버스에 대한 배경 지식을 정리하여 선언문에 나오는 "발견자"로서의 이미지에 문제 제기를 하는 데 그 지식을 사용했다. 그는 분명히 그 문서를 "이해"했으며 실제로 블룸의 피라미드 위쪽으로 올라가 자신의 지식과 서술 내용을 비교했다(적용). 그는 콜럼버스를 이해하는 다양한 방법이 있으며, "진보와 계몽의 개척자"라는 이미지가 다양한 해석 중 하나라는 것을 알았다(분석, 종합). 궁극적으로 제이컵은 그 이미지에 의문을 던졌고, 콜럼버스에 대한 비판적 대안을 제시하며 그에 도전했다(평가). 그의 반응은 세련되지 않았고 정교하게 다듬어야 할 필요가 있는 날것 그대로의 비판적 사고로 보였다.

실제로 이것은 많은 교사가 해리슨 선언문을 이해하는 방식이다. 우리는 이 문헌을 미국 정부의 역사 교육 지원 사업이었던 TAH 프로그램에 참여한 교사들의 설문조사에 사용했다. 이 프로그램에서 나는 외부 평가단으로 참여했다.[9] 우리는 교사들에게 해리슨 선언문과 제이컵의 반응을 적은 문서를 나눠주었다. 그리고 역사적 사고의 관점에서 제이컵이 한 응답의 질을 평가하라고 했다. 그런 다음 제이컵의 사고를 확장시킬 수 있는 질문을 만들어보라고 했다.

새로운 정보가 제시되었을 때 학생들이 얼마나 수동적으로 반응하는지를 고려하면, 제이컵은 아주 훌륭한 반대 사례를 보여주었다. 그는 자료에 몰두했고 자신의 의견을 강하게 표현했으며, 문서의 내용을 액면 그대로 받아들이지도 않았다. 많은 교사가 그의 응답을 긍정적으로 평가했다. 교사들이 우려하는 점이 있었다면 그것은 지나치게 일반화하려는 제이컵의 경향이었다. 실제로 교사들은 제이컵의 사고를 확장시킬 수 있는 질문에 콜럼버스가 다른 방식으로 기억될 수 있는지 생각해보라고 적었다. 한 교사는 제이컵이 "진보"의 의미를 좀 더 잘 정의할 필요가 있다고 느꼈고, 다른 교사는 콜럼버스에 관해 중요한 것이 무엇이며 왜 그를 기념해야 하는지 생각해보기를 원했다. 또 다른 이들은 제이컵의 강력한 의견을 감안하여 콜럼버스의 날이 달력에서 사라져야 할지 토론해보기를 원했다. 어떤 교사는 원주민의 관점에서 콜럼버스를 생각해보도록 했다. 몇몇은 제이컵이 좀 더 넓은 관점을 가질 필요가 있다고 보았다. "현재의 관점에서 콜럼버스의 행위에 대해 가치를 평가할 수 있을까? 나쁜 행위가 좋은 행위보다 더 많았나?" "만약 제이컵이 콜럼버스의 입장이었다면 어떻게 했을까?"라고 질문한 교사들도 있었다.

1. What are the strengths and weaknesses of Jacob's reading from the perspective of historical thinking?

Jacob is reading critically + using his background knowledge to question and form opinions, which is good.
He needs to keep his opinions in the context of time and place, however, to understand Columbus' actions better.

2. What questions might you ask Jacob to propel his thinking further?

What would you have done if you were Columbus?
How would the world be different if Columbus had made different choices?

제이컵에 대한 교사들의 반응.

질문 1. 역사적 사고의 관점에서 제이컵의 읽기의 강점과 약점은 무엇입니까?

응답: 제이컵은 질문에 대해 자신의 배경 지식을 활용해서 읽고 있으며 의견

을 형성하는 능력이 좋습니다. 그는 시간과 공간의 맥락에서 자신의 의견을 형성하지만 콜럼버스의 행동을 좋은 것으로 이해하고 있습니다.

질문 2. 제이컵의 사고를 더 진전시키기 위해 어떤 질문을 하고 싶나요?
응답: 만일 네가 콜럼버스라면 무엇을 했을까? 만약 콜럼버스가 다른 선택을 했다면 어떤 점이 달라졌을까?

이런 교사들의 논평과 질문에서 한 발짝 물러서면 놀랍게도 교사들과 제이컵 사이의 차이점이 아니라 그들을 하나로 묶는 주제들이 눈에 띈다. 제이컵과 마찬가지로 교사들에게 해리슨 선언문은 1492년 콜럼버스의 아메리카 대륙 발견과 관련된 것이다. 그런데 이 선언문이 1492년 혹은 심지어 콜럼버스와도 아무런 관련이 없다면 어떨까?

우리가 제이컵을 인터뷰할 무렵, 나는 캘리포니아대학 버클리캠퍼스 역사학 박사과정 학생들과 만날 기회가 있었다. 이 대학원생들은 학부 토론 수업을 이끌 준비를 하는 강좌를 듣고 있었다. 나는 콜럼버스에 대해 전문 지식을 갖고 있지 않은 이 신진 역사학자들에게 해리슨 선언문을 읽고 요점을 요약하도록 했다.

- 이전 시기의 바람직하지 못한 영웅적 인물들의 확장
- 도심에서 표를 얻기 위해 영웅을 활용한 파렴치한 호소
- 남북전쟁 이후 미국 사회에 나타난 범백인주의의 시초(또는 "요즘 컨트리클럽에 가는 사람 보기")

"파렴치한 호소?" "범백인주의?" "컨트리클럽?" 이들은 도대체 무엇

을 생각했던 것일까?

그중 한 사람의 응답이 이 혼란을 정리해주었다. 우리 연구팀이 최종 연구 계획을 세우고 있던 때에 나는 워싱턴대학 대학원생인 매튜 클링글Matthew Klingle(현재 보든대학 역사학과 부교수)을 인터뷰했다. 그는 해리슨 선언문을 훑어보자마자 즉시 말했다. "좋아, 이건 1892년이야, 1892년."

제이컵과 역사가의 역사 읽기를 구별 짓는 많은 것들 중에서 매튜가 내뱉은 첫마디보다 더 중요한 것은 없다. 역사가에게 비판적 사고는 판단을 내리기 위해 단지 사실을 모으는 것이 아니다. 그것은 새로운 지식을 만들어내기 위해 어떤 질문을 할 것인지를 결정하는 것이다. 매튜에게 해리슨 선언문은 특별한 순간의 산물이었다. 그리고 1492년이 아니라 1892년이라는 이 연도에 무언가 의미가 있다. 대체 무엇을 의미하는 것일까? 바로 이 질문이 역사가들이 사고를 시작하는 지점이다.

"1892년이면 400주년이 되는 해군요. 벤저민 해리슨. 그는 재미있는 인물이죠. 그런데 이 글은 1면에 실린 게 아니네요? 왜일까요? 국민신문이라 불린《뉴요타임스》에 실렸는데 말이죠." 매튜는 골똘히 생각하고 조사하여 이치에 맞게 이야기를 엮으려 했다. 대통령의 콜럼버스의 날 선언은 신문 1면에 실릴 만큼 중요하지 않았다. 이것은 무엇을 의미할까? 이것이 중요할까? 왜?

많은 고등학생이 해리슨 선언문을 읽으면서 누구도 '왜?'라는 질문을 하지 않았다. 그러나 매튜는 선언문의 내용을 짚어가며 생각을 번뜩이기 시작했다. "1890년대, 진보주의 시대의 시작, 세기말, 국경의 폐쇄, 프레더릭 잭슨 터너Frederick Jackson Turner. 다음 해에 콜럼버스 전시회가 열릴 것이고, 미국 역사상 가장 큰 규모의 이민 행렬. 그래 바로 그거야!" 매튜가 말한 그것이란 도대체 무엇인가?

19세기 말, 미국은 변화의 한가운데 있었다. 전례 없는 이민 물결은 하룻밤 사이에 미국 사회를 변화시켰다. 1880~1910년 사이에 1,800만 명의 이민자가 미국에 도착했다. 그들은 "슬라브인", "알프스인", "히브리인", "이베리아인", "지중해인" 등 다양한 혈통의 사람들이었다. 그들의 피부는 거무스름하고 다른 언어를 사용했으며, 미국인의 다수를 차지하던 신교도와 다른 신을 숭배했다.

1880년대 초 미국에는 약 30만 명의 이탈리아인이 있었다. 10년 후 그 수는 두 배가 되었다. 1910년 미국에는 200만 명의 이탈리아인이 있었으며, 이는 전체 외국인 인구의 10퍼센트 이상이었다. 아일랜드 공동체("켈트인")의 팽창에 이어, 이탈리아인들은 도시 가톨릭교도urban Catholics라는 거대한 정치적 이익집단을 결성했다. 수적 강세에도 불구하고, 가톨릭교도는 여전히 "페이피스트papist"라 불리며 멸시당했다.

그러나 가톨릭교도들에게는 비책이 있었다. 신대륙의 "발견자"인 콜럼버스를 자신들과 같은 가톨릭교도로 엮기보다 자신들의 미국적 정신을 표현하는 대상으로 삼는 것이었다. 아일랜드, 독일, 폴란드 등 서로 다른 민족적 기원에도 불구하고, 이민자들은 자신들을 진짜 미국인으로 만들어주는 콜럼버스와의 유대관계를 강조했다. 그리고 이것은 미국에서 가장 큰 범가톨릭 단체인 콜럼버스 기사단Knights of Columbus의 대표적인 생각이기도 했다. 1878년 《코네티컷 가톨릭Connecticut Catholic》의 사설에 따르면, "훌륭하고 고귀한 인간, 독실하고 열성적이며 충실한 가톨릭 신자, 진취적이며 관대한 항해자이자 선원인 크리스토퍼 콜럼버스"보다 더 감사하게 기억될 만한 사람은 없었다.[10] 1892년 해리슨이 선언문을 발표하기 전에도 콜럼버스의 날은 세인트루이스, 보스턴, 신시내티, 뉴올리언스 등지에서 기념되었고, 따라서 해리슨 선언문도 이제까지 콜럼버스의 날을 기념한 많은 것 중 하나에 불과했다.

이것이 바로 역사가들이 해리슨의 콜럼버스의 날 선언을 수백만 명의 새로운 유권자들에게 호소하여 표를 얻기 위한 정치적 행위로 보는 이유다. 1892년 해리슨은 그로버 클리블랜드Grover Cleveland와 치열한 대통령 재선 경쟁을 벌이고 있었다. 두 사람은 1888년 대통령 선거 때도 경쟁했는데, 당시 민주당 후보였던 클리브랜드는 일반 투표에서 큰 표차로 공화당 후보 해리슨을 앞섰지만, 선거인단 투표에서 표를 얻지 못해 패배했다.

1892년 공화당은 아일랜드 가톨릭 세력의 아일랜드 통치를 강령으로 내세워 공식 지지하고, 아일랜드-아메리카보호관세동맹과 아일랜드-아메리카공화당연맹을 조직하여 아일랜드계 가톨릭교도의 지지를 호소했다. 그러나 이러한 호소로도 해리슨을 구할 수 없었다. 재앙을 초래한 경제 정책 때문에 해리슨은 약 38만 표라는 어마어마한 표 차로 클리블랜드에게 패배했다.

솔직히 말해서 어느 누가 열일곱 살짜리에게 이런 상세한 지식을 기대할 수 있단 말인가? 하지만 우리는 이 시기 전문가들에게 질문한 것이 아님을 기억해야 한다. 튀니지의 프랑스 식민주의자나 일본 메이지유신의 여파에 대한 논문을 쓰고 있는 대학원생들을 인터뷰했다. 이들은 제이컵만큼이나 아일랜드-아메리카보호관세동맹에 대해 잘 알지 못했다. 실제로 선이수제 시험을 갓 치른 제이컵과 그의 친구들이 미국 역사에 대한 지식에서 대학원생들보다 유리한 위치에 있었다고 볼 수 있다. 그러나 많은 지식을 갖고 있다 해도 그것을 모두 활용할 수 있는 것은 아니다. 특히 그 지식을 서로 관련지을 수 없을 때는 더욱 그러하다.

제이컵의 읽기는 비판적 사고를, 그것도 절반만 보여주었다. 비판적이기는 하나 이를 뒷받침하는 사고를 거의 하지 않았다. 분명히 제이컵은 문서에 대한 배경 지식과 강한 견해를 가지고 있었지만, 문서가 말하지 않는 이야기의 자물쇠를 풀지는 못했다. 신진 역사학자들도 솔직히, 국가의 각종 행위에 숨어 있는 의도에 대해 온갖 가설을 세우는 등 눈길을 끌려는 과장된 무언가가 있었다. 그러나 컨트리클럽과 범백인주의에 대한 그들의 재치 있는 비판은 제이컵이나 교사들과는 다른 각도에서 이 문서를 바라보았음을 보여준다. 나는 무엇을 읽고 있는가? 일기? 비밀 성명서? 정부 발표? 이것은 언제 쓰인 것인가? 당시 무슨 일이 벌어졌지? 이것은 어디에 실린 글인가? 신문 어느 면에 어떤 크기로 실렸나? 이러한 질문은 더 넓은 사고를 하기 위한 첫 단추인 것이다.

역사가에게 비판적 사고는 해당 자료와 시기를 더 잘 이해하기 위해 알아야 할 것이 무엇인지 결정하는 것을 의미한다. 해리슨 선언문에 대한 전례가 있는가? 개별 주들은 연방정부의 선언 전에 10월 12일을 공휴일로 지정했는가? 만약 그렇다면 그 주는 가톨릭교도의 비율이 높은 주였는가? 해리슨 선언에 대해 이민 배척주의자들의 반대가 있었는가? 그 선언이 반가톨릭적 반발을 불러일으켰는가? 1892년 해리슨 선언이 있던 날이 언제, 어떻게 '콜럼버스의 날'이라는 국경일이 되었는가?

내가 무지의 구체화specification of ignorance라고 부르는 이러한 질문들은 역사가와 총명한 고등학생을 구별 짓는다. 제이컵과 그의 친구들은 해리슨 선언 같은 문서를 만나면 마치 판결을 내리듯 결론지어버린다.[11] 판사의 의사봉 같은 그런 결론은 역사책을 덮게 만든다. 역사가들의 경우는 다르다. 낯선 문서를 만나면 그들은 역사적 순간을 충실히 이해하기 위해 의문을 제기한다. 그 질문들은 도발적이며 당황스러운 것이다. 역사가들의 탐구는 배경 지식을 바탕으로 한 읽기에서 시작하는 것이 아니라 질문을 통해 새로운 지식을 추구하는 것이다.

블룸의 피라미드 뒤집기

우리는 역사를 학문이라 부른다. 이 단어는 본질적이면서도 각기 다른 두 가지 의미를 지닌다. 첫 번째 의미는 독특한 탐구 수단과 논증 방식으로 수 세기에 걸쳐 축적된 지식체知識體인 대학의 학문을 가리킨다.[12] 두 번째 의미 역시 이에 못지않게 중요하다. 그것은 단어의 본래 의미로, 무질서하고 지저분하고 엉뚱하고 변덕스러운 것과는 반대된다. 이런 점에서 역사라는 학문은 우리에게 미완성적 사고와 거기에서 나오는 얄팍한 결론에 저항하도록 가르친다. 또 그것은 우리에게 두 가지 외면할 수 없는 칸트식 좌표, 즉 시간(언제)과 공간(어디에서)이 역사 탐구의 핵심에 있음을 가르쳐준다.

오늘날 블룸의 《교육목표 분류학》을 읽은 사람들은 대부분 찬사를 표한다. 지식이 더 나은 사고 행위를 위한 토대라는 것은 근본적으로 옳은 말이다. 그러나 내가 우려하는 바는 블룸이 《교육목표 분류학》에서 일정한 능력과 명확한 경계 조건으로 영역을 분류한 것이 아니라는 점이다. 나는 학교 교실의 교육목표 분류학 포스터가 실제 어떤 현상을 불러왔는지, '실천 속의 블룸'을 걱정한다. 피라미드가 한 방향을 향하고 있다는 점을 고려하면, 지식을 피라미드의 맨 아래에 두는 것은 잘못된 메시지를 전달한다.

역사 수업을 받는 학생들에게 피라미드는 거꾸로 놓여 있다. 지식을 기반으로 한다는 것은 사고의 대상이 충분히 알려져 있고, 비판적 사고는 판단을 위해 수용된 사실을 모으는 것을 의미한다. 블룸의 피라미드에서 지식은 눅눅한 지하실의 매력을 지닌 것으로 여겨진다. 집의 기초가 되기는 하지만 귀한 손님을 초대하기는 힘든 그런 장소 말이다. 그러한 접근은 역사적 사고의 과정을 뒤집고 애초에 우리가 역사를 공부하는 이유를 왜곡한다. 그 결과 새로 발견된 지식, 즉 지적 노력의 보상은 지하실에 갇혀버린다.

물론 지식은 비판적 사고의 전제 조건이다. 동시에, 지식은 가장 높은 목표를 나타낸다. 그리고 새로운 질문 없이는 새로운 지식이 있을 수 없다. 한 점을 향해 좁아지지만, 이를 뒤집으면 새로운 세계가 열린다.

05

텍스트 읽기와 배경 지식의 중요성

조지 워싱턴은 독실한 기독교인?

미국에서 추수감사절이 휴일로 지정된 것은 건국 초기로 거슬러 올라간다. 추수감사절의 상징인 칠면조 구이와 청교도, 아메리카 원주민은 더 훗날에 나타났지만 말이다.[1] 1789년 10월 3일, 조지 워싱턴 대통령은 11월의 마지막 목요일인 26일을 휴식과 감사의 날로 지정했다.[2] 그 연설 내용은 다음과 같다.

미합중국 대통령 포고문

전능하신 하느님의 섭리를 인정하고 그 뜻을 따르고 그 은혜에 감사하는 것, 그리고 겸손하게 그분의 보호와 호의를 간청하는 것이 모든 국가의 의무입니다. 상하 양원의 합동위원회에서는 "전능하신 하느님께서 베푸신 호의를 감사한 마음으로 기념하며, 특히 안전과 행복을 위해 정부의 평화로운 설립을 허락하신 데에 감사하며 기도하는 날을 만들 것"을 요청했습니다.

따라서 저는 다가오는 11월 26일 목요일에 미합중국 국민들이 위대하고 영광스러운 존재, 전에도 그러했고 지금도 그러하며 앞으로도 그러할 은혜로운 조물주 하느님께 예배드릴 것을 권합니다. 건국 이전부터 이곳 주민들을 돌보며 보호해주시고, 자비를 베풀어주심에 대해, 그리고 전쟁의 과정과 결말에서 우리가 경험한 호의적인 중재에 대해, 우리가 누려온 크나큰 평온과 화합, 풍요에 대해, 우리가 평화롭고 합리적으로 국민의 안전과 행복을 위한 헌법을 제정할 수 있었던 것에 대해, 축복받은 시민과 종교의 자유에 대해, 우리가 유용한 지식을 습득하고 확산할 수 있는 수단을 포함해 신께서 우리에게 기쁘게 베풀어주신 위대한 모든 것에 대해 진실하고 겸손한 감사를 드릴 수 있도록 힘을 합칠 것입니다.

또 우리는 위대한 신과 국가의 통치자에게 기도와 탄원을 겸허하게 바치고, 국가와 다른 죄악을 용서하도록, 공적 혹은 사적인 상황에서도 우리의 몇몇 의무를 적시에 수행할 수 있기를, 우리의 정부가 끊임없이 지혜롭고, 정의롭고, 신중하고 충실하게 헌법을 집행하고 따르는 정부가 됨으로써 모든 사람에게 축복을 내릴 수 있기를, 모든(특히 우리에게 호의를 보여준) 주권자와 국가를 보호하고 이끌며, 그들에게 좋은 정부와 행복, 화합이라는 축복이 함께할 수 있기를, 진실된 종교와 미덕의 실천과 지식, 그리고 그들과 우리 사이에 과학의 진흥을 장려하기 위해 그리고 점진적으로 모든 인류에게 신께서 최선이라고 알고 있는 현세적 번영을 내려주시기를 간청합니다.

서기 1789년 10월 3일 뉴욕에서 씀. 워싱턴.[3]

이 포고문은 표면적으로 경건함이 흘러넘친다. 첫 문장은 "전능하신 하느님의 섭리"를 인정하고, "그의 은혜에 감사하고 그의 보호와 호의를 겸손하게 간청하기 위해" 여러 차례 신성함을 불러일으킨다. 포고문의 이러한 표현들을 들어 오늘날 종교 지도자들은 워싱턴을 종교인으로 여긴다. 1,100만 부 이상 팔린 《레프트 비하인드Left Behind》(1995~2007) 시리즈의 저자이자 목사인 팀 라하예Tim LaHaye는 워싱턴을 "예수 그리스도를 그의 신이자 구세주로 받아들인 독실한 신봉자"로 묘사했다.[4] 기독교 단체 월빌더스의 창립자이자 지칠 줄 모르는 아마추어 역사가이며, 텍사스 공화당 전 부총재인 데이비드 바튼 역시 자신이 쓴 《미국의 신성한 유산America's Godly Heritage》(2001) 표지에 무릎을 꿇고 기도하는 경건한 워싱턴의 모습을 실었다.[5] 그리고 2008년 부통령 후보로 지명된 세라 페일린Sarah Palin 같은 정치인들은 워싱턴의 포고문 같은 문서가 미국이 기독교 국가임을 증명한다고 보았다. 페일린은 의구심을 갖는 사람 모두가 "미국을 건립한 사람들과 건국 문서들이 의미하는 바를 되돌아보아야 하며, 그것은 매우 명백해서 우리가 성경과 십계명을 기초로 한 법을 제정할 수 있었다"라고 말했다.[6]

워싱턴의 포고문에 넘쳐나는 종교적인 이미지를 놓치는 것은 불가능하다. 첫 문장에 이어 다음 단락에서도 "신과 국가의 통치자", "위대하고 영광스러운 존재", "전에도 그러했고 지금도 그러하며 앞으로도 그러할 은혜로운 조물주"에게 감사를 표한다. 이런 문구들이 라하예가 주장하는 것처럼 워싱턴이 "성경을 숭배하는 독실한 기독교인"이라는 것을 증명하는 것일까?[7] 아니면 현대의 우리는 놓치고 있지만 1789년의 청중들에게 분명했을 다른 무엇인가를 의미하는 것일까?

워싱턴은 무엇을 말하려 했는가?

최근 한 연구에서, 나는 동료인 엘리 고틀리브Eli Gottlieb와 각계각층의 사람들이 워싱턴의 포고문을 어떻게 이해하는지를 주의 깊게 살폈다.[8] 우리는 고학력자이면서 다양한 수준의 종교적 신념을 가진 16명의 성인을 모집해 세 그룹으로 나누었다. 한 그룹은 독실한 성직자와 종교교육자 네 명이었고, 다른 그룹은 자신들을 무신론자나 불가지론자로 규정한 과학자 네 명이었다. 나머지 한 그룹은 여덟 명의 역사가였는데, 이 중 넷은 종교 신자였고 나머지 넷은 불가지론자나 비신자 혹은 어디에도 속하지 않는다고 했다. 이들은 추수감사절의 기원에 관한 문서들을 읽고 그에 대해 논평했다. 그 문서들 가운데 하나가 1789년 워싱턴의 포고문이었다.

성직자와 과학자 들이 워싱턴의 포고문을 해석하는 방법은 놀라울 정도로 비슷했다. 두 그룹 모두 라하예와 다른 복음주의자들과 마찬가지로 워싱턴을 독실하고 경건한 종교인으로 보았다. 그러나 워싱턴의 독실함을 좋게 여기는지에 대해서는 견해가 달랐다. 성직자들은 포고문을 읽으며 찬성하는 듯 고개를 끄덕였다. 감리교 목사는 워싱턴의 말에서 미국이 "일반적으로 기독교에 기반"을 두고 세워졌고, "종교와 영성이 중요한 역할을 했다"라는 주장에 대해 오늘날 사람들이 인정하는 것보다 더 많은 근거를 찾아냈다. "영광스러운 존재", "전에도 그러했고 지금도 그러하며 앞으로도 그러할 은혜로운 조물주"라는 구절에서 유대교 정통파 랍비는 활짝 웃으며 "그것은 사실입니다. 오늘날과 달리 신생국 미국은 신을 믿는 국가였습니다"라고 말했다. 마찬가지로, 한 유대인 학교의 교장은 워싱턴 포고문을 신에 대한 감사기도의 특징을 가지고 있다며 히브리어로 '베라카Berakhah, 축복기도'라고 표현했다.

반면에 네 명의 과학자는 워싱턴이 정교분리 원칙을 위반했다며 못마땅해했다. 유전학자는 "신에 대한 모든 이야기"에 분노했다. 암 연구원은 "종교적인 것에 더 무게를 둔" 정부 문서에 언짢아했다. 생물학자는 워싱턴의 뻔뻔스러움에 불쾌해하며 그를 "모든 사람이 같은 것을 믿는다고 여기는" "국민 전도사"에 비유했다. 과학자와 성직자 들은 워싱턴의 포고문이 기독교인들의 정서를 담고 있다는 점에 동의했지만, 그 점에 박수를 보내야 할지, 비난해야 할지에 대해서는 의견을 달리했다.

그런데 역사가들은 완전히 다른 결론에 도달했다. 마치 전혀 다른 문서를 읽은 것 같았다. 역사가들은 종교적 성향에 상관없이, 실제로 문서가 말하고자 하는 것만큼이나 문서에서 놓친 것이 무엇인지에 초점을 맞추면서 그 문서의 시민적이고 세속적인 요소들을 중점적으로 살폈다. 한 역사가는 이 포고문이 독실한 기독교 신자들을 우울하게 할 것이라는 수수께끼 같은 말을 했다. 워싱턴이 문서에서 예수 그리스도를 언급하지 않았기 때문이라는 것인데, 실제 포고문에서는 예수, 하나님의 아들, 십자가, 구원의 피, 영생, 부활 같은 기독교 신앙을 잘 나타내는 표현들 대신 "위대하고 영광스러운 존재", "은혜로운 조물주" 같은 공허하고 추상적인 표현을 볼 수 있다. 그 역사가는 포고문에 이러한 표현을 사용한 것은 이신론자 혹은 적어도 이신론적인 성향을 가진 18세기의 영어권 지식인들을 겨냥한 것이라고 보았다. 계몽주의 시대의 종교사상인 이신론은 절대자인 창조주를 인정하면서도 기적과 천상의 중재, 성체나 삼위일체와 같이 이성을 거스르는 성서의 내용을 부정한다. 이신론자들은 종종 신을 시계 장인에 비유한다. 신은 세속의 시계태엽을 감아놓고서 자신의 창조물에서 물러나 영원히 스스로 움직이게 한다는 것이다.

신앙이 있든 없든 여덟 명의 역사가 중 네 명이 워싱턴의 포고문을 읽고 이신론을 언급했다. 어떤 역사가는 문서의 첫째 줄에서, 18세기 사상가들이 신을 "한 명의 존재나 행위자"로 개인화하는 것을 막기 위해 사용한 개념인 "섭리"라는 단어에 주목했다. 라틴어로 '앞서'라는 뜻의 'pro'와 '보다'라는 뜻의 'videre'의 합성어인 섭리providence는 선견지명을 의미하거나 혹은 이 역사가가 말했듯이 "신의 계획과 의도대로 인간사를 정연하게 다스리는 것"을 의미한다. 역사가들은 18세기 언어 코드를 날카롭게 감지하여 어떤 종파에도 속하지 않는 신에 대해 의무적으로 감사를 표하는 것에서부터 새로운 공화국의 시민적이고 세속적인 목표를 확인하는 것까지 문서의 내러티브 흐름을 읽어냈다.

자신을 열렬한 기독교인이라 소개한 어느 역사가는 워싱턴의 포고문이 여러 개의 줄거리를 출중하게 짜 맞추었다고 보았다. 그는 이 문서가 "이전 50년 동안 동부 해안지대의 특징이었던 강렬한 영성"을 반영하면서 다른 한편으로 "경험에 의한 관찰과 이성의 작용을 통해 인간 스스로 신의 일을 할 수 있으며 자연계의 질서를 통제할 수 있다는 세속화된 자신감 넘치는 관념"으로 이루어졌다고 말했다. 이 역사가는 워싱턴이 쓴 "우리가 유용한 지식을 습득하고 확산할 수 있는 수단"이라는 문구와 벤저민 프랭클린의 "유용한 지식을 증진하기 위한 미국철학학회"와의 관련성을 감지해냈다. 이 문구는 인류가 결국 "자연의 비밀을 알게 될 것"이라는 계몽주의적 낙관론을 타락한 인류에게 불어넣었다. 역사가들은 이런 세계관의 혁명이 워싱턴 메시지의 핵심이라고 지적한다. 즉 "한때 미스터리로 여겨졌던 것이 이제는 지배할 수 있는 것으로 파악된다"는 것이다.

그렇다고 해서 역사가들이 워싱턴의 종교적인 언급에 귀를 막은 것은 아니었다. 과학자와 성직자 들은 그것을 워싱턴의 종교적 헌신을 증명하는 것이라 이해했지만, 역사가들은 수는 적지만 미국 사회의 중요 구성원인 가톨릭교도, 유대교도, 자유사상가 등의 소수집단을 소외시키지 않고, 혁명 이후 분산된 어지러울 정도로 많은 개신교 교파들을 통합시킬 단어를 선택한 대통령의 신중함을 강조했다. 과학자들의 주장과 달리, 워싱턴은 틀림없이 미국인이 모두 같은 것을 믿지 않는다는 것을 알았기 때문에 다양한 종교집단의 입맛에 맞는 단어를 선택하는 데 신중을 기했다는 것이다.

역사가 중 그 누구도 조지 워싱턴에 대한 전문가는 아니었지만, 그들은 18세기에 대한 충분한 배경 지식을 가지고 있어서 당시 청중이 워싱턴의 선언에서 무엇을 들었을지 추측할 수 있었다. 그러나 대통령의 신념을 정확히 밝히는 데는 전문가들조차 어려움을 느꼈다. 워싱턴은 자신의 영적인 성향에 대해 모호한 태도를 보인 것으로 유명하다(존 애덤스John Adams는 워싱턴이 "침묵의 재능"을 가졌다고 말하기도 했다).[9] 심지어 역사가 절반이 워싱턴이 이신론자였을 가능성을 제기하여 논란의 불씨를 지폈다. 이 논쟁의 한쪽 끝에는 《조지 워싱턴과 종교George Washington and Religion》(1963)의 저자인 폴 F. 볼러Paul F. Boller Jr.가 있다. 그는 워싱턴을 "어떤 종류의 종교적 신념"이 결여된 18세기의 "전형적인" 이신론자로 규정했다.[10] 다른 쪽 끝에는 《건국의 아버지들의 신념The Faiths of the Founding Fathers》(2006)의 저자인 데이비드 홈즈David Holmes가 있다. 그는 이 책에서 토머스 페인Thomas Paine처럼 자신의 종교관을 공개적으로 밝힌 이신론자와 워싱턴을 구별했다. 홈즈는 워싱턴이 신을 나타내는 데 선호하는 용어는 '섭리'였으며 이는 "자애롭고, 선견지명이 있으며 모든 힘을 가졌지만, 세

속과 최소한의 거리를 둔 비인격적인 신"을 의미한다고 지적했다.[11]

워싱턴이 공적이든 사적이든 의사소통에서 기독교 용어를 사용하지 않았다는 사실에는 이론의 여지가 없다. 워싱턴의 조심성은 여러 차례 기독교 교단의 분노를 불러일으켰다. 1789년 동부(매사추세츠와 뉴햄프셔) 최초의 장로회 회원들은 대통령에게 헌법에 기독교의 기본 교리가 포함되지 않은 점에 대해 항의하는 편지를 보냈다. 그들은 편지에서 "우리는 헌법 어딘가에서 우리의 유일한 주, 예수 그리스도를 분명히 언급하고 인정하는 것을 함께 확인하며 기쁨을 나누어야 한다"라고 했다. 그러자 워싱턴은 이에 정면으로 대응했다. "여러분은 진정한 신앙의 길이 너무나 명백하기 때문에 어떠한 정치적 방침도 필요하지 않다는 점을 저에게 확인시켜준 것입니다. 우리의 헌법에서 종교에 대한 세세가 없다는 점을 고려해볼 때, 우리는 종교를 존중하고 있다고 간주해야 합니다."[12]

워싱턴의 답변은 종파주의에 대한 끝없는 우려와 종교적 신념을 둘러싼 논쟁이 시민들을 분열시킨다는 중대한 인식을 반영하고 있다. 그는 아일랜드계 가톨릭교도와 신교도 사이의 유혈사태가 한창일 때, 에드워드 뉴엔햄Edward Newenham 경에게 보낸 편지에 솔직한 심정을 담았다. "인류 사이에 존재하는 모든 적대감 중에서 종교적 정서 차이로 야기된 것이 가장 고질적이고 고통스러우며 비난받아야 할 것입니다."[13]

배경 지식과 '자세히 읽기'

성직자와 과학자 들은 워싱턴이 사용한 단어에서 종교적 신념에 대한 긍정적인 평가 이외의 것을 찾지 못했다. 그렇다고 해서 이들이 부족하거나 부주의한 독자라는 것을 의미하지는 않는다. 오히려 그들은 언어에 세심한 관심을 기울였고, 단어와 문구의 미묘한 차이를 고려하면서 핵심 구절을 다시 읽고 문서를 천천히 그리고 체계적으로 살폈다. 실제로, 그들의 읽기 과정은 공통핵심기준에서 제시하는 접근 방식인 "자세히 읽기close reading"를 정교하게 구현했다고 할 수 있다.[14] 공통핵심기준의 '대학입시 및 취업을 위한 수학·영문학 준비 표준'에서는 학생들에게 "자세히 읽기"를 가르침으로써 고전을 주의 깊게 해석할 수 있음을 강조한다.[15]

공통핵심기준의 입안자들이 정의한 바에 따르면, 자세히 읽기는 에이브러햄 링컨의 게티즈버그 연설문, 《프레더릭 더글러스의 생애》, 마틴 루서 킹의 〈버밍햄 감옥으로부터 편지〉 같은 글의 단어에 학생들의 주의를 집중시킨다. 그리고 교실에서 교사들이 실행할 수 있도록 수업 계획안이 함께 제공된다.[16] 자세히 읽기는 학생들이 "신중하게 읽고 다시 읽을 것을" 권한다. 이는 학생들이 "개별 단어와 문장의 의미, 문장이 전개되는 순서, 글에서 사고의 전개 과정을 돌이켜보게" 하고 궁극적으로 글 전체를 이해하게 한다.[17] 링컨의 게티즈버그 연설에 대한 수업 계획안에는 교사들이 해당 자료에 대한 "배경 지식이나 중요한 내용 안내를 하지 않도록" 경고한다. 그들은 역사적 맥락에 대한 지식을 제공하지 않음으로써 "학생들이 배경 지식에 권위를 부여하는 대신 오직 본문의 내용에 충실하게 된다. 그리고 모두가 공평하게 경쟁할 수 있다"라고 주장한다.[18]

그러나 역사에 적용되는 배경 지식에 대한 제한은 경기장을 평평하게 만드는 것과는 완전히 다른 일이다. 맥락이 없다면, 이 "경기장"은 불규칙하고 기이한 궤적을 그리며 골대 위로 슛을 날리게 되는 움푹 패인

구장으로 변한다. 배경 지식이 없는 세상은 앞의 한 과학자가 말한 것처럼 조지 워싱턴을 "모든 사람이 같은 것을 믿는다고 여기는 국민 전도사"로 변모시킨다. 배경 지식이 부재한 상태에서는 워싱턴의 포고문이나 링컨의 게티즈버그 연설 같은 글이 "정보 텍스트(공통핵심기준에서 만든 용어)"는 될 수 있지만, 역사 텍스트라고는 할 수 없다.

우리가 역사에 무지하다는 것을 인식할 때 우리는 겸손해진다. 아무리 존경받는 역사학자라도 모든 시대와 지역의 과거를 복원하는 데 필요한 지식을 갖출 수 없다. 그러나 다른 시대와 장소에서 온 단어를 액면 그대로 받아들여서는 안 된다는 인식은 심각한 경고와 함께 우리의 주의를 환기한다. 이는 우리와 같은 언어를 사용하더라도 오늘날과 전혀 다른 의미로 사용할지도 모를 타인에 대한 이해심을 길러준다. 단어 또한 역사에 깊이 새겨져 있다. 지식이 없다면 우리는 현재에 갇히게 되고 과거는 우리가 이미 알고 있는 세계의 희미하고 열등한 복사본으로 바뀐다. 결국 우리의 무지로 생긴 빈틈은 고정관념들로 채워진다.

공통핵심기준의 "자세히 읽기"는 무지를 극복할 수 있는 방안이라 할 수 없다. 그럴 수 있다는 생각은 단지 교육 성취도라는 이름으로 저질러진 가장 최근의 바보 같은 생각일 뿐이다.

3부

디지털 시대에 역사적으로 사고하기

THINKING HISTORICALLY IN A DIGITAL AGE

06

변화하는 역사, 학교로 가다

변화를 위한 시도

1975년 봄, 한 초등 사회과 교육과정이 뉴스 1면을 차지했다. 그 화제의 중심에는 애리조나주 제4선거구의 공화당 하원의원 존 콘랜John B. Conlan이 있었다. 국립과학재단National Science Foundation, NSF을 감독하는 미국 하원 과학기술위원회 소속이던 콘랜은 국립과학재단의 교육자료가 "집단생활, 사회에서의 노약자 배제, 성적 허용과 문란, 폭력, 야만적 행동"을 주입해 학생들을 망치고 있다고 비난했다.[1]

1970년대 중반까지 국립과학재단에서 기금을 일부 지원한 '인류: 학문의 과정Man: A Course of Study, 이하, MACOS'은 47개 주의 1,700개 초등학교 교육과정에서 광범위하게 사용되는 프로그램이었다.[2] 하버드대학의 심리학자이자 교육개혁가인 제롬 브루너Jerome Bruner의 아이디어인 MACOS는 학생들에게 다양한 사회에 관해 가르치고 "인간이란 어떤 존재인가? 어떻게 그런 사회를 만들어냈는가?" 같은 질문을 지속적으로 던진다.[3] 교육과정 중에는 문명 속에서 사회적 삶이 어떻게 이루어지는지를 보여주기 위해 캐나다 북부 누나부트준주Nunavut 펠리만Pelly Bay의 한 마을에 사는 넷실릭Netsilik 에스키모인들의 생활이 담긴 시각자료가 포함되었다. 학생들은 넷실릭 에스키모인들이 순록과 물개를 도살하는 장면을 보았고, 자원이 부족한 혹독한 기후에서 노인들을 돌보는 어려움에 관한 글을 읽었다. 논란의 불씨가 된 수업에서 학생들은, 사냥꾼이 "얼음 위를 기어 어떻게든 따라 잡으려고" 하는 눈도 멀고 몸도 불편한 노인을 꽁꽁 언 호수 한가운데 두고 오는 이야기를 읽고, "더 이상 일할 수 없는 노인들이 죽음을 맞이하도록" 사형선고를 내리는 넷실릭 에스키모 사회의 관습을 배웠다.[4] 콘랜의 관점에서 이 수업은 "인류에게 인간적인 것이 무엇인지를 탐구하는" 활동이 아닌 미국적 정서와는 동떨어진 자유주의 학자들의 정면공격이었다. 이로 인해 국립과학재단은 해당 프로그램의 예산을 삭감당했을 뿐 아니라, "재단 역사상 최악의 정치적 위기 상황"을 맞게 되었다.[5]

다음 해인 1976년 리처드 앳킨슨Richard Atkinson이 국립과학재단을 이끌게 되었을 때, 그는 젖먹이를 희생해 어미를 구했다. 바로 교육과정 지원사업을 중단한 것이다. 그러나 논란이 진정되자 조용히 수학과 과학 과목의 교육과정 지원을 재개했다. 명문화하지는 않았지만 인류학, 사회심리학, 사회학, 역사학 등 "소프트 사이언스soft sciences" 교육과정은 지원하지 않는다고 알려졌다.

이런 상황에서, 어느 날 나는 국립과학재단 직원의 메일을 받고 놀랐다. 그는 내가 1998년에 쓴 논문을 읽었다고 했다. 그 논문은 상당한 논쟁거리였던 에이브러햄 링컨의 인종에 대한 견해를 역사가들이 어떻게 분석하는지에 관한 것이었다.[6] 그 직원은 내 논문을 읽기 전까지 역사적 전문성을 지식을 습득하는 능력으로 생각해본 적이 없다고 했다. 나는 답장을 보내 그에게 감사를 전하면서 이 말을 덧붙였다. "이것은 재단이 역사 학습에 관한 제안을 받아들인다는 뜻입니까?" 그는 즉각 "제안서를 받지 못해 자금 지원을 할 수 없다"는 답변을 보내주었다.

나는 어린이의 과학 학습방법을 연구하는 젊고 재능 있는 동료 레슬리 헤렌콜Leslie Herrenkohl과 함께 어떤 프로젝트를 진행할 수 있을지 논의했다. 우리는 과학, 수학, 역사 같은 과목에서 5, 6학년 아이들에게 "증거", "주장", "자료", "이론", "해석", "논증" 같은 용어가 어떻게 다루어지는지에 대해 이야기를 나누었다. 그러나 이 단어들이 교과목에 따라 의미가 어떻게 달라지는지 아이들에게 설명해본 사람은 아무도 없었다. 오히려 이 복잡한 문제를 해결할 준비가 덜 된 사람들, 즉 아이들이 이 단어들의 의미를 구별해야 하는 부담을 안고 있었다.[7] 우리는 학생들에게 광합성이나 노예해방선언 같은 교과 내용뿐 아니라 과학자와 역사학자 들이 어떻게 그런 것을 알게 되었는지, 주장의 타당성을 논증하는 방법을 가르칠 수 있을지 궁금해졌다.

레슬리는 국립과학재단 웹사이트를 살펴보다가 최대 5만 달러까지 시범 사업을 지원하는 프로그램을 발견했다. 우리는 급히 네 쪽 분량의 제안서를 작성해 국립과학재단에 보냈다. 그리고 약 4개월 후 나는 이메일로 "와인버그 제안에 대한 응답"이라는 제목의 파일이 첨부된 공식 답변을 받았다. 세 쪽에 걸친 답변은 나와 레슬리의 계획은 잠재력이 충분하지만, 좀 더 명확히 실행 계획을 정리할 필요가 있음을 자세히 설명하고 있었다. 멍하게 답변을 읽어 내려가던 우리는 마지막 문장에서 깜짝 놀랐다. "보조금 예산: 96만 7,300달러."

어마어마한 금액에 놀란 나는 재치를 발휘해 제안서가 잘못 전달되어 심각한 오류가 발생했다는 메일을 담당자에게 보냈다. 곧 퉁명스러운 답변이 돌아왔다. "당신은 우리에게 호랑이 꼬리를 주셨습니다. 다음에는 호랑이 한 마리를 통째로 보내주시기 바랍니다." 그 "호랑이 한 마리"는 곧 PATHS가 되었다. PATHS가 무엇이냐고? '역사와 과학을 통한 논쟁 촉진Promoting Argumentation Through History and Science'의 줄임말이다(국립과학재단의 보조금을 따낼 수 있는 비결은 기억하기 쉬운 약어라는 동료의 말을 듣고 머리글자를 따서 만든 용어다). 이렇게 우리는 100만 달러에 가까운 돈을 가지고 초등학교 5, 6학년생을 위한 과학·역사 학습자료를 만들게 되었다.

의심하기:
역사적 사고의 출발점

우리의 프로젝트는 워싱턴주가 극심한 시험 열기에 시달릴 때 시작되었다. 워싱턴주 학력평가고사Washington Assessment of Student Learning, WASL는 오로지 읽기와 수학에만 초점을 맞추어 과학과와 사회과 교육과정에 커다란 구멍을 남겼다. 이런 문제를 해결하기 위해 우리는 이민자들이 많이 모여 사는 낙후된 지역에서 교육과정 자원이 필요한 학교를 조사 대상으로 선정했다. 담론 분석 전문가인 리드 스티븐스Reed Stevens와 기술과 학습에 깊은 관심을 가진 과학교육자 필 벨Pil Bell이 추가로 참여했다. 리드와 나는 역사에 레슬리와 필은 과학에 초점을 맞췄다. 우리 네 사람은 과학과 역사의 차이점과 유사점을 어떻게 교육적으로 활용할지를 찾기 위해 모였다. 우리의 목표는 아이들을 학문적 탐구, 즉 지식을 만들고 확인하는 지적 작업에 참여시키는 것이었다. 탐구에 대한 생각은 1915년 존 듀이Jone Dewey와 에블린 듀이Evelyn Dewey가 《내일의 학교Schools of Tomorrow》에서 자질은 있지만, 미약한 지적 능력을 가진 아이들을 위한 교육의 청사진을 제시한 이후부터 교육계를 떠돌고 있었다. 1960년대 교육개혁은 이러한 아이디어를 인지적 전환으로 부활시켰고, (훗날 MACOS를 기획한) 제롬 브루너가 《교육의 과정The Process of Education》(1960)으로 가이드를 제공했다. 브루너의 《교육의 과정》은 영문판 94쪽의 얇은 책이지만 20세기 후반의 다른 어떤 책보다 교육사상에 많은 영향을 끼쳤다. 그러나 "어떤 교과든지 지적으로 정직한 형식으로 제시하면 어떤 발달 단계에 있는 어떤 아동에게도 효과적으로 가르칠 수 있다"라는 문장은 유명한 논쟁거리가 되었다.[8] 이 주장은 불신과 조롱을 불러일으켰다. 미취학 아동에게 유기화학, 초등학교 1학년 학생에게 미적분을 가르칠 수 있다는 말인가? 그러나 우리의 논의를 지배한 것은 이러한 조롱이 아니라 브루너가 쓴 문장에서 종종 간과되는 두 개의 단어였다. 도대체 "지적으로 정직하게" 가르치는 것은 정확하게 무엇을 의미하는 걸까?

많은 학생이 교과서에서 역사를 처음 접한다. 그런 학생들에게 교과서는 어디서 그 정보를 얻었을지 묻자, 그들은 어리둥절해했다. 책은 무슨 일이 일어났는지 다 알고 있다는 것이다. 왜냐하면 "이 책은 역사책이니까." 브리검영대학의 연구원 제프리 녹스Jeffery Nokes가 초등학생들에게 과학자들이 무엇을 하는지 물었을 때, 실험복을 입고 실험을 한다는 대답이 대부분이었다. 그렇다면 역사가는 어떨까? 아이들은 역사가를 "위키피디아를 찾아보고, 역사 방송을 시청하고, 강의를 듣는" 모습으로 묘사했다.[9] 역사가들이 어떻게 지식을 만드는지 전혀 알지 못했다.

우리는 이 생각을 바꾸기 위해 초등학교 5, 6학년을 위한 교육과정을 개발하기 시작했다. 마침 디즈니의 만화영화 〈포카혼타스〉가 엄청나게 유행하고 있어서 이를 활용하기로 했다. 이 디즈니 버전의 다문화 혼합

물은 통통한 아메리카 원주민 공주 포카혼타스와 늠름한 식민지주의자 존 스미스의 사랑 이야기가 중심이다. 이야기는 스미스가 포카혼타스의 아버지인 추장 포하탄에게 사로잡혔을 때 최고조에 이른다. 포하탄이 손발이 묶인 스미스의 머리에 곤봉을 내리치려는 순간 포카혼타스가 스미스에게 달려들며 아버지에게 애원한다. "그를 죽이려거든 저를 먼저 죽이세요. 전 이 사람을 사랑해요." 교실에 있는 여학생 몇 명은 이 대사를 외울 수 있었다. 우리는 학생들이 한 번도 들어본 적이 없는 질문을 던졌다. "이 이야기가 사실일까요?" 그렇다, 만화영화 〈포카혼타스〉는 이야기가 마치 사실인 것처럼 묘사했고, 교과서는 기본적인 몇 가지 서술로 이 이야기를 뒷받침한다. 그러면 실제로 무슨 일이 일어났는지 어떻게 알 수 있을까? 우리는 영국왕립학회British Royal Society의 기본 신조인 "누구의 말도 그대로 믿지 말라nullius in verba"는 말을 하면서 학생들을 시험대에 세웠다.

우리는 학교 수석 교사의 도움을 받아 교과서에 간단히 서술된 사건을 복잡하게 만들어줄 자료들을 모았다. 월요일에 등교한 학생들은 각자의 책상 위에 놓인 "기록 보관함"이라는 플라스틱 통을 발견했다. 그 안에는 17세기 영국 관보 《런던 가제트London Gazette》에 실린 인디언 공주 이야기, 포카혼타스의 청소년 시기 전기에서 발췌한 내용, 이에 대한 역사가들의 2차 분석 글, 그리고 유일한 목격자인 존 스미스가 직접 쓴 두 가지 버전의 글 등 여러 자료가 들어 있었다.[10] 스미스의 글은 모순으로 가득했다. 스미스가 최초 구조된 해로 추정되는 1608년에 쓴 글에는 치명적인 위험에 처해 있다는 사실이 언급되어 있지 않다. 스미스는 포하탄과 만났을 때를 묘사하면서는 "우정", "친절" 같은 단어를 사용했고, "친절한 말과 훌륭한 음식으로 나를 환영했다. 나흘 동안 그는 나에게 우정과 자유를 보여주었다"라고 했다.[11] 그러나 16년 후인 1624년에 쓴 두 번째 글에서는 포하탄을 "잔혹함"과 "공포"로 묘사하면서 이야기가 어둡게 변한다. 바로 여기에서 추장의 딸 포카혼타스가 "죽음으로부터 스미스를 구하기 위해 자신의 몸을 던졌다"라는 유명한 이야기가 나온다.[12]

• 영국인이 아메리카 대륙에 최초로 건설한 버지니아의 개척지이다.

왜 1624년 글에만 포카혼타스가 목숨을 구해주었다는 이야기가 나올까? 1608년에는 당시 제임스타운Jamestown•이 개척의 어려움을 겪고 있던 가운데, 자신이 죽을 뻔한 이야기로 잠재적 정착민들이 위험한 여정에 발을 들이지 않게 될 것을 걱정해 일부러 아메리카 원주민을 우호적으로 묘사한 것일까? 1624년 글은 포카혼카스가 런던을 방문한 후, 그 명성을 이용하기 위해 고쳐 쓴 것일까? 1617년 포카혼타스가 런던에서 버지니아로 돌아오는 배 안에서 천연두에 걸려 사망하자, 스미스가 거짓으로 이야기를 지어낸 것일까?

이런 질문은 학생들에게 익숙한 역사 학습방법이 아니었다. 옳고 그름을 따져서 답해야 하는 시험과도 거리가 멀다. "기록 보관함"에 들어 있는 것은 신뢰성과 권위가 서로 다른 다양한 문서 더미였다. 그중 몇몇은 수백 년 전에 쓰인 것이고, 가까운 시대에 쓰인 것도 있었다. 이 문서들 대부분은 포카혼타스가 스미스를 구한 일이 실제 일어난 사건이라는 데 동의하지 않는 역사가들이 작성한 것이었다. 질문의 안개 속을 헤쳐나가던 학생들은 각주나 원사료 없이 오로지 저자의 전지적 목소리에 의해 표준화된 교과서가 역사적 진리의 결정자가 아니라 고려해야 할 또 다른 자료임을 깨닫게 되었다.

토론하기:
시끌벅적한 수업 만들기

우리는 계속해서 사회적 관계의 규칙에 간섭하며 학교의 일상을 뒤집으려 했다. 대개 학교에서 아이들은 교실에 앉아 수동적으로 교사의 말을 듣고 때때로 짧은 질문과 답변을 한다. 위스콘신대학의 연구원 마틴 뉘스트란드Martin Nystrand는 1,100명이 넘는 8, 9학년 학생과 200여 개의 수업을 관찰하고 교실 담화를 분석했다. 뉘스트란드는 문학과 시에 대한 토론을 기대하며 영어 수업에 주목했다. 그러나 대부분의 교실에서 유일하게 들리는 것은 교사의 목소리였다. "교사가 강의하지 않을 때, 학생들은 질문에 답하거나 자습을 하고 있었다." 수업 현장에서 토론은 아주 드물게 이루어졌는데, 8학년의 경우는 1분 미만, 9학년은 15초 미만으로 얼굴만 잠깐 보는 식이었다.[13]

이러한 패턴을 바꾸기 위해, 우리는 3인이 한 조가 되어 한 사건에 대한 자신들의 해석을 수업에서 발표하도록 했다. 우리는 학생들에게 학회의 연례회의 방식을 알려주었다. 학회에서 연구자들은 자신의 발표가 끝난 후(혹은 중간에) 질문을 받고, 발표하지 않을 때는 조용히 경청하고 질문을 한다. 우리는 이 방식을 교실로 가져와 옳고 그름을 판단하는 역할을 교사에게 맡기기보다는 학생들이 지적 파트너로서 서로를 만나길 바랐다.

구두 발표는 역사와 과학의 각 단원을 연결하는 매개체 역할을 했다. 우리는 학자들이 지식을 입증하는 다양한 방법을 구체적으로 보여주기 위해 교과목의 차이점을 활용했다. 과학 단원에서, 학생들은 왜 어떤 물체는 물에 뜨고 어떤 물체는 가라앉는지에 대해 가설을 세웠다. 연필과 관찰 노트, 그리고 큰 물통을 준비한 학생들은 밀도와 부력에 대해 알기 위해 브레인스토밍으로 떠오르는 생각들을 제시하고, 그것을 증명하기 위한 실험을 했다. 과학자가 된 학생들의 목표는 원인과 결과에 대한 검증 가능한 가설을 구체화하는 것이었다. 금속 덩어리가 가라앉지 않고 떠다닐 수 있는 것은 플라스틱 접시의 표면적 때문일까, 아니면 파란색 페인트 칠 때문일까?

하지만 역사는 이런 실험을 허용하지 않는다. 들쑥날쑥한 파편들만 남아 있는 과거는 완전한 그림을 그리려는 시도를 좌절시킨다. 역사에서 원인을 밝혀내는 것은 과학과 달리 다각도로 면밀한 분석을 거친 세밀한 이해들을 엮어내는 것이다. 이러한 역사적 설명을 소홀히 하면 피상적인 환원주의에 빠질 위험이 있다.

2년 동안 초등학교 수업을 관찰하면서 가장 열띤 토론을 보여준 수업도 역사적 사건의 인과관계를 입증하는 수업이었다. 수업의 주제는 바로 로자 파크스와 몽고메리 버스 보이콧•이었다. 우리는 학생들에게 각기 다른 수준의 두 가지 질문을 던졌다. 첫 번째 질문은 '1955년 12월 1일 오후 파크스가 체포된 날, 그는 버스 어디에 앉아 있었을까?', 두 번째 질문은 '파크스는 왜 이날 백인 남성에게 자리를 양보하려 하지 않았을까?'였다. 이론적으로 첫 번째 질문은 답하기 쉽다. 이 사건은 1956년 2월 22일에 앨라배마항소법원으로 넘어갔다. 법정 기록에 검찰 측과 피고 측이 증거로 채택한 36인승 버스의 좌석 배치 그림이 남아 있는데, 파크스의 이름은 운전자석 뒤로 14번째 좌석에 쓰여 있다.[14] 따라서 파크스가 어디에 앉았는가는 논쟁의 대상이 될 수 없다. 그럼에도 불구하고 각종 책자와 웹에 잘못된 정보가 넘쳐난다. 이를테면 11학년 미국사 교과서인 윈스럽 조던Winthrop Jordan이 쓴《미국

• 앨라배마주 몽고메리에서 흑백 분리주의에 저항해 일어난 흑인들의 차별철폐운동으로, 버스의 흑백 분리 좌석에 반대해 버스 승차를 거부했다.

인The Americans》에는 파크스가 앉았던 자리가 운전석 뒤로 첫 번째 좌석부터 열 번째 좌석까지 해당되는 "백인 전용 좌석(성스러운 10)"이었다고 잘못 기술되어 있다.[15] 우리는 정부가 승인한 교과서도 완전히 틀릴 수 있다는 것을 보여주기 위해 "기록 보관함"에 이 문서를 넣었다.

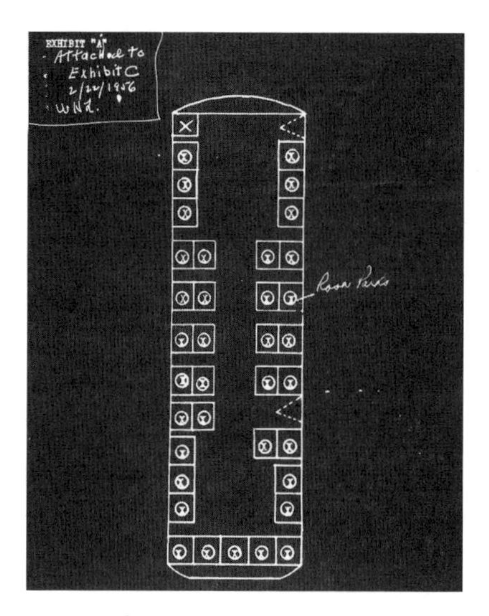

1955년 12월 1일 로자 파크스가 앉았던 버스 좌석을 표시해둔 법원 문서, 〈Aurelia S. Browder et al. v. W. A. Gayle et al.〉 National Archives Identifier 596069.

두 번째 질문은 첫 번째 것과 차원이 다르다. 우리는 어느 정도로 정확하게 인간의 동기를 파악할 수 있을까? 조이 하킴Joy Hakim의 《미국의 역사A History of US》(1993)는 '로자 파크스는 피곤했다'라는 제목의 장에서 당시 상황을 설명한다. 하킴에 따르면 "파크스는 종일 일을 했다. 기분이 좋지 않았고 목과 등도 아팠다. 파크스는 버스를 타고 집에 가던 중이었다."[16] 그러나 파크스는 사건 직후나 수년이 지난 후에도 자신의 몸 상태가 다른 날보다 1955년 12월 그날 유독 좋지 않았다고 말한 적이 없다. 우리는 하킴의 책을 로자 파크스가 짐 해스킨스Jim Haskins와 공동집필한 회고록 내용과 비교했다. 회고록에서 1940년대 초 파크스는 버스에 탑승했을 때 "큰 덩치에 붉고 거칠어 보이는 피부"를 가진 "사나워 보이는" 운전사가 자신을 강제로 버스에서 내리게 했다고 회상했다.[17] 당시 몽고메리시의 모든 운전사가 그랬듯 그 역시 무장하고 있었다.

아이들은 개인의 특성과 대인관계에서 사건의 원인을 찾는 설명에 쉽게 끌린다.[18] 자신의 기분과 감정, 친구나 가족과의 관계처럼 아이들이 잘 아는 것이기 때문이다. "로자 파크스는 피곤했다"와 "로자 파크스는 버스 운전사의 요구에 불만이 있었다" 같은 설명은 구조적 불평등, 제도적 인종주의, 그 밖에 가시화하기 어려운 개념이나 추상적 표현보다 아이들이 이해하기 쉬웠을 것이다. 아이들이 이런 경향에 휩쓸리지 않고, 로자 파크스의 행동을 폭넓게 볼 수 있도록 우리는 앨던 D. 모리스Aldon D. Morris의 《시민권 운동의 기원Origins of the Civil Rights Movement》 중 일부를 발췌해 "기록 보관함"에 넣었다.

> 파크스는 흑인저항운동에 깊이 뿌리를 두고 있었다. 실제로 1940년대에 파크스는 버스에서 흑백분리 규정에 따를 것을 여러 차례 거부했다. 1940년대 초, 파크스는 이를 따르지 않았다는 이유로 버스에서 쫓겨났다. 당시 파크스를 쫓아낸 운전사는 파크스가 체포되던 1955년 12월 1일 그를 끌어내린 그 버스 운전사였다. 파크스의 말에 따르면, "버스든 어디에서든 차별에 저항하는 것은 나의 일상이었다. 단지 그날만 그런 것이 아니었다."[19]

이 책은 몽고메리 흑인 공동체가 펼쳐온 강렬한 저항운동의 맥락에서 파크스를 다루고 있다. 나약한 노부인이라는 파크스의 이미지는 모리스가 쓴 것처럼 "그가 오랫동안 운동에 관여했다는 증거와 매우 동떨어진" 것이었다.[20] 파크스는 체포되기 전 여름, 마일스 호튼Miles Horton이 설립한 인종차별폐지론자들을 위한 훈련장인 하이랜더 포크 스쿨Highlander Folk School•에 다니며, '인종차별폐지: 대법원 판결 이행'이라는 강좌를 들었다. 파크스는 온순하지도, 피곤하지도, 늙지도, 나

• 시민권운동의 일환으로 흑인과 노동자를 대상으로 문해 교육을 하고, 인종차별에 관한 워크숍을 열기도 했다.

약하지도 않았다(체포 당시 그는 42세였다). 전미유색인지위향상협회 National Association for the Advancement of Colored People 몽고메리 지부의 간사였던 파크스는 마틴 루서 킹보다는 맬컴 엑스Malcolm X를 개인적인 영웅으로 여기는 운동가였다.[21]

앞의 두 질문에 대한 한 공립초등학교 6학년 교실의 토론 사례를 살펴보자. 브리아나, 멜빈, 스콧이 자신들의 생각을 발표하기 위해 일어서면서 자연스럽게 대화가 시작되었다. 아프리카계 미국인 소녀 브리아나는 아주 침착한 이 그룹의 독보적인 리더였다. 이 3인조는 두 가지 문서를 중심으로 발표했다. 첫 번째는 파크스가 체포되던 날 탔던 버스의 운전사는 12년 전에 그녀를 버스에서 내리게 했던 바로 그 운전사였다는 파크스의 회고록이었다. 두 번째는 차별에 대한 파크스의 저항이 "단지 그날만이 아니라, 일상적인 것"이었다는 파크스의 말을 인용한 모리스의 글이었다.

브리아나가 시작했다. 파크스는 "자신의 권리를 옹호했고 차별대우를 거부했어요." 파크스의 회고록은 인종차별에 저항한 것 외에도 버스 운전사와의 권력 투쟁에는 뭔가 다른 것이 있었다는 주장을 뒷받침했다. 브리아나는 다음과 같은 파크스의 말을 그대로 인용했다. "몇몇 버스 운전사들은 다른 이들보다 더 비열했다. 그들 모두를 미워한 건 아니지만 인종차별 그 자체는 악랄하다. …… 나를 쫓아낸 운전사는 그냥 비열한 사람 중 하나였다." 그러고는 운전사가 "2년 전, 아니 12년 전과 같이 파크스를 난폭하게 쫓아냈어요"라고 요약했다."[22] 첫 번째로 발표한 브리아나는 두 종류의 문서를 모두 사용하여 자신의 주장을 뒷받침했다. 파크스가 짐 크로법에 대해 원칙적인 입장을 취하면서도 "키가 크고 덩치가 큰" 운전사와 부딪쳤던 과거의 일에 영향을 받고 있다는 것이었다.

다음으로 발표한 멜빈은 브리아나의 주장을 무시하고, 파크스의 행위는 운전사와 관련이 있다고 단호히 주장했다. 멜빈의 단도직입적인 주장은 어린이 역사학자 모임에 불을 지폈다. 곧바로 불협화음이 뒤따랐다. "그게 어떻게 맞지?", "모리스 박사의 문서는?", "일관성이 없어!" 뒷자리에 앉은 교사는 이런 혼란스러운 토론 상황을 아이들이 자신들의 방식으로 이끌어갈 수 있도록 허용했다.

얼마간의 혼란 후에 브리아나는 반 친구들을 조용히 시키고 라헬을 불렀다. 또 다른 리더가 있다면 그건 바로 라헬이었다. 라헬은 번개 같은 재치와 단호한 변론 방식으로 주장과 증거 사이의 의심스러운 연결고리를 겨냥했다. "너희들은 파크스가 자신의 권리를 옹호하고 차별대우를 견딜 수 없다는 것에 동의한다고 말했어. 그러면 파크스의 회고록은 어떻게 그것을 뒷받침하지?" 브리아나가 반응하기도 전에 앤디는 만약 역사적 사실이 달랐다면 어땠을지 상상하는 정교한 역사적 논쟁 기법인 반사실적 추론을 던지며 토론의 수위를 높였다. 앤디는 멜빈을 겨냥하며 말했다. "친절한 버스 기사가 파크스에게 자리를 옮기라고 얘기했다면, 자리를 옮겼을 거라는 말이야?" 자신을 향한 공세에 멜빈은 조금 부드러워졌지만, 주장을 누그러뜨리지 않고 "아마도"라고 대답했다. 이 시점에서 라헬은 멜빈에게 "그건 믿을 수 없어!"라고 분명히 말했다. 23명의 6학년 학생의 토론은 전문 역사가 모임에서 볼 수 있는 떠들썩한 질의응답 시간을 방불케 했다. 어떤 학생은 일어서서 기록 보관함에서 꺼낸 문서들을 흔들어댔고, 다른 학생은 필요한 것을 찾기 위해 보관함을 뒤졌다. 반면에 어떤 학생은 한 번에 한 사람씩 발언할 수 있는 질서를 되찾기 위해 입술에 집게손가락을 대고 있었다.

침착함을 잃지 않은 브리아나는 어떻게든 동료들을 조용히 시키려

했다. "내가 한마디 해도 될까? 이 책에서는 (파크스의 회고록을 다시 인용하면서) 그들 모두를 증오한 것은 아니었다고 했어. 인종차별 그 자체가 사악하다고 했지. 그래서 버스 운전사가 친절했거나 혹은 정말—" 브리아나가 말을 마치기 전에, 앤디가 끼어들었다. 이번에는 운전사의 성격과 파크스의 행동은 아무런 관련이 없다고 주장했는데, "당시에는 그들이 자리를 이동해야 하는 것이 법이었어. 그래서 버스 운전사가 비열하거나 친절했다고 해서 파크스가 자리를 옮기지는 않았을 거야."

앤디가 좀 더 그럴싸하게 자신의 의견을 포장했지만 핵심을 제대로 짚어내지는 못했다. 사실, 파크스의 회고록은 자신의 행위가 개인적 분노보다 더 많은 것을 담고 있다고 말한다. 파크스의 행동은 미국 사회의 인종적 억압이라는 만행에 맞서는 상징적인 행위였다. 그러나 같은 단락에서 파크스는 이날 버스에 탔을 때 그 운전자를 알아보지 못했다고 기록하고 있다. 파크스는 훗날 이에 대해 "만약 그를 알아보았더라면 나는 그 버스에 타지 않았을 것이다"라고 말했다.[23] 그렇다면 버스 운전자가 누구였는지는 그날 파크스의 행위에 영향을 미치지 않았다고 주장할 수 없다.

브리아나는 "인종차별 자체가 악랄했다"는 파크스의 입장과 "버스 기사에게 한 수 보여주려 했을" 가능성 사이에는 모순이 없다고 주장했다. 브리아나는 12세가 사용할 수 있는 어휘로, 역사적 인과관계는 여러 차원에서 동시에 발생하며 사회·정치적 설명과 인과관계에 따른 설명은 과학에서 접시 색깔이 아니라 접시의 표면적에 따른 부력 때문이라는 설명처럼 서로 상쇄되지는 않는다고 주장했다.

청소년의 허세와 지적인 행동이 뒤섞인 이런 논쟁은 6학년 교실보다는 대학원 세미나에서 더 쉽게 볼 수 있다. 멜빈의 비타협적인 태도와 함께 브리아나의 지적인 비상함이 눈에 띄었다. 학생들이 중구난방 떠들어대는 와중에 그 옆에는 논쟁의 가장 약한 부분에 전념해 그것이 무너질 때까지 집요하게 파고드는 대변인으로서 라헬의 열변도 있었다. 앤디는 반사실적 추론을 꺼냈다가 그다음 순간에 추론이 결과에 조금이라도 영향을 줄 수 있는 가능성을 성급하게 부인했다. 브리아나는 이 모든 것에 동요하지 않고 철학자들이 말하는 '과잉결정', 즉 인간의 행동은 여러 원인과 요인으로 만들어진다는 생각을 받아들이며 오컴의 면도날 법칙•에 저항했다.

• 14세기 영국의 철학자 윌리엄 오컴이 "불필요한 가정은 면도날로 잘라내라"고 한 데서 유래했다. 어떤 현상의 인과관계를 설명할 때 논리적으로 가장 단순한 가설이 본질일 가능성이 크며, 필요 이상으로 가설을 정립하지 말라고 주장했다.

학생들의 프레젠테이션이 모두 이처럼 열기를 띠며 반짝거리는 것은 아니었다. 4개 교실의 역사 수업에 나타난 담론을 분석한 결과, 5, 6학년생이 역사적 사건의 관점, 견해, 편향성, 핵심, 종류, 이론 같은 문제를 토론한 사례는 300건 이상이었다. 뉘스트란드가 기록한 '교실에서의 침묵의 대화'와는 달리, 우리의 실험 교실에서는 대화의 50퍼센트가 학생들 사이에서 일어났다.[24] 교사들이 개입을 하게 되면, 학생들은 자신이 세운 가설에 대해 더 깊이 생각해야 하는 경우가 많았다. 연초에 한 학생이 교과서에 우호적인 입장으로 만화영화 〈포카혼타스〉를 무시했는데, 교과서는 '진짜 역사가들'이 썼기 때문이라고 그 이유를 설명했다. 교사는 "이 교과서를 쓴 사람들이 정말 '진짜 역사가'라고 확신하느냐?"고 물었다. 한 학생이 자신의 견해를 뒷받침하는 자료의 개수를 세어서 근거로 내밀며 비슷한 주장을 하자, 교사는 다음과 같이 되물었다. "만약 네 주장을 뒷받침하는 자료 다섯 개와 그와는 다른 것을 말하는 하나의 자료가 있을 때, 결론을 내리기 위해서 다수결의 원칙을 따라야 한다는 것이니?"[25] 이 같은 경우나 다른 상황에서도 교사들은 학생들이 다시 생각하도록 기회를 주려고 노력했다.

전통주의자들은 정해진 이야기가 없으면 학생들에게 유용한 목적을 만들 수 없는 파편들만 남을 것이라고 우려한다. 그러나 실제 교실 현장은 그렇지 않았다. 학생들은 다른 사람이 내린 결론을 그대로 받아들이기보다 스스로 지식을 만들어야 한다는 의무감을 가짐으로써 자신들의 학습에 책임을 졌다. 1960년대 교육과정 개혁의 선두주자였던 역사가 찰스 셀러스Charles Sellers는 "학생들에게 먼저 사실을 '제공'하면 미래의 먼 훗날에 학생들이 그 사실에 대해 '생각할' 것이라는 주장은 교육학의 은폐이자 왜곡이다. …… 사람들은 어떤 문제에 부딪혀 당혹감을 느낀 '다음에야' 해결책을 얻기 위해 사실을 사용할 것"이라고 보았다.[26] 연구가 진행되는 동안 우리는 매일매일 셀러의 통찰력이 생생히 실현되는 모습을 볼 수 있었다.

2학기가 끝나갈 무렵, 나는 아이들에게 "작년과 비교하면 역사 공부가 더 쉬웠나요? 아니면 더 어려웠나요?"라는 질문을 던지며 마지막 수업을 이끌었다. 학생들에게 제공했던 모든 것, 즉 기록 보관함, 서로 모순되는 자료, 해답보다 더 많은 질문을 고려할 때, 나는 수업이 너무 복잡하고 엄격했으며 머리를 쓰느라 학생들이 얼마나 힘들었는지 이야기할 것이라 예상했다. 누군가를 지명하기도 전에 라헬이 먼저 입을 열었다. "올해는 엄청 쉬웠어요." 나와 연구원들은 당황한 표정을 드러내지 않으려 노력했다. 나는 다시 물었다. "라헬, 네 생각을 좀 더 말해주겠니?" "음…… 작년에는 너무 지루해서 집중하기 어려웠어요. 하지만 올해는 정말 재미있었어요. 그래서 더 쉬웠어요!"

웹에 사로잡히다: 역사적 사고 수업의 개발

국립과학재단의 보조금으로 생각했던 것보다 더 많은 자료를 접할 수 있었고, 또 평범한 11, 12세 학생들이 우리가 상상하지 못한 방식으로 역사적 사고를 할 수 있음을 확인했다. PATHS 같은 프로젝트는 우리가 흔히 "아이들은 할 수 없다"라고 말하는 것이 사실은 "우리가 할 수 없다"라고 말하는 것임을 일깨워주었다.

동시에 우리는 규모의 문제에 대한 환상은 갖지 않게 되었다. 몇 개의 한정된 교실에 엄청난 자원을 쏟아부으면 놀라운 결과를 낳을 수 있다. 그러나 교육연구자와 대학원생들의 지원, 신중하게 개발된 교육과정, 그리고 우리가 꿈꿔왔던 모든 활동을 할 수 있는 자금이 없는 곳에서는 우리의 모델을 복제하기 힘들다는 것을 알고 있다. 시범 프로젝트로서 PATHS는 희망을 주었지만, 대규모 학교개혁 모델로서 PATHS는 비현실적인 유토피아였다.

PATHS 프로젝트가 거의 끝나갈 무렵인 2002년, 나는 스탠퍼드대학 교수로 채용되었다. 당시는 실리콘밸리가 왕성하게 활동하던 시기로, 인터넷이 교수·학습에 상상할 수 없는 가능성을 만들어내고 있었다. 그 가능성은 숨이 멎을 정도로 대단했다.

1992년 나는 미국역사학회American Historical Association가 발행하는 월간지 《역사에 대한 관점Perspectives on History》에 역사 교육에 관한 짧은 논문을 한 편 기고했다.[27] 그 후 얼마 지나지 않아, 나를 응원하는 편지를 한 통 받았다. 편지를 보낸 로이 로젠츠바이크는 조지메이슨대학의 역사학 교수로 대학의 '역사 및 뉴미디어 센터Center for History and New Media'를 이끄는 디지털 히스토리digital history 분야의 선구자였다. 몇 달 후, 로이와 나는 아이디어를 나누고 원고를 교환하기 시작했다. 그중 하나가 로이의 웹사이트인 '중요한 역사자료History Matters'(historymatters.gmu.edu)에 관한 생각이었다. 이 웹사이트는 대학 수준의 미국사 교육에 관한 한 가장 유명한 웹사이트였다. 1차 사료뿐 아니라 사료를 분석한 논문, 고문서보관소의 링크 등을 제공했다. 그러나 역사적 사고에 호기심이 있는 고등학교 교사들이 활용할 수 있는 자료는 많지 않았다.

로이와 나는 고등학교 교사들을 위한 웹사이트는 어떠해야 하는가에 관해 많은 생각을 나누었다. 기존의 웹사이트들은 인상적이기는 하나 교사들에게 적절한 것 같지는 않았다. '그림자 계곡 프로젝트Valley of the Shadow project'(http://valley.lib.virginia.edu/)는 역사가 에드워드 에이어스Edward Ayers가 만든 웹사이트이다. 이 웹사이트는 노예주와 자유주를 가르며 남북전쟁의 격전지가 된 170킬로미터에 달하는 셰넌도어계곡Shenandoah Valley에 관한 디지털 기록보관소의 자료에 초보자들도 쉽게 접근할 수 있게 해두었다. 학생들은 남북전쟁 전야에서 재건에 이르는 시기에 쓰인 수천 통의 편지와 상거래 문서, 지도, 연설문, 신문기사 등에 접근할 수 있었다. 그러나 이 웹사이트를 활용하는 것은 고등학교 교사들에게 비현실적이었다. 많은 교사가 원사료를 가르쳐본 경험이 부족했다. 학생들에게는 더 비현실적이었다. 수백 개의 사료를 휙휙 훑어보기 전에 먼저 학생들은 '하나'의 사료를 어떻게 읽고 분석하는지 배워야 했다.

초·중·고등학교 교사들을 위한 다른 웹사이트들은 학생들이 상상력을 발휘해 이야기를 쓰거나 과거와 현재의 유사점을 찾거나 도덕적 딜레마를 생각하게 하는 발판으로 역사 텍스트를 사용했다. 공개 발표를 위해 결과를 정리하기 전, 그러한 해석이 어떻게 도출되는지 보여주는 웹사이트는 거의 없었다. 경험 많은 전문가가 어떻게 역사적 사고를 하는지는 여전히 미스터리에 싸여 있었다. 우리는 역사가들에게 한 번도 접해본 적이 없는 사료를 제시하고 해석의 토대를 찾는 모습을 녹화해 보기로 했다. 학자들이 정교한 전문 지식을 전달하는 수준 높은 유튜브 강의가 부족하진 않지만, 우리는 무언가 다른 것을 보여주고 싶었다. 심리학자들이 말하는 "적응적 전문성adaptive expertise"이라든지, 역사가들이 모순적인 증언과 파편적 사료들을 가지고 일관성 있는 해석을 만들기 위해 힘겹게 나아가는 모습 같은 것 말이다. 연속적인 추측, 잘못된 출발, 막다른 골목, 풍부한 단서는 학생들이 교과서에서 만나는 갇힌 이야기와 아주 다르며, 역사 지식이 어떻게 생겨나는지를 잘 보여준다. 나와 로이 또한 이것이 훨씬 교육적일 것이라 직감했다.

우리는 스탠퍼드대학에 연구팀을 꾸리고 휼렛 재단William and Flora Hewlett Foundation의 지원을 받아 양질의 자료를 만들기 위해 인터넷의 힘을 모으기 시작했다. 이러한 자료들은 최신의 워크숍과 자료에 쉽게 접근할 수 없어 수업자료가 항상 부족한 학교의 교사들을 위한 것이었다. 우리의 목표는 고등학교 역사 교육에 혁명을 일으키겠다는 것과 다름없었다. 돌이켜보면 우리의 야망에 걸맞은 것은 깊이를 알 수 없는 순진함뿐이었다.

'중요한 역사적 사고Historical Thinking Matters'라고 이름 붙인 새로운 웹사이트(historicalthinkingmatters.org)에서, 우리는 11학년 미국사에서 전형적으로 가르치는 몇 가지 주제의 단원을 개발했다. 각 단원은 "미국-에스파냐전쟁의 원인은 무엇인가?", "스콥스 재판Scopes Trial•은 왜 일어났는가?", "사회보장제도에 대한 지지를 촉진한 것은 무엇인가?",

• 1925년 진화론 교육을 금지한 테네시주 법을 어긴 과학 교사 존 스콥스가 기소되어 100달러의 벌금형을 받은 사건으로, '원숭이 재판'이라고도 한다. 1920년대 중반, 주로 농촌에 거주하며 전통적 가치관과 종교를 중요시한 근본주의자들은 성서의 창조론을 부정하는 진화론에 반대하며 주정부에 진화론 교육 금지법 제정을 요구했다. 스콥스 재판 이후에도 이 문제는 수십 년 간 논쟁거리가 되었다.

"몽고메리 버스 보이콧은 어떻게 성공했는가?" 같은 질문에 초점을 맞췄다. 1차 사료는 각기 다른 각도에서 이러한 질문들을 조명하여, 학생들이 모순점이나 다양한 관점들을 맛볼 수 있도록 했다.

우리의 웹사이트 디자인은 겉보기에 무한한 웹의 잠재력을 활용하는 데 초점을 맞추었다. 학생들이 어떤 문헌을 찾았을 때, 역사가들이 그 문헌을 읽고 논평하는 영상이 실시간으로 재생되게 했고, 단어의 정의와 애매한 참고문헌에 대한 설명을 바로 확인할 수 있게 했다. 그리고 역사가와 교육 전문가들의 추가 설명도 음성 파일로 제공해 배경 지식을 탄탄히 하고 더 넓은 맥락에서 이해할 수 있게 했으며, 다음 문헌으로 넘어가기 전 간단한 퀴즈를 통해 학생들의 이해 정도를 확인했다. 또 로그인해서 사용할 수 있는 쌍방향 디지털 노트로 학생들이 문헌을 공부하면서 자신의 생각을 기록할 수 있게 했고, 마지막 단계에 이르면 노트의 기록을 하나의 파일에 모아 에세이를 쓰기 위한 기초자료로 사용할 수 있게 했다. 웹사이트를 나가지 않고, 에세이를 쓰고 편집하여 교사에게 바로 전송할 수 있었다.

교과서의 단원 마무리 부분에 실린 복습 문제만을 풀던 단조로운 내러티브로 길러진 고등학생들에게 이것이 얼마나 대단해 보였을지 상상해보라. 웹을 통해 할 수 있는 일에 도취된 우리는 프로젝트를 시작한 목표를 망각해버렸다. 수업자료가 부족한 학교와 읽기 수준이 떨어지는 학생들과 적절한 자료를 찾을 시간이 없어 괴로워하는 교사들을 위한 학습자료를 만들어내는 것 말이다. 우리가 만든 웹사이트의 첫 페이지부터 우리가 얼마나 목표에서 빗나갔는지가 그대로 드러났다. 이 페이지에는 "역사적 사고란 무엇인가?"라는 주제로 역사가가 18세기 영국 자료의 텍스트를 해석하는 영상이 나오는데, 10분 동안 세 문장을 분석하느라

고통스러워하는 모습이 담겨 있다. 이 영상은 대학원이나 기록학의 상위 과정 세미나에는 적합하지만, 중학교를 갓 졸업한 학생들에게는 적합하지 않은 내용이었다.

웹사이트를 만들어가던 어느 순간이 떠오른다. 우리는 이 웹사이트가 가져야 할 특징들에 대해 브레인스토밍을 하고 있었다. 당시 박사과정에 있던 학생으로, 이 이야기의 다음 부분에서 중요한 역할을 하게 될 애비 레이즈먼Abby Reisman이 내 말을 가로막고는 책이 겹겹이 쌓여 있는 책꽂이를 가리키며 소리쳤다. "샘! 당신은 도서관 전체를 웹페이지 하나에 집어넣으려 하는군요. 웹은 그런 식으로 작동하지 않아요!" 애비는 단지 화살표 세 개와 메뉴 버튼 하나로 작동하는 은색 1세대 아이팟을 꺼내 들었다. "직관적이고 복잡하지 않으며 사용하기 편해야 해요. 그것이 우리의 목표가 되어야 하고요." 예언적인 말이었다. 그러나 나는 웹의 풍부한 가능성에 사로잡혀 있어 그 말을 귀담아듣지 않았다.

결과적으로 '중요한 역사적 사고' 웹사이트는 2008년에 미국역사학회가 역사 교육에 공헌한 교육자료에 수여하는 제임스 하비 로빈슨상James Harvey Robinson Award을 수상했다. 심사위원들은 현란한 자료에 모두 현혹된 것이 분명했다. 이 웹사이트는 떠들썩한 관심을 받았고 한창 때는 1년에 10만 명의 방문자가 다녀갔다. 비록 이 웹사이트의 사용자가 누구이며, 정확히 어떻게 우리의 자료를 활용하는지 파악하기 위한 설문조사를 한 적은 없지만, 일화에 따르면 우리 웹사이트의 가장 헌신적인 이용자는 공립학교에서는 한 차시 수업으로 끝낼 스콥스 재판이나 거의 가르치지 않고 넘어가는 사회보장제도의 전신을 일주일에 걸쳐 가르칠 수 있는 정부 보조를 받지 않는 사립학교 교사들이었다.

돌이켜보면, 웹의 활용성에 사로잡혀 우리가 해야 할 중요한 일을 놓쳤다는 것을 쉽게 알 수 있다. 그러나 한 가지에 대해서는 우리가 옳았다. 바로 인터넷이 돌이킬 수 없을 정도로 교육환경을 바꾸어놓았다는 것이다. 출판업계가 지배하던 시절, 교육과정은 두꺼운 책으로 묶여 미국 우정청을 통해 각 학교로 보내졌다. 인터넷이 없었다면 한 무리의 연구자들이 스스로 교육과정 설계자, 작가, 그리고 배포자가 되는 것은 불가능했을 것이다. 우리의 발밑에서 과학기술은 지상의 법칙을 다시 쓰고 있었다. 혁신적인 학습자료를 만들고 그 자료들을 디지털화하는 데 기회비용이 생길 수 있다. 그런 가능성이 잠재해 있음을 우리는 다음 작업을 하면서 깨닫게 되었다.

'역사가처럼 읽기' 수업의 성공

2002년 내가 스탠퍼드로 와서 제일 먼저 한 일은 미래의 역사 교사들을 위한 12개월짜리 교사 교육 프로그램 MAT를 다시 활성화하는 것이었다. 우리의 작은 프로그램에 버클리, 스탠퍼드, UCLA, 산타크루즈, 그리고 유명한 동부 해안 대학들의 이상적인 청년들이 모여들었다. 학생 대부분이 역사나 정치학을 전공했다. 그들은 내가 학생이었을 때처럼 전공필수 과목을 이수했지만, 공통의 학과 코드를 제외하고 공통점이 거의 없었다. 학생들은 많은 역사 지식을 가지고 있었다. 그러나 그 지식은 일관성을 부여해줄 틀이 없는 파편적인 지식이었다. 내가 PATHS의 6학년 학생들에게 했던 것과 같은 질문을 던졌을 때, 즉 역사가 과학과 다른 점이 무엇인지, 왜 우리는 특정 해석을 다른 해석보다 더 선호해야 하는지 물었을 때, 입담 좋고 자신만만하던 MAT 과정 학생들은 아무런 말도 못하고 입을 다물고 있었다. 과거 역사 수업에서는 그런 질문에 대답할 필요가 전혀 없었기 때문이다.

하지만 그런 질문들이 바로 역사적 사고의 핵심이다. 역사적 사고를 가르치기를 원하는 교사는 자기만의 방법과 사고방식으로 무엇이 역사를 독특한 형태의 지식으로 만드는지 분명하게 말할 수 있어야 한다. 이런 생각으로 나는 역사적 사고의 보이지 않는 측면을 가시화하기 위해 설계된 훈련법을 고안했다. 나는 이 연구에서 인지심리학자들이 주로 사용하는 "소리 내어 생각하기think-aloud, 사고구술"라는 방법을 사용했다. 참가자들은 문서를 읽거나 문제를 풀 때 자신이 생각하고 있는 것을 가능한 분명하게 소리 내어 말해야 한다. 나는 연구자로서 몇 년 동안 이 방법을 실천해왔지만, 수업에 이를 적용한 사례를 본 적은 없었다.[28] 한 번 도전해보기로 했다.

참가자들을 교실 앞으로 불러내어 이제까지 한 번도 본 적이 없는 문서를 나누어주었다. 나는 그들에게 문서를 크게 읽다가 "도대체 내가 왜 이 프로그램을 자원했을까?" 같은 일상적인 질문부터 문서에 대한 신뢰성, 문서의 관점 또는 편견에 대한 논평과 같이 뭔가 중대한 생각들이 떠오를 때 읽기를 멈추라고 했다. 비록 미국 교실에서는 거의 알려지지 않았지만, 자신의 생각을 드러내는 행위는 아시아의 여러 국가에서는 교육의 중심이다. 이를테면, 일본에서는 교사가 학생을 칠판 앞으로 불러 수학 문제를 풀게 하고 풀이 과정을 설명하게 한다. 만약 그 문제에 학생이 빠지기 쉬운 함정이 있다면 교사는 문제를 푸는 과정에서 학생이 한 실수를 설명해주고, 학생이 최선을 다해 문제를 푼 것을 칭찬할 것이다.[29] 그러나 미국에서는 자기 생각을 대중 앞에 내어 보인다는 것은 심지어 아주 자신만만한 학생조차도 등골이 오싹해지는 일이다.

첫 번째 참가자는 하버드대학에서 정치과학을 전공한 서글서글한 미소와 친절한 매너가 돋보이는 라몬이었다. 그는 내가 건네준 문서를 덥석 받아 들었다. 그 문서는 1775년 4월 19일 새벽 보스턴에서 콩코드로 진격한 '제10보병연대'의 소위 제러미 리스터Jeremy Lister가 쓴 전쟁 중 기록이다.[30] 라몬은 거의 첫 부분부터 이맛살을 찌푸렸다. 그가 다 읽은 뒤, 나는 무엇이 의심스러웠는지 물었다. 라몬은 "그의 나이요"라고 대답했다. 리스터의 나이에 관한 내용은 문서의 맨 마지막에 등장한다. 거기에는 "1782년 작성된 렉싱턴 주재 가장 어린 영국 장교 제레미 리스터의 개인 기록"이라고 쓰여 있어 이 문서의 속성을 파악할 수 있다. 내가 라몬에게 문서의 아랫부분까지 가기 전에 리스터의 나이를 어떻게 알았느냐고 묻자, 라몬은 "제가…… 커닝을 했으니까요"라고 소심하게 중얼거렸다. "커닝이라고?" 나의 되물음에 라몬은 이어서 말했다. "누가 썼는지 알기 위해서 아래쪽을 봤어요."

'출처 확인'을 역사 텍스트를 빈틈없이 읽는 행위로 여기기보다, 문서의 내용을 분석하기 전에 그 속성을 살피는 것은 잘못이라고 생각한 미래의 역사 교사가 여기 있었다. 라몬은 출처 확인을 적절하지 않은 행위로 여긴 것 같았다. 혹은 그의 표현대로 "커닝"이라 생각했거나.

여러 참가자를 대상으로 같은 시도를 했다. 일부는 문서를 끝까지 읽을 때까지 출처를 전혀 보지 않았다. 다른 학생들은 라몬처럼 출처 확인을 역사 읽기의 가장 큰 특징으로 생각하기보다 마치 잘못된 행위를 하는 것처럼 슬쩍 보았다. 이 미래의 교사들에게 문서의 나머지 부분을 읽기 전에 출처를 분석하는 법을 배웠는지 물었을 때, 어느 학생도 그것을 가르쳐준 대학 교수의 이름을 대지 못했다. 배운 적이 없었기 때문이다. 훈련의 핵심에 해당하는 역사적으로 사고하는 방식을 습득하는 것이 운에 맡겨지는 경우가 너무 많았다. 미래의 교사들이 교수 운영 체제의 기본적인 부분을 놓치고 있다는 것을 깨닫고서 우리는 교사 교육 프로그램을 재설계하기로 했다. '역사가처럼 읽기Reading Like a Historian'라고 부르는 접근 방식을 구체화하기 위한 작업에 돌입했다. 이것은 역사적 사고의 드러나지 않는 움직임을 분명하게 했으며, 연구에 참여한 전직 교사 두 명과 함께 이 연구를 바탕으로 책을 쓰기로 했다.[31]

앞에서 이미 소개했던 애비 레이즈먼도 동참했다. 브라운대학 대학원 역사학 우등생인 애비는 교육학자이자 교육개혁운동가인 테드 시저Ted Sizer와 그의 유쾌한 학교개혁가 연대에 매혹되었다. 강렬한 이상주의에 사로잡힌 애비는 뉴욕의 작은 차터 스쿨charter school에서 교편을 잡았다. 그러나 아이디어로 반짝거리는 교실을 만들고자 했던 그의 포부는 17세 학생들이 초등학교 5, 6학년 수준의 독해를 하는 암울한 상황에 맞닥뜨렸고, 교사로서 극찬을 받았음에도 불구하고 애비는 5년 후 방향을 잃고 교실을 떠났다.

만약 학생들이 기본적인 신문기사의 내용을 파악하지 못해 허우적거리고 있다면, 아이들이 '참여하는 시민'이 된들 무슨 소용이 있겠는가? 애비가 연구에 합류한 지 1년이 되던 해에 두 명의 연구자가 더 합류했다. 우리는 계속해서 역사적 사고를 중심에 둔 교사양성과정을 개선하고자 했다. 박사과정의 일환으로 애비는 기발한 연구를 수행했다. 학생들이 시간과 공간에서 엄청난 간격으로 분리된 역사적 사건들 사이의 유사점을 그려냄으로써 역사적 맥락에 대해 생각하는 법을 배우는 것이었다.[32] 그 결과가 너무 궁금했던 나는 애비에게 그 주제로 박사학위논문을 준비할 것을 권했고, 애비도 동의했다.

며칠 후, 애비가 나를 찾아와 갑자기 이런 말을 쏟아냈다. "저는 도시의 교실에서 역사를 가르치는 방법을 알아내기 위해 스탠퍼드에 왔어요. 우리는 어떻게 해야 역사를 잘 가르칠 수 있을지 확인하기 위해 수많은 시간을 쏟아부었고요. 이제 그 아이디어들을 실행에 옮길 때가 되었어요." 애비는 자신의 웅장한 청사진을 펼쳐 보였다. 계획은 이러했다. 우선 여름 방학에 샌프란시스코 공립학교 교사들을 모집해 그들에게 역사 읽기와 역사적 사고를 가르치는 방법에 대한 워크숍을 진행한다. 그런 다음 조사를 통해 문서를 기반으로 하는 70개의 수업 계획을 작성하고, 각 수업 계획에는 하나의 사건에 대해 각기 다른 관점을 가진 1차 사료들과 학생들이 이 상반된 관점을 추적하는 데 도움을 줄 그래픽 자료들을 함께 제공한다. 그리고 미국 역사 교육과정 전체를 다루기 위해 미국의 기원부터 시간순으로 수업을 배열하고, 매주 각 수업을 방문해 강의를 녹화하여 학생들의 학습 진행 정도를 추적한다. 이를 완성하기 위해 애비는 실험군의 사전·사후 시험 결과를 대조군인 전통적 교실 수업의 결과와 비교하고자 했다. '아동 낙오 방지법'에서 측정 기준으로 널리 이용하는 일반적인 독해력평가시험Gates-MacGinitie Reading Test뿐 아니라 그녀가 개발한 역사적 사고와 추론 도구, 캘리포니아 표준학력측정시험Standardized Testing and Reporting exam, STAR 결과 등을 포함해 여러 가지 방법으로 양쪽 그룹을 평가하는 것이다.

적어도 논문 6개는 쓸 만한 아이디어로 가득 찬 설명을 다 듣고 나서, 나는 애비가 미쳤다고 확신했다. 나 역시 몇 년 전 세상을 바꾸겠다는 원대한 꿈을 꾸었다. 며칠 동안 나는 애비의 계획을 곰곰이 생각하면서 스스로를 돌아보았다. '나는 그저 박사과정생의 야망에 가득 찬 계획을 좌절시키는 지친 중년의 교수인가?' 결국 나는 애비와 함께 연구보조금을 신청해 7만 5,000달러를 확보했는데, 이는 프로젝트의 규모에 비해 적은 예산이었다. 재원을 손에 넣은 애비는 샌프란시스코 고등학교 다섯 곳을 포함한 미국 도시 지역 학교의 11학년생 250여 명을 대상으로, 역사적 사고에 가장 크게 개입하게 될 연구에 착수했다.

대도시 고등학교의 일상은 기존에 정해진 그들만의 생활 리듬에 맞춰 유지되었다. 교내 방송에서 소식을 알렸고, 정각마다 종이 울렸다. 한낮에 점심을 먹고, 학교 활동의 마지막에는 새로운 활력을 얻어 과외 활동에 참여했다. 블록 타임, 학교 안의 학교,* 문제 기반 학습, 오늘날의 묘책인 "거꾸로 교실" 등과 같은 개혁의 물결에도 불구하고, 미국 학교들은 완전한 개조에 강하게 저항하는 모습을 보여왔다. 이에 대한 역사학자 래리 큐번의 지적은 매우 적절하다. 늘 그렇듯 머리로만 설계된 학교개혁은, 해저는 전혀 동요하지 않고 차분히 유지되고 수면에서만 거세게 파도가 치는 대양의 허리케인 같다.[33] 그런 탓에 대도시 학교들은 천천히 그리고 조금씩 변화한다.

초등학교에서 PATHS 프로젝트를 진행하면서 우리는 교육과정에 얽매이지 않아도 되는 무제한의 자유가 있었다. 로이와 함께 만든 웹사이트에서는 우리가 올린 자료들을 교사들이 얼마나 많이 또는 적게 활용할지 스스로 결정하게 했다. 그러나 샌프란시스코에서는 이야기가 달랐다. 이 지역은 표준화된 시험으로 학업 수준을 측정하는 국가교육과정을 따랐다. 애비는 그들의 교실에 얼마나 많은 변화가 일어날지 확신하지 못하는 고정된 일상을 살아가는 정규 교사들을 모집했다. 고등학교 교장들은 일반적으로 소란을 피우지 않는 한 연구자들에게 관대하다. 우리에게는 규칙과 전통이라는 문제가 있었지만, 이러한 제약 속에서 창의성과 미묘한 차이들이 꽃을 피우리라 생각했다. 우리의 목표는 수업의 익숙한 요소들을 받

* 소규모 학교가 학생들의 학업 성취나 행복 향상에 더욱 기여한다는 연구를 토대로 큰 학교의 규모를 하위 학교 또는 하위 단위 등으로 나누고, 자체 프로그램을 기획·운영하는 새로운 교육개혁 모델이다.

아들이되, 고정된 지점들 사이에서 얼마나 많은 재량권을 찾을 수 있는지 확인하는 것이었다.[34]

PATHS에서 우리는 교과서를 기록 보관함으로 대체할 수 있었다. 그러나 샌프란시스코에서는 있을 수 없는 일이고 있어서도 안 되었다. 이 학교들 가운데 일부는 학생 절반 이상이 영어 이외의 모국어를 구사하고 공통의 배경 지식이 부족했다. 이런 학생들이 모인 수업에서는 교과서의 내러티브가 공통의 지식 틀을 만든다. 그러나 동시에, 교과서에만 의존하는 것은 학생들의 역사적 사고 성장을 방해하고 대학 수업의 복합적인 문제들에 대비하지 못하게 된다.

우리는 "교과서 열기Opening Up the Textbook, OUT"라는 접근법을 개발했다.[35] 학생들이 교과서를 읽을 때, 교사는 기본적인 연대기적 세부 사항을 보충해준다. 이것을 배경으로 학생들은 교과서 서술 내용에 도전하는 1차 사료를 읽으면서 교과서의 해석에 문제를 제기하고 같은 사건을 다른 관점에서 보는 법을 배울 수 있다.[36]

접근법의 한 예로, 커스터의 최후의 보루Custer's Last Stand라고도 알려진 리틀빅혼 전투Battle of Little Bighorn에 대한 수업을 들 수 있다. 교과서는 사건의 기본 흐름을 다음과 같이 서술하고 있다.

> 수년 동안 수족Sioux은 자신들의 땅으로 이주해온 백인 정착민들을 공격했다. 이에 미국 정부는 수족에게 1876년 1월 31일까지 보호구역으로 돌아갈 것을 명령했다. 수족은 이를 거절했고, 이제 조종간은 군의 손에 넘어갔다. 약 2,000명의 수족, 샤이엔족Cheyenne, 아라파호족Arapaho이 리틀빅혼강 근처로 모여들었다. 수족의 추장 '앉아 있는 황소Sitting Bull'는 태양춤 의식을 행했다. 전하는 바에 따르면 그는 위대한 승리를 예언했다고 한다. 자신만만한 미국 육

군 지휘자 조지 암스트롱 커스터George Armstrong Custer 중령도 자신들의 승리를 예견했다. 1876년 6월 25일, 커스터의 부대는 수적 열세에도 불구하고 성급하게 진격했다. 커스터와 그의 부대는 곧바로 포위되어 학살당했다. 리틀빅혼 전투는 수족에게 엄청난 승리를 가져다주었으나 그 승리는 일시적인 것이었다. 미국 정부는 백인 정착민들에 대한 원주민들의 위협에 더 단호히 대처하기로 했다.[37]

두 가지 다른 사료가 이러한 교과서의 해석을 비집고 들어왔다. 하나는 율리시스 S. 그랜트 대통령 시기 육군장관 J. 도널드 캐머런J. Donald Cameron의 문서였다. 커스터의 군대가 패배하고 2주도 되지 않아 캐머런은 그랜트 대통령에게 수족이 "전쟁을 좋아해서 자주 거주지를 떠나 사냥이나 전쟁 길에 오른다"라고 편지를 보냈다. 캐머런은 수족이 1868년 포트라라미조약Treaty of Fort Laramie을 어겼기 때문에 커스터가 이끄는 제7기 기병대가 "그들을 진압하기 위해" 파병되었다고 주장했다.[38] 그러나 캐머런의 문서에는 교과서에서는 편의상 생략된 자세한 내용이 기록되어 있다. 즉 수족의 땅에서 금이 발견되었다는 것이다. 리틀빅혼 전투가 있기 2년 전, 커스터는 수족 보호구역 주변 지역의 지도를 만들기 위해 광물자원을 탐사할 지질학자를 포함한 원정대를 이끌었다. 이때 금이 발견되자 금광을 찾는 사람, 밀렵꾼, 무단침입자, 보물사냥꾼들이 광분하여 수족의 땅을 침범해왔다. 수족의 땅에 대한 잠재적인 가치를 확인한 정부는 수족에게 땅을 사겠다고 제안했다. 그러나 수족에게 블랙힐스Black Hills, 지금의 사우스 다코타South Dakota는 신성한 땅이었기 때문에 정부의 제안을 묵살했다.

두 번째 문서는 케이트 빅헤드Kate Bighead가 작성한 것이었다. 빅헤드는

1868년 커스터의 부대가 샤이엔족 마을을 불태웠을 때 커스터를 처음 보았다. 빅헤드와 그녀의 동생들인 하얀 숫소White Bull, 하얀 달White Moon은 수족의 땅으로 향했고 그곳에서 전투를 목격했다. 빅헤드에 따르면, 많은 커스터의 부하가 수족의 손에 치욕적인 죽임을 당하기보다 자살을 택했다고 한다.[39] 그러나 빅헤드의 이야기를 자세히 들여다보면 볼수록 뭔가 석연치 않다. 빅헤드는 자신의 이야기를 사건 이후 거의 반세기가 지난 1922년 풋내기 역사가인 토머스 베일리 마르퀴스Thomas Bailey Marquis에게 들려주었다. 게다가 빅헤드와 마르퀴스는 아메리카 원주민들의 수화로 의사소통을 했기 때문에 실수와 오해의 여지가 많았다.

애비는 이 수업에서 학생들이 무엇을 배웠는지에 대해 다음과 같이 기록했다.

> 학생들은 "리틀빅혼 전투의 책임은 누구에게 있는가?"라는 질문에 대답하지 못했다. 그러나 학생들은 꽤 많은 역사를 배웠다. 그 문서들은 …… 서부의 확장이라는 단순한 내러티브를 해체해 그 시기를 복잡하고 역동적인 시간으로 그려냈다. 미국 정부는 공격적으로 백인 팽창정책에 전념했고, 정부의 군사 행동은 공식적으로 정당화되어야 했다. 캐머런은 금에 대한 추구가 수족에 대한 무분별한 박해나 군사 행위에 정당성을 부여해서는 안 된다는 것을 은연중에 시사하고 있다. 두 가지 이유가 모두 궁극적으로 아메리카 원주민에 대한 군사 행위의 동기였음을 입증했지만, …… 당시 정치적 분위기는 그것을 노골적으로 인정하는 것이 적절하지 않았음을 보여준다. 한편, 1870년대 수족은 보호구역 내의 격리를 거부하면서 반항적이고 저항적인 존재로 부상했다. 패배와 정복은 수족에게도 미국 정부에게도 예견된 결론이 아니었다.[40]

명확한 규칙과 정답을 가진 역사 수업에 익숙한 학생들은 처음에는 이러한 수업에 저항했다. 그들은 어떤 해석이 "정답"인지 알고 싶어 했다. 몇 번에 걸쳐 비슷한 형태의 수업을 경험하면서 모호함을 대하는 학생들의 근육은 갈수록 단단해졌다.

동시에, 우리의 접근 방식은 전통적인 수업 요소들을 근본적으로 바꾸지 않고도 학생들이 익숙한 종류의 역사에 도전했다. 교사들은 짧은 강의나 교과서로 각 주제를 소개했다. 학생들이 똑같은 이해의 틀을 가지고 있다는 것을 확인하기 위해 우리는 많은 비판을 받는 I-R-E(도입initiation – 반응response – 평가evaluation) 형식을 사용하여 수업을 설계했다. 먼저 교사가 질문하고, 학생들은 대답한다. 그러면 교사는 정답으로 인정하거나 오답을 정정한다. 그런 다음 학생들은 소그룹으로 나뉘어 사료를 분석하고 전체 토론을 위해 다시 모인다.[41] 우리는 서로 다른 해석을 가지고 고군분투하는 역사 수업을 일상적인 것으로 만들기 위해 의도적으로 비슷한 수업방식, 즉 생각 습관habit of mind을 주입하고 강화하는 방식을 따랐다.[42] 다른 습관들과 마찬가지로 생각 습관 역시 반복과 끈기가 필요하며, 내용이 달라져도 핵심적인 지적 활동을 동반하는 다양한 사례에 노출되어야 한다.

교사는 학생들이 문서의 마지막에 적힌 서지 정보에 주목하도록 학급 전체 학생들에게 "문서를 볼 때 가장 먼저 해야 하는 일이 무엇일까요?"라고 묻고 학생들이 일제히 "출처요!"라고 대답하는 것으로 문서 검토를 시작한다. 애비가 지적했듯이, 학생들이 마치 합창하듯 다 같이 대답하는 것에 진보적인 교육자들은 눈살을 찌푸릴 수도 있지만, 이런 절차의 필요성은 서서히 사라진다. 시간이 흐르면서 문서를 작성한 사람이 누구인지 묻는 것은 존 듀이가 "마음속의 익숙한 가구the familiar furniture of the mind"라고 부르는 것이 될 것이다.[43] 한 해가 끝날 즈음 학생들은 자발적으로 이런 사고방식이 역사 수업을 넘어 어떻게 일상생활에 스며들었는지 들려주었다. "이런 방식은 역사 수업 외에도 많은 도움이 되었어요. …… 하루는 이 뉴스 채널, 다른 날은 다음 채널을 보고 두 뉴스 채널 사이의 차이점과 유사점을 찾고 그것이 어떻게 이야기에 영향을 미치는지 찾게 되었어요."[44]

7개월간의 수업을 마치고 애비는 '역사가처럼 읽기' 수업을 받은 학생들에게 시험을 실시하고, 같은 학교의 정규 역사 수업을 받은 학생들과 비교했다. 그리고 다음과 같은 결과를 발표했다.

> 결과는 우리의 예상을 뛰어넘었다. (역사가처럼 읽기) 수업을 들은 학생들이 학문적 읽기 전략을 적용하는 두 가지의 역사적 사고 측정에서 상대 학생들을 능가했을 뿐 아니라, 사실적 지식과 독해 부분에서도 훨씬 더 높은 점수를 받았다. 이러한 발견은 매우 다양한 학교 환경과 학생 인구 통계 전반에 걸쳐 사실로 나타났다.[45]

비슷한 시기에 나는 한 교실을 방문했다. 학생들은 1950년대 행복한 주부의 이미지가 미디어가 만들어낸 허구인지에 대해 열띤 토론을 벌였다. 수업을 마치는 종이 울려도 토론은 끝나지 않았다. 다음 수업으로 이동하는 복도에서도 학생들의 토론은 계속되었다. 나는 우리가 PATHS를 진행했던 학교의 교실이나 하크니스 테이블 학습•을 하는 명문 사립학교의 수업에서 이런 분위기를 본 적이 있다. 그러나 휑한 복도와 34명이나 되는 학생들이 비좁은 교실에 옹기종기 모여 앉은

• 미국의 필립스 엑시터 아카데미에서 시작한 수업방식으로 교사 한 명과 학생 열두 명이 큰 원형 테이블에 둘러앉아 의견과 질문을 나누는 토론식 수업이다.

도시 학교에서는 이런 수업 분위기를 본 적이 없었다. 무엇인가 특별한 분위기가 있었다. 나는 우리가 그것을 놓치지 말아야 한다고 생각했다.

내가 감지한 분위기는 현장 노트나 녹음테이프로는 포착할 수 없었다. 우리는 영상 제작자를 고용해 학생들이 기존과 다른 방식의 역사 수업에서 그들의 경험을 이야기하는 모습을 촬영했다. 이렇게 우리의 연구를 알리는 새로운 시도인 유튜브 영상 제작의 첫 시작은 준비도 부족하고, 경험도 없는 상태에서 이루어졌다.[46] 첫 영상은 16세의 헤수스가 인터뷰 진행자에게 이렇게 말하는 것으로 끝난다. "제가 제일 좋아하는 수업은 역사 수업이에요. 정말로요. 지루하지 않고, 재미있어요. …… 학년이 올라가서 다른 것을 배우더라도 같은 수업방식으로 배우면 좋겠어요. 더 배워야 할 것들이 많거든요."[47]

'역사적 사고력' 평가하기

그해 말, 우리는 샌프란시스코시 관계자들에게 연구 결과를 제시했다. 그들은 열광했다. 아이들이 더 많은 역사를 배웠기 때문이 아니라, 우리의 접근법이 전국적으로 검증된 독해력평가시험에서 점수를 올려놓았기 때문이다. 시교육청은 우리에게 샌프란시스코의 모든 교사가 접근할 수 있는 교육과정 웹사이트를 개발해달라고 요청했다. 나는 도시 교육청의 예산이 얼마나 빠듯한지, 사회과 교육을 지원할 토대가 얼마나 약한지 알고 있었다. 그래서 내가 개발 비용이 2만 달러 정도 들 것이라고 했을 때 얘기는 끝났다고 생각했다. 하지만 놀랍게도 샌프란시스코 교육청은 이틀 만에 예산을 확보하고 우리에게 연락을 해왔다.

전에는 전혀 알지 못했던 것들의 목록을 더해 웹사이트 개발에 착수했다. 그런데 우리가 최종 서류에 서명하기 전, 교육청 관계자들은 우리가 개발할 웹사이트에 이용자의 이름과 비밀번호를 입력하도록 해 오직 샌프란시스코 지역 교사들만 독점적으로 이용할 수 있도록 할 것을 강조했다. 그들의 요구는 나름의 논리가 있었다. 샌프란시스코 교육청이 개발 비용을 부담하기 때문이다. 그러나 한편으로 샌프란시스코 지역 역사 교사 수백 명만을 위해 그 많은 자료를 디지털화하고 게시하는 수고를 감당해야 할지 의문이었다. 그런 조건이라면 나는 계약을 하지 않겠다고 하자, 그들은 두 손을 들었다. 결국 웹사이트는 모두에게 개방되었다.

몇 주 지나지 않아 우리는 기본적인 형태의 웹사이트를 만들었다. 이곳에서 교사들은 미국 역사 교육과정의 70개 주제에 대한 문서 기반 수업자료를 다운로드할 수 있게 되었다. 그러자 이상한 일이 벌어졌다. 전국에서 이메일이 쏟아져 들어오기 시작했다. 샌프란시스코의 교사들이 다른 도시의 교사들에게 웹사이트를 알렸고 그들이 다시 친구나 지인들에게 전달한 것이다. 웹사이트를 연 지 6개월 만에 5만 건의 다운로드가 이루어졌고, 그해 말에는 20만 건에 달했다. "드루팔Drupal"(우리가 웹사이트를 만들 때 사용한 콘텐츠 관리 시스템)을 배우기 전 내 머릿속은 HTML과 XTML의 차이가 무엇인지, 이용자들이 웹사이트 제공 정보를 어떻게 읽는지(그들은 읽지 않고 그저 훑어본다), 어떻게 스토리보드를 짜고 촬영을 하고 영상을 편집하는지(우선 나는 스토리보드가 무엇인지부터 배워야 했다), 그리고 구글 애널리틱스를 사용하여 어떻게 주, 카운티, 시, 우편번호별로 사용자를 추적하는지 등의 질문들로 가득했다.

종합적인 계획이 부족한 우리는 웹사이트 개발을 진행하면서 조금씩 체계를 만들어나갔다. 사용자가 급속히 늘어나면서 이메일에 답하는 것이 버거워졌다. 우리는 의사소통 관리를 위해 스탠퍼드대학에서 역사학을 전공한 테레사 오르테가Teresa Ortega를 고용했고, 페이스북 페이지와 유튜브 채널, 트위터 계정을 만들었다. 곧 우리는 전 세계 교사들과 소통할 수 있게 되었고, 웹사이트를 개선할 방안에 대한 많은 아이디어를 모을 수 있었다. 그들은 링크가 깨진 부분이나 오타를 지적하거나 교육과정에 대한 주제를 제안했고, 왜 우리가 세계사나 어린 학생들을 위한 교육과정을 제공하지 않는지 알고 싶어 했다. 그러나 다른 무엇보다 가장 많이 마주한 질문은 학생들이 배운 것을 평가하는 새로운 방법을 제공하지 않으면서 왜 새로운 교육과정을 설계하는 고생을 하느냐는 것이었다.

그 교사들이 옳았다. 비록 우리가 역사적 사고를 중심에 두는 교육과정을 개발했지만, 학생들이 배운 내용을 어떻게 평가해야 하는지는 각 교사의 몫으로 남겨놓은 것이다. TAH가 지난 10년간 보여주었듯이 불행히도 미국의 역사 시험은 상상력의 부재를 경험하고 있다. 무한한 가능성에도 불구하고, 교사들의 평가방식은 아주 오래되고 진부한 피상적인 사지선다형 시험과 학생들이 다루기 힘든 문서 기반 질문DBQ이었다. 두 방식 모두 문제가 있다. 사지선다형은 맥락에서 분리된 사실만을 묻고, 역사에서 가장 중요한 것은 좋은 기억력이라는 학생들의 믿음을 확인시켜준다. 그 스펙트럼의 다른 한쪽에는 대학과목 선이수제로 유명해진 문서 기반 질문이 있다. 이것은 고전적인 방법으로, 학생들은 8~12개의 사료를 읽고, 논지를 세우고, 출처를 포함한 논문을 작성해 제출한다. 이 모든 것이 한 시간 안에 이루어진다. 문서 기반 질문은 학생들이 대학에서 필요로 하는 많은 기술을 익힐 것을 요구한다. 하지만 유동적인 요소가 너무 많아서 정확히 무엇을 측정하기 위한 시험인지 명확하지 않다. 독해 능력? 역사적 분석 능력? 작문 능력? 잔인한 시간의 제약 속에서 평정심을 잃지 않고 글을 써나갈 수 있는 능력? 아니면 열거한 이 모든 것의 알려지지 않은 조합? 교육연구자인 캐서린 매카시 영Katherine McCarthy Young과 가이아 라인하르트Gaea Leinhardt가 발견했듯이, 대학과목 선이수제 수업을 듣는 학생들은 엄격한 시간 제약으로 문서를 찬찬히 읽기보다는 건너뛰며 읽고, 먼저 문서를 분석하고 그 사료를 바탕으로 논문을 작성하기보다 자신의 논문에 유리한 자료들만을 골라 쓰는 경향이 있다.[48]

시간 제약이 없더라도 문서 기반 질문은 일반 교실의 빈번한 평가 상황에 효과적으로 쓸 수 없다. 어떤 교사가 일주일에 몇 번씩 수백 개의 논문을 검토할 시간을 낼 수 있단 말인가? 우리에게 필요한 것은 산더미 같은 서류 작업으로 교사들을 숨 막히게 하지 않고도 학생들이 역사적 사고의 기본적인 과정을 익혔는지 알아내는 방법이었다. 웹사이트에서 필요한 메뉴들을 조사하는 과정에서 평가가 가장 취약한 부분이라고 확신했다. 그러자 운명이 끼어들었다. 미국의회도서관은 의회가 소장한 방대한 문헌자료를 디지털화하는 데 수백만 달러를 투자했는데, 마침 교실 현장에서 이 자료들을 사용할 방법을 찾고 있었다. 우리는 도서관의 소장자료에 대한 평가 시스템을 구축하고 그것들을 웹에서 자유롭게 이용할 수 있도록 하는 방안을 담은 제안서를 제출했다. 우리는 이 접근방식을 역사적 사고 평가History Assessments of Thinking, HATs라고 이름 지었다. 우리의 목표는 교사들에게 학생들의 사고력에 대한 유용한 통찰력을 충실히 제공하면서도 몇 분 안에 학생의 응답을 세밀히 살필 수 있는 다루기 쉬운 평가방법을 개발하는 것이었다.

우리는 출처 확인, 맥락화, 증거의 사용, 확증 등 역사적 사고의 핵심 요소에 초점을 맞춘 평가를 실시했다. 예를 들어 출처 확인에 대한 평가로,

J. L. G. 페리스(J. L. G. Ferris), 〈1621년 첫 추수감사절〉, 1932년경, 미국의회도서관 소장.

수천 명의 중·고등학생을 대상으로 현장검증을 했다. 학생들에게 20세기 초반에 그려진 〈1621년 첫 추수감사절The First Thanksgiving 1621〉을 제시했다. 이 그림은 레이스 앞치마를 두른 청교도 여성이 상의를 입지 않은 아메리카 원주민에게 구운 칠면조 요리를 대접하고, 그 모습을 바라보는 백인 남성들과 개를 묘사하고 있다. 우리는 학생들에게 그림의 정보를 제공하고, 이 그림을 역사가들이 1621년 왐파노아그족Wampanoag과 청교도 정착민들 사이에 무슨 일이 일어났는지 조사하는 데 자료로 쓸 수 있을지 물었다.

학생 대다수가 다음 두 가지 대답 중 하나로 응답했다. 추수감사절을 이 그림에서 묘사한 것처럼 음식을 준비하여 다 같이 즐기는 장치로 생각하는 학생들은 "천 마디 말보다 한 번 보는 게 더 낫다"는 속담처럼 이 삽화가 유용하다고 여겼다. 반대로 하워드 진의 책을 읽고 정착민과 원주민 사이에 흐르는 호의에 의심을 품고 있는 학생들은 이 그림이 아무런 의미가 없다고 생각했다. 어느 쪽이든 양쪽의 학생들은 사료에 대한 정보를 완전히 무시했다. 전체 학생 중 10퍼센트만이 이 사건과 삽화가 그려진 시기 사이에 약 300년의 차이가 있음을 인지하고 화가의 동기나 지식에 의문을 제기했다.[49]

또 다른 평가는 역사적 주장을 평가할 때 사실의 효율적인 활용 능력에 초점을 맞추었다. 이번에는 학생들에게 1921년 캔자스 시골의 가정주부 W. C. 라스롭W. C. Lathrop이 토머스 에디슨Thomas Edison에게 보낸 편지를 읽게 했다. 라스롭 부인은 에디슨의 발명품들이 자신의 삶을 엄청나게 개선해주었다고 고마워하며, 전기레인지, 식기세척기, 선풍기, 다리미 등에 찬사를 표했다. 학생들은 편지 내용 중 몇 개의 진술을 검토했는데, 모두 사실이었다. 몇몇 진술은 라스롭 부인의 생활환경이 예외적인 경우에 속한다는 것을 알려주었다(1936년 농촌전력화법이 만들어지기 전에는 농촌 인구의 10퍼센트 이하만이 전기를 사용했다). 또 다른 진술들은 라스롭을 1920년대 미국 여성의 대표적인 사례라 보기 어려웠다(전기레인지는 토마스 에디슨이 아니라 조지 웨스팅하우스George Westinghouse가 발명한 것이다). 학생들은 어떤 것이 사실이고 아닌지를 알아내느라 고군분투했다.

우리는 정확한 날짜와 같이 세세한 것에 집착하기보다 연대 같은 배경 지식을 평가할 수 있는 새로운 방법을 모색했다. 우리는 학생들에게 전미유색인지위향상협회에서 보관하는 편지 두 통을 보여주었다. 한 통은 백악관이 아프리카계 미국인이 폭행을 당한 사건에 개입하지 않으려는 내용을 담고 있었고, 다른 한 통은 백인들만 다니던 학교에 입학한 흑인 학생들이 겪는 곤경을 묘사하고 있었다. 우리는 두 편지에서 날짜를 지우고 어느 편지가 시기적으로 앞서는지, 왜 그렇게 생각하는지 설명하게 했다.[50] 편지의 짧은 문장조차도 학생들이 사고할 수 있는 하나의 창을 제공했다. 일부 학생들은 두 번째 편지가 앞서 쓰인 것이라 말하며, (흑백)학교통합이 백인들을 화나게 해서 잔인한 집단 폭행이 일어난 것이라고 설명했다. 이 주장은 일정한 인과관계의 논리를 지니고 있지만, 1950년대 대법원의 판결로 공립학교의 인종차별정책이 철폐되는 등 인종평등을 위한 국가적 조치를 잘 이해하지 못한 답변이었다.

우리는 빌 앤드 멜린다 게이츠 재단의 추가 지원을 받아 역사적 사고 평가를 선다형 시험과 비교하고, 각각의 시험 방식이 도출한 사고의 종류를 밝혀보고자 했다. 1장에서 보았듯이 영리한 학생들은 약삭빠른 시험 전략을 사용해 선다형 문제를 풀 수 있었다. 그러나 우리의 평가방법을 따라 짧은 문장으로 자신의 주장을 입증해보라고 했을 때 학생들은 더 힘들어했다.*

새로운 평가방법을 개발하면서 우리는 수백 명의 직원을 거느린 미국교육평가원과 피어슨Pearson 같은 거대 교육평가기관이나 기업에 맞서려 하지 않았다. 우리 연구진은 전임연구원 두 명과 박사과정생 한 명, 학부생 한 명이 전부였다. 그러나 신선한 아이디어는 직원의 규모와 상관없다. 현 상황을 숙명으로 받아들이지 않을 때 혁신이 싹튼다. 우리는 교사들이 평가를 교육과정이 제정된 후에 고려해야 할 사항이 아니라, 학생들의 역사적 사고 능력을 키우는 데 지속적이고 효율적인 피드백을 제공하는 도구로 생각하기를 바랐다.[51]

얼마 지나지 않아 다른 학구 교육청에서도 우

* 선다형 시험에서는 역사 사실에 대한 지식의 보유 정도와 이를 기억해내는 사고만이 요구되는 반면, '역사적 사고 평가'는 자료를 읽기 전 출처 확인을 통해 글쓴이의 상황, 내용의 신뢰도를 고려하거나, 역사가들이 자신의 주장을 뒷받침하는 근거를 확인하고, 당시 관점에서 역사적 사건을 해석하고 판단하는 맥락화의 사고 유형이 요구된다.

리의 작업에 주목했고 교사의 전문성 개발에 대한 요청이 쇄도하기 시작했다. 2013년까지 우리가 개발한 웹사이트는 100만 건의 다운로드라는 대기록을 넘어섰고, 미국의 모든 주뿐 아니라 전 세계 거의 모든 나라의 사용자를 보유하게 되었다. 우리는 뉴어크·샌프란시스코·볼티모어·시러큐스에 이어 뉴욕, 시카고 같은 대도시 학구와 제휴를 맺었다. 70만 명이 넘는 학생이 있는 미국에서 두 번째로 큰 학구인 로스앤젤레스 시교육청은 우리가 개발한 접근법을 사회과 핵심 교육 프로그램으로 채택했다.[52] 2015년까지 여러 주의 교육청에서 우리의 교육과정과 평가방법을 채택했으며 미국 전역의 교육표준에서 우리의 학습자료를 이용했다.

교육 현장을 위한 역사가의 역할

다른 교수들처럼 나 역시 전년도의 구체적인 연구 성과들을 모은 연례 보고서를 작성한다. 우리의 웹사이트가 인기를 끈 2013년, 나는 채워 넣어야 할 보고서 양식을 쳐다보다가 책상 한쪽 구석으로 보고서를 치워버렸다. 그 양식을 백지로 남겨놓고 싶은 유혹을 느꼈다. 학술적 결과물로는 남부끄러울 것이 없었다. 기고한 글과 논문, 책 들이 가득했고, 상당한 액수의 보조금도 있었다. 하지만 우리가 해낸 일은 "저서", "논문" 같은 전통적인 것에 속하지 않았다. 나는 마지못해 보고서를 제출했지만, 연필로 각주를 달았다. "저에게 가장 의미 있는 일은 현재 미국의 50개 주와 6개 대륙의 여러 나라에서 수백만 건 다운로드하여 사용하고 있는 교육과정을 개발한 것입니다. 우리는 미국의 주요 학구와 협력관계를 맺고 있습니다. 저는 감히 우리의 디지털 작업이 상호심사저널peerreviewed journal에 실린 다른 논문들보다 더 큰 영향을 끼치고 있음을 알리며 이 서류를 제출합니다."

스탠퍼드대학의 학과장과 행정관들은 여전히 우리의 디지털 작업의 의미를 심사숙고하고 있던 반면에, 다른 이들은 이미 그 가치를 알고 있었다. 스탠퍼드대학의 모든 동문에게 발송되는 잡지 《월간 스탠퍼드 Stanford Monthly》는 《샌프란시스코 크로니클San Francisco Chronicle》이 우리의 연구가 샌프란시스코시의 학교에 미친 영향을 소개한 이후로 우리의 연구를 추적해왔다.[53] '역사가처럼 읽기 교육과정'이 2013년 5·6월호 《월간 스탠포드》 표지를 장식했다. 학교 교육 프로젝트가 이렇게 영광스러운 자리에 오른 것은 처음이었다.[54]

나는 젊은 나이에 교수가 된 후 충분한 결과물을 내지 못하면 어떻게 될지 모른다는 불안감에 악몽을 꾸기 일쑤였고, 미친 사람처럼 글을 써댔다. 그런데 마침내 이 연구로 종신재직권을 얻었을 뿐 아니라, 외부 평가자이자 유명 대학의 인사에게 "현장을 변화시켰다"는 말까지 듣게 되어 매우 기뻤다.

그러나 그 기쁨은 반나절도 가지 못했다. 집으로 돌아오는 길에 불안감이 나를 옥죄어오는 것을 느꼈다. 그랬다. 나는 교육분야에서 최고라고 여겨지는 모든 학술지를 독파한 상태였다. 그러나 내 안의 '교사'는 "현장을 변화시켰다"라는 평가자의 말에 속지 않았다. 연구자들은 그들 사이에서만 읽히는 작은 학술지 하나로 "현장"을 쉽게 그리고 무시무시하게 혼란시킨다. 그 "현장"은 붐비고 낡은 학교에서 고생스럽게 일하지만 인정받지 못하는 교사라 불리는 사람들이 있는 곳이고, 그들은 매일 다양한 욕구와 기호와 희망과 포부를 가진 수백 명의 청소년을 만난다. 6년간 상아탑에 머물렀음에도 불구하고, 나는 《미국교육연구저널

American Education Research Journal》, 《교육심리학저널Journal of Educational Psychology》, 그리고 《미국교육저널American Journal of Education》에 실린 논문들이 마치 모래에 발자국을 남기는 것과 같은 정도밖에 학교 현장에 영향을 미치지 못한다는 것을 안다. 그만큼 나는 현실과 충분히 접촉했다.

600만 건의 다운로드를 달성했다고 해서 우리 연구가 "현장을 변화시켰다"고 말할 수는 없다. 미국 교육 시스템은 50개의 교육부서로 나뉘어 있고, 지역교육청의 통제와 바람의 방향에 따라 이리저리 흔들릴 정도로 절망적이다. 웹사이트에서 자료를 받은 교사 2,000명을 대상으로 한 설문조사 결과에 따르면 (우리가 만든 학습자료를 사용한) 학생들이 도전적인 텍스트를 더 잘 읽고 더 잘 해독할 수 있다. 하지만 이것은 자기 보고서다. 우리는 앨라배마주 터스컬루사나 알래스카 페어뱅크스로 날아가 교사들이 우리의 무료 학습자료들을 찾아서 국가가 정한 교과서 대신 사용했을 때 어떤 일이 일어나는지 조사할 인력도 자원도 가지고 있지 않다. 우리는 래리 큐번처럼 콧대 높은 회의론자들이 워싱턴 D.C.의 고등학교에서 우리 웹사이트에서 찾은 자료를 활용하여 난징 대학살에 대해 "뛰어난" 수업을 하는 교사를 발견했다는 것에 격려를 받는다.[55] 그러나 우리는 교육과정 자료가 훌륭한 가르침으로 이어진다고 착각하지 않는다. 우리가 제공하는 어떤 자료가 아니라, 궁극적으로 교사의 지식과 역량, 능숙함, 이해력 그리고 감수성이 교육적인 레퍼토리의 가장 중요한 질을 구성한다. 우리의 바람은 현실의 대안을 구하는 과정에서 교사들이 영리를 추구하는 교육 회사가 만든 겉만 번지르르한 자료보다 우리가 개발한 자료가 더 우수하다는 것을 알아주는 것이다.

마지막으로 우리의 연구는 교육 같은 분야의 학문이 어떻게 공익에 기여할 수 있는지를 보여주는 살아 있는 증거다. 인터넷은 교수들이 적은 비용으로 양질의 자료를 만들어 배포할 수 있도록 기회비용을 낮췄다. 그러나 그렇게 하기 전에 학문에서 우리의 우선순위를 진지하게 따져보아야 한다. 그것은 학술지와 현장 교육 사이의 차이를 확실히 알아야 한다는 것을 의미한다. 방법은 단 하나, 우리의 의지이다.

07

구글은 왜
우리를 구할 수 없는가?

디지털 원주민의 민낯

오늘날 젊은 세대는 컴퓨터 화면을 먼저 켜야만 완전한 문장을 쓸 수 있다. 이들은 디지털 네이티브Digital Native, 앱 제너레이션App Generation, 네티즌Netizen, N세대Net Gener, 호모 재피언Homo Zappian 등 다양한 이름으로 불린다. 전문가들은 이들을 다른 유형의 인간이라고 말한다. 일부 평론가들은 "디지털로 옮겨간 강사들이 완전히 새로운 언어를 사용하는 사람들을 가르치려고 고군분투하고 있다"라며 교육계에 위기가 임박했음을 예측하기도 한다.[1] 하버드대학 교수들은 교사들에게 "신 밀레니얼 학습양식"에 맞게 수업을 조정할 것을 촉구한다.[2]

실제로 학생 대부분이 인스타그램에 셀카를 올리고 친구에게 메시지를 보내면서 왓츠앱과 트위터를 이리저리 돌아다닐 수 있다. 그러나 디지털 기기를 원활하게 사용할 수 있다는 것이 곧 기기에서 산출되는 정보를 이해할 수 있다는 것을 의미하지는 않는다. 내가 카페라테 한 잔을 손에 들고 완벽하게 자동차 시동을 걸어 후진할 수 있다고 해서 연료 분사식 엔진을 설명할 수 있는 것이 아니듯 말이다. 사실 능숙함은 이해가 아닌 안주를 동반하는 경우가 많다. 언어를 보아라. 우리는 공식적인 교육을 받지 않고도 모국어를 구사할 수 있다. 그러나 모국어의 안전지대를 벗어나는 위험을 무릅쓰고 프랑스어나 에스파냐어와 씨름할 때까지 우리 중 누구도 미래완료형, 미래진행형, 미래완료진행형의 차이와 같은 언어의 구조에 대해 생각하는 능력을 자발적으로 개발하지 않는다. 다른 언어의 문법을 완벽히 익히려 할 때에서야 모국어의 문법에 대해 아는 것이 거의 없다는 사실을 깨닫는다.[3]

교사들은 때때로 학생들이 자판을 두드리고 화면을 클릭하는 것 너머에 디지털 세계의 방대한 지식 저장소가 있다고 생각한다.[4] 그러나 시험을 통해 그것은 사실이 아닌 것으로 드러났다. 노스웨스턴대학의 에스터 하르기타이Eszter Hargittai 교수와 동료들은 102명의 대학생이 인터넷에서 정보를 검색하는 과정을 연구했다. 학생들이 무엇을 믿어야 할지 결정하는 일은 간단했다. 그들은 구글에 책임을 떠넘겼다. 구글의 알고리즘이 어떻게 작동하는지 알지 못하는 학생들은 구글 검색 목록에 나온 웹사이트 순서를 신뢰도와 동일시했다. 상위에 위치할수록 더 신뢰할 만한 정보라 인식했다. 특정 링크를 왜 클릭했느냐는 질문에 많은 학생이 어깨를 으쓱하며 말했다. "모르겠어요.", "맨 처음 나온 것이라서요."[5] 학생 90퍼센트가 웹사이트의 작성자나 웹의 신뢰도에 대해 언급조차 하지 않았다. 컴퓨터 화면을 캡처한 스크린샷은 이런 과정을 시도한 나머지 10퍼센트 중에서 단 한 명도 "작성자의 신원이나 자격 검증을 실제로 완수한 사람이 없다"는 것을 보여주었다.[6]

다른 연구에서는 학부생들을 컴퓨터 앞에 앉혀 빛을 비추고, 정교한 소프트웨어를 사용하여 그들의 시선이 화면의 어디에 주목하는지 알아냈다. 이런 선진기법으로도 결과는 크게 달라지지 않았다. 코넬대학 학생을 대상으로 한 조사에서, 학생들은 구글 검색 결과에 웹사이트 주소와 함께 나타나는 해당 웹사이트의 간략한 정보를 무시했다. 대신 "과제와 관련성이 낮더라도" 상단에 배치된 웹사이트를 클릭했다. 이 연구의 제목인 "우리가 신뢰하는 구글에서In Google We Trust"라는 간결한 문구는 이 연구의 중요한 결과를 보여준다.[7]

6개 나라(핀란드·노르웨이·캐나다·오스트레일리아·스위스·미국)가 실시한 연구는 디지털 원주민의 기술적 기량이 실제보다 더 부풀려졌다는 것을 보여준다.[8] 경제협력개발기구OECD는 수십여 개 나라의 학업 성취도를 비교하여 기술에 대한 투자와 수학·독해의 국가점수 간 상호 연관성이 없다는 것을 밝혀냈다.[9] 안드레아스 슐라이허Andreas Schleicher 경제협력개발기구 교육국장이 말했듯이, "동아시아처럼 교육 시스템이 잘 운영되고 있는 지역을 살펴보면, 교실에서 기술을 사용하는 것에 내해 매우 신중하다. 태블릿과 컴퓨터를 자주 사용하는 학생들은 적당히 사용하는 학생들보다 성적이 낮은 경향이 있다."[10] 오스트레일리아 라트로브대학의 디지털 저널리즘 및 소셜미디어 연구자 크리스토퍼 스캔런Christopher Scanlon은 "디지털 원주민에 대한 글은 이미 만들어진 온라인 환경을 떠돌아다니거나 편하게 인터넷에서 콘텐츠를 내려받는 능력을 기술과 혼동한다. …… 학생들이 이미 만들어졌거나 설정된 온라인 환경의 안전한 영역을 벗어나면 …… 그들도 우리만큼이나 종종 혼란스워한다"라며 디지털 원주민의 기술적 기량에 대한 과장을 걷어냈다.[11]

정보의 옳고 그름 판단하기

어느 날 내 인생의 멘토인 리 슐만Lee Shulman 선생이 나에게 말했다. "샘, 역사적 사고는 아마도 더 큰 것, 즉 세상의 정보에 대한 보다 광범위하고, 포괄적인 사고방식의 하위 범주일지도 몰라." 슐만의 코멘트는 마침 상황에 딱 들어맞는 지적이었다.

그는 자신도 모르게 보고 있었던 것처럼, 우리 부부가 매일 커피를 홀짝거리며 각자 노트북을 들여다보면서 시간을 보내는 그런 일상적인 장면을 묘사했다. "믿을 수 있어요?!" 아내는 아침마다 무슨 의식을 치르듯 불쑥 이렇게 말했다. "공화당원들은 대법원을 폐지하길 원한대요!" 나도 늘 하던 대로 "그거 좀 수상한데"라고 답했다. 아내는 곧 다른 기사로 관심을 돌렸지만, 나는 클릭 몇 번으로 티 파티Tea Party* 국회의원의 무보수 직원들이 만들어낸 그 얼토당토않은 주장을 추적했다.

그나마 이런 기사에는 약간의 진실이 담겨 있다. 이 정도는 가짜 뉴스 사업가들의 탐욕 외에는 그 어떤 근거도 없는 페이스북과 트위터 피드에 떠도는 수많은 가짜 뉴스에 비하면 아무것도 아니다. 가짜 뉴스를 만들어내는 사람들은 "푸틴, 미국인 투자자 조지 소로스George Soros에게 국제 구속영장 발부", "힐러리 이메일 유출 관련 FBI 직원 자살, 숨진 채 발견" 같은 가짜 뉴스로 얻을 이익에 대해 뻔뻔스러울 정도로 솔직하다. 후자의 힐러리 이메일 관련 뉴스는 2016년 대통령 선거 몇 주 전, 제스틴 콜러Jestin Coler가 운영하는 가짜 뉴스 웹사이트인 '덴버 가디언Denver Guardian'을 클릭해보도록 사람들을 부추겼다.** 허위 정보 미디어라

* 2009년 오바마 정부가 경제 회생을 위해 7,800억 달러의 세금을 투입한 데 반대하며 설립된 보수 성향의 반정부 단체

** 이 기사는 페이스북에서만 50만 차례 이상 공유되었고, 1,600만 명 이상이 읽은 것으로 확인되었다. 2016년 미국 대선에 악영향을 끼친 가짜 뉴스 중 하나로 손꼽힌다.

는 적절한 이름을 가진 '디스인포미디어Disinformedia'의 창시자 콜러는 선동적인 이야기를 끊임없이 갈망하는 열혈 지지자들의 흥미를 불러일으키는 클릭바이트 사이트clickbait site•를 개발해 억대 수익을 올리고 있다고 한다.[12] 오늘날 약간의 창의성과 해이한 도덕성을 지닌 사람이라면 누구나 인터넷 밈meme•• 개발기획자를 겸하는 판타지 저널리스트가 될 수 있다. 애덤 니콜로프Adam Nicoloff가 자택 거실에서 운영하는 1인 기업 '미국을 위대하게 만들기Make America Great'가 2016년 7월 페이스북에 올린 글에 대한 '좋아요'와 '공유', '댓글'은 400만 회 이상이었다. 이는 미국에서 최고의 구독자를 보유한 신문《유에스에이 투데이USA Today》의 페이스북 페이지보다 더 많은 횟수였다.[13]

슘만의 조언은 우리가 소비하는 정보를 검증하지 않는 세상에 대해 깊이 생각하게 했다. 어느 날 대학 내 서점을 둘러보던 중《넷스마트Net Smart: How to Thrive Online》(2012)를 우연히 보게 되었다.[14] 이 책의 저자인 미래학자 하워드 라인골드Howard Rheingold는 크라우드소싱crowdsourcing••• 현상을 예견한《가상공동체The Virtual Community》(1993)와 누구보다 앞서 모바일 기술의 폭발적인 증가를 그린《참여 군중Smart Mobs》(2002) 등을 통해 우리가 나아가야 할 방향성을 보여주었다.《넷스마트》의 제2장 "가짜 뉴스를 감지하는 101가지 방법: 원하는 정보를 찾고 진위를 가려내는 법"이 내 눈길을 끌었다.

나는 스탠퍼드대학 커뮤니케이션학과의 조교수로 근무하는 라인골드를 만나기 위해 캠퍼스를 가로질렀다. 자신이 직접 만든 무지개색 운동화를 신고 스탠퍼드식이라 할 수 없는 하와이안

• 자극적이고 선동적인 제목으로 인터넷 사용자의 클릭을 유도하여 조회수를 높이는 기사나 광고를 가리킨다.

•• 인터넷상에 올리는 재미있는 사진이나 그림, 동영상 따위를 가리키는 말로 '짤방'이라고도 한다.

••• '대중(crowd)'과 '아웃소싱(outsourcing)'의 합성어로 문제 해결 과정에 대중을 참여시키는 것을 의미하며, 가장 대표적인 사례로 위키피디아를 들 수 있다.

티셔츠를 입은 그는 나에게 산책을 권했다. 이런저런 대화 중에 라인골드는 나에게 웹상에서 의심을 받지 않으면서 사람들을 속일 수 있는 극악한 방법을 얘기해주었다. 그는 마이크로소프트Microsoft Corporation의 37쪽짜리 안내서 〈웹 조사 기술을 통한 비판적 사고 개발Developing Critical Thinking Through Web Research Skills〉에서부터 그가 직접 제작한 24분짜리 유튜브 영상 '가짜 뉴스를 탐지하는 능력crap detection literacy'에 이르기까지 많은 사례를 술술 늘어놓았다.[15] 그는 지식 그 자체였다. 하지만 이야기를 하면 할수록 나는 더 불안해졌다. "우리는 웹상에서 사람들이 어떻게 덫에 걸리는지에 대해 잘 아는 것 같아요. 하지만 사람들이 그걸 피하려면 무엇을 해야 하죠? 사람들이 정보의 옳고 그름을 어떻게 판단하는지에 대한 연구 자료가 있나요?" 내가 물었다. 라인골드는 바로 대답했다. "그것에 대해서라면 댄 러셀Dan Russell에게 물어봐야 할 것 같네요."

댄 러셀은 구글의 '조사 인류학자search anthropologist'다. 컴퓨터공학박사인 러셀은 애플, IBM, 제록스 팰로앨토 연구소Xerox PARC 등에서 근무하다 구글로 옮겨온 후 수석 연구원으로 일하며 "검색의 질과 사용자 행복"을 연구하고 있다. 그는 유명 블로거이기도 하다. 그의 블로그 '서치리서치SearchReSearch'[16]에는 인간 요인 연구와 컴퓨터 과학, 인류학, 인지심리학, 일반 상식에 관한 방대한 지식에서 나온 진정한 DIY 칼럼이 실려 있다.

팰로앨토의 한 커피숍에서 만난 댄은 가장 기본적인 검색 동작조차 모르는 불운한 구글러들의 이야기를 꺼내며 나를 응대했다. "지적인 사람들은 몇 시간 동안 컴퓨터 모니터 앞에 앉아 있지만 검색할 때 도메인(인터넷 웹사이트 주소)을 제한하는 방법은 몰라요." (인터넷 검색창에 "site:edu education"을 입력하면 도메인에 'edu'가 들어간 웹사이트에서만 'education'이 검색된다.) "모두 알 거라 생각했던 것조차 사람들이 모르고 있다는 것을 알면 당신은 충격받을 거예요."

그러나 나는 그렇지 않았다. 댄을 만났을 때, 나는 이미 일반인들이 디지털 자료를 어떻게 평가하는지에 대한 많은 연구 결과를 검토했다. 그 결과 돌이킬 수 없는 결론에 도달했다. 우리 대부분은 컴퓨터 화면이 보여주는 판단을 그대로 흡수한다. 나는 댄에게 라인골드를 당황스럽게 했던 질문을 던졌다. "우리는 사람들이 어떻게 걸려드는지 알고 있어요. 하지만 사람들이 인터넷에서 정보를 적절하게 판단하고 있는지는 어떻게 알죠?"

이 질문에 댄은 이야기 하나를 들려주었다. 그는 런던에서 열린 한 회의에 참석했는데, 그때 그와 다른 전문가들은 수상한 금융 거래에 관한 자료를 가지고 있었다. 이들은 인터넷 검색을 통해 이 거래가 돈세탁 행위인지, 아니면 단지 부적절한 낌새가 보이는 합법적 거래인지를 가려냈다. 나는 넋을 놓고 듣고 있다가 "그 일에 대한 것을 어디서 읽을 수 있을까요?"라고 물었다. 댄은 "기록이 있는지 잘 모르겠어요"라고 대답했다. "그렇다면 우리가 옳은 것을 검색하고 있는지 판단하는 것에 대해 누가 연구하고 있나요?" 내가 다시 묻자, 댄은 마시던 커피를 내려놓고 내 눈을 쳐다보며 말했다. "샘, 나는 당신이 그 일을 해야 할 것 같아요."

검색하고, 저장하고, 게시하고, 보고, 링크하고, 전달하는 등 우리가 생각할 수 있는 인터넷상의 모든 활동을 통제하는 구글이 어떻게 정보 조사에 능숙한 사람들의 검색 습관을 추적하지 못했을까? 그리고 그것을 알아내는 것이 어떻게 이 분야의 이방인에 불과한 나에게 달려 있다는 말인가? 누군가는 이처럼 중요한 주제를 연구해야만 했다.

사무실로 돌아온 나는 박사과정생이자 내 프로젝트의 연구 보조원인 세라 맥그루Sarah McGrew에게 이 이야기를 들려주었다. 우리는 통신, 컴퓨터 매개 수업, 인지심리학, 그리고 단서가 될 만한 인적 요인에 관한 방대한 문헌들을 샅샅이 뒤지며 관련 연구를 위한 보물찾기에 착수했다. 그러다 우리는 전문가들이 디지털 정보의 신뢰도를 평가하는 방법을 설명하는 네덜란드 연구진의 논문을 발견했다. 우리가 읽은 첫 번째 논문은 '전문가와 초보자의 정보 문제 해결'이라는 믿음직스러운 제목을 가지고 있었다.[17] 그러나 '전문가'라는 왕관을 쓴 사람들이 그저 교육공학 대학원생들이라는 것을 안 순간 우리의 흥분은 가라앉았다. 네덜란드 연구진은 조사 대상을 컴퓨터 앞에 앉혀놓고 어떤 음식이 부패하기 쉬운가에 대한 다양한 견해를 평가하게 했다. 그리고 연구 결과를 예비교육, 관찰, 조정, 시험의 4개의 넓은 범주로 나누고 이를 다시 5개의 하위 범주와 18개의 최하위 범주로 세분화하여 정교한 차트로 보여주었다. 차트의 가장 아래에는 "자료의 출처에 대한 신뢰성, 정보의 타당성과 질을 판단하시오"라는 수수께끼 같은 말이 쓰여 있는 작은 글상자가 있었다. 그러나 이것을 어떻게 할 수 있는지에 대한 단서는 제시되어 있지 않았다.

세라와 나는 끈질기게 조사를 계속했다. 자포자기의 심정으로 나는 샌타바버라 캘리포니아대학 커뮤니케이션학과 미리엄 메츠거Miriam Metzger 교수에게 이메일을 보냈다. 그는 검색 과정에서 무엇이 잘못되었는지, 사람들을 잘못된 길로 이끄는 가정의 종류에 대해 획기적인 연구 성과를 냈다. 2007년 수행한 연구에서 그와 공동연구자인 앤드루 플래니진Andrew Flanagin은, 검색을 할 때 디지털 정보를 검증한다고 주장하는 사람들이 "실제로 다른 사람들보다 훨씬 검증 작업을 덜 한다"는 것을 보여주었다.[18]

나는 메츠거 교수에게 "이른바 '전문' 검색자라는 사람들의 온라인 검색과 신뢰성 판단에 관한 연구 사례가 있을까요?"라고 물었다. 2014년 10월 28일, 그는 감사하게도 세라와 내가 연구한 몇 개의 논문을 인용하며 답장을 보내왔다. 친절함이었는지 비꼬는 가벼운 농담이었는지, 메츠거는 1차 사료의 신뢰도를 평가하는 1991년도 역사가들의 논문들을 다시 찾아볼 것을 권했다. 내가 바로 그 옛 논문을 쓴 연구자였다.

역사가들도 가려내지 못한 가짜 정보

제왕나비를 잡으려면 그에 걸맞은 포충망이 필요하다. 적어도 60센티미터 깊이의 투명한 그물망과 연약한 곤충을 상처 입히지 않고 잡을 수 있는 넓은 테를 가진 것 말이다. 우리도 연구를 시작하기 전 사전 준비를 했다. 사람들이 인터넷상의 정보를 어떻게 평가하는지를 알려면 사람들을 실시간 인터넷 연결이 원활한 컴퓨터 앞에 앉혀놓아야 한다. 우리는 추측에는 관심이 없었다. 우리는 실제 그들이 무엇을 하는지를 알고 싶었다. 그래서 설문조사와 질문지, 면접 같은 컴퓨터 화면을 마주하지 않는 조사 기법은 제외했다.

그리고 웹사이트 목록을 만들었다. 그중 일부 웹사이트는 자신들의 진짜 목적을 숨겼고, 어떤 것들은 자신들이 학문적 연구만을 수행하며 특정 당파에 속하지 않는다고 주장했으며, 또 다른 웹사이트들은 자신의 성향을 숨기려 하지 않았다. 이어서 컴퓨터 화면을 기록할 수 있는 몇 가지 방법들을 연구하고(생각보다 쉽다. '퀵타임' 프로그램을 열어 녹화 버튼을 누르고 저장만 하면 된다) 스탠퍼드 대학원생과 교수들에게 이를 시험해보았다. 일단 장비는 문제가 없었다. 그러나 여전히 해결하지 못한 문제가 있었다. '누가 전문가로서 자격이 있는가?' 우리가 떠올린 첫 번째 그룹은 역사가들이었다. 그들은 생계를 위해 수많은 자료를 탐색한다. 그래서 우리는 역사가들이 더 정확하게 디지털 콘텐츠를 평가하리라 확신했다.

우리는 대학에서 강의하는 평균 연령 47세의 역사가 10명을 선발했다. 모두 노련한 인터넷 사용자였다. 우리는 그들에게 한 시간 정도 소요되는 과제를 부여했다. 목표는 그들이 만나게 될 디지털 정보의 신뢰도를 평가하는 것이었다. 몇 번의 사전 연습 후에 역사가들은 우리가 보여준 것들을 자유롭게 클릭하거나, 우리가 선정한 웹사이트를 돌아보거나, 아예 다른 웹사이트를 서핑하기도 했다. 우리는 가능한 한 자연스러운 검색 과정을 만들려고 노력했다. 그래서 특별히 "평상시 연구실이나 집에서 검색하던 대로 해주세요"라고 주문했다.

첫 번째 주요 과제는 미국소아과의사협회American College of Pediatricians와 미국소아과학회American Academy of Pediatrics에 게재된 집단 따돌림에 관한 기사를 비교·대조하는 것이었다. 비슷한 명칭에도 불구하고 이들은 서로 다른 성격의 단체였다. 1932년 설립된 미국소아과학회는 세계 최대 규모의 소아과 전문의 조직으로 직원이 450명, 회원 수가 6만 4,000명에 이른다. 이 학회는 이 분야의 대표 학술지인 《소아과Pediatrics》를 발간하고, 유아돌연사증후군SIDS부터 청소년기의 자전거 헬멧 착용의 중요성에 이르기까지 소아 건강에 대한 지속적인 교육을 제공하고 있다. 반면 미국소아과의사협회American College of Pediatricians, ACPeds는 2002년 동성애 부부의 입양 문제에 반대하며 미국소아과학회에서 독립한 분파다. 협회 회원은 200~500명으로 추정되며, 정규직 직원이 한 명 있고, 회지 발간이나 교육 사업은 하지 않는다.[19] 이 협회는 동성애에 맹렬히 반대하고, 성소수자에 대한 "전환치료"(성적 지향을 이성애자로 바꾸려는 정신과적 치료로, 현재 캘리포니아·오리건·뉴저지·버몬트·콜롬비아에서 위헌판결을 받았다)를 옹호하며, 심지어 소아성애가 본질적으로 성소수자들이 지향하는 노선에 포함되므로 소아성애자pedophile의 앞 글자인 'P'를 성소수자를 일컫는 'LGBT'에 추가해야 한다는 내용의 선동적인 게시 글로 인해 극도의 비난을 받고 있다.[20]

역사가들에게 10분의 시간을 주고 이 두 단체에서 발표한 집단 따돌림 대한 기사를 검토하고 기사의 신뢰도를 판단하게 했다. 미국소아과의사협회의 웹사이트는 "학교폭력: 절대 용납될 수 없다"라는 제목의 기사를, 미국소아과학회는 "낙인: 배척과 괴롭힘의 근원"이라는 기사를 제공했다.[21] 두 기사는 상반된 입장을 취하고 있다. 청소년들 사이에서 성소수자 학생이 집단 따돌림의 위험에 가장 많이 노출되어 있다(전국 조사 결과에 따르면, 성소수자 학생의 40퍼센트가 "학교에서 그들의 성적 지향 때문에 신체적으로 괴롭힘을 당했다").[22] 그러나 미국소아과의사협회는 특정 학생들만이 "학교폭력"이라는 위험에 처해 있다고 생각하는 데 반대한다. 왜냐하면 그것이 만성적이고 자기 제한적인 상태에 있는 학생들을 의도적으로 둔감하게 만들 수 있고 이는 종교, 민족, 지위, 인종, 심지어 운동 능력까지 괴롭힘의 원인이 된다고 생각하는 사람들이 이를 해결하기 위한 프로그램 개설을 추진하는 근거가 될 수 있기 때문이다.[23] 이와 정반대로 미국소아과학회는 기사의 첫 문장에서 청소년들을 괴롭힘의 위험으로 빠뜨리는 요인으로 성적 지향성, 몸무게, 인종을 들었다. 이 기사를 쓴 사람들은 논문 〈이성애자가 아닌 아동과 청소년에 대한 차별과 낙인〉을 포함해 여섯 편의 논문을 발표한 심포지엄 내용을 설명하고 있다.

우리는 결과에 매우 놀랐다. 역사가 중 한 명은 자신 있게 반동적인 미국소아과의사협회를 더 믿을 만하다고 여겼고, 이 웹사이트의 소개글을 정독하는 데 시간을 낭비했다. 다른 네 명은 어느 웹사이트가 더 믿을 만한지 모호하게 대답하며 결론을 내지 못했다. 역사가들이 막다른 골목을 맞닥뜨리거나 단순한 디지털 잡초 속에서 길을 잃는 것을 지켜보면서, 우리가 처음 던진 "전문가들은 디지털 정보를 어떻게 평가하는가?"라는 질문 자체를 바꿔야 한다는 점이 분명해졌다. 그렇다면 저명한 학위와 왕성한 집필 활동으로 존경받는 명석한 이들이 인터넷 환경에서 두각을 나타내지 못한 것은 무엇 때문일까?

인터뷰에 참여한 역사가들은 보통 몇 초 안에 웹사이트를 평가했다. 웹사이트의 겉모습이나 공식 명칭으로 성급하게 판단을 내렸다. 한 역사학자는 미국소아과의사협회가 제공하는 정보가 "특별히 편향된 단체에서 나온 것은 아니다"라고 추측했다. 다른 역사가는 집단 따돌림에 대한 논문은 의사들이 인정했고 근거 없이 주장만 하는 미국소아과학회의 논문보다 더 신뢰할 만하다고 보았다. 어떤 역사가는 미국소아과학회를 선택했는데, 단체의 위상이나 역사 때문이 아니라 본인 취향에 맞는 웹페이지의 서체 때문이었다(그는 이 두 웹사이트를 벗어나 각 기관의 배경을 살피려는 시도조차 하지 않았다). 일반적으로 할 수 있는 모든 것을 해야 한다는 역사가의 의무에도 불구하고, 10명 중 7명은 더 많은 정보를 찾기 위해 다른 웹사이트를 검색하지도 않았다.[24]

인지심리학자들은 이전의 학습 경험이 추후 학습에 도리어 방해가 되는 현상을 설명하기 위해 '부적 전이'라는 용어를 사용한다. 이 역사가들의 행동도 '부적 전이'로 설명할 수 있다. 그들은 디지털 콘텐츠를 마치 인쇄물처럼 취급했다. 이런 경향은 미국소아과의사협회 기사에 있는 참고문헌을 자세히 살핀 역사가들에게서 특히 두드러졌다. "이 참고문헌은 모두 전문 학술지다. 이것을 보면 이 웹사이트의 정보가 믿을 만하다는 생각이 든다"라고 한 역사가는 말했다. 참고문헌을 샅샅이 조사한 다른 역사가도 "이 기사는 완벽하게 정확하고 유익하고 좋은 정보를 제공한다"라며 동의했다.

참고문헌이 미국소아과의사협회 웹사이트에 대한 역사가들의 신뢰도를 높였지만, 사실 전문 학술지에 실린 글의 참고문헌과 잘 알려지지 않은 단체의 웹페이지에 게재된 글의 참고문헌은 큰 차이가 있다. 학술서적의 출판은 출판 전에 그 저작물을 검증하는 학술 문헌에 정통한 동료 학자의 검토, 저자의 평판과 그에 걸맞지 않은 인용에 대한 비판, 엄격함과 객관성 유지라는 학술지의 책무, 내용의 정확성을 높이기 위해 출판을 연기할 수 있는 학문의 자기 교정적 성질 등 여러 겹의 안전장치에 의해 검열을 거친다.

이러한 안전장치들은 낯선 웹사이트에는 적용되지 않는다. 실제 미국소아과의사협회는 참고한 논문의 연구 결과를 잘못 기재하여 과학계의 비난을 받았고, 논문을 쓴 연구자들은 공개적으로 미국소아과의사협회와 관계를 끊었다. 2012년, 미국국립보건원 이사인 의학박사 프랜시스 S. 콜린스Francis S. Collins는 미국소아과의사협회를 비난하는 통렬한 항의문을 썼다.

> 특정 이익단체가 동성애에 반대하기 위해 나의 과학적 연구 결과를 왜곡하는 것을 지켜보는 일은 몹시 불편하다. 미국소아과의사협회는 불필요한 고통을 유발하고 편견을 조장할 수 있는 이념을 지지하기 위해 내가 2006년에 쓴 책에서 맥락에 상관없이 단어만 추출해 사용했다. 그들이 제시하는 정보는 오해의 소지가 있고 부정확하다. 특히 학생과 학부모 들에게 혼란을 줄

수 있는 방식으로 배포하는 것은 문제가 된다.[25]

우리가 인터뷰한 역사가들은 예민한 지성과 뛰어난 읽기 능력으로 판단을 내리는 전문 독자들이었다. 그러나 웹상의 정보를 읽어내는 데에는 전통적 개념의 지성으로는 충분하지 않다. 인터넷은 매우 정교해져서 디지털 콘텐츠의 독특한 문제들을 감안하지 않고 인쇄물을 읽는 방식에만 의존하는 것은 토끼굴로 떨어져내리는 경험을 하게 될 수도 있다. 몇몇 인터뷰에서는 번뜩이는 의견도 있었지만, 집단으로서 역사가들은 전문 지식과 기술을 가진 전문가라기보다 우리와 비슷한 평범한 사람들인 것 같았다.[26]

팩트체커의 '수평적 읽기'

세라와 나는 좌절했다. 전문가들은 디지털 정보를 잘 판단할 수 있으리라는 우리의 가설은 원점으로 돌아갔다. 인터넷이 전문 연구자들조차 혼란스럽게 한다면, 이제 어디로 방향을 잡아야 할까? 그러던 중 한 가지 생각이 번뜩 떠올랐다. 모르는 정보의 신뢰도를 정확하고 빠르게 평가하는 직업을 가진 사람들이라면 어떨까? 전문적인 팩트체커fact-checker들은 우리가 쉽게 믿어버리는 이야기의 진실을 확인하기 위해 인터넷을 활용한다. 게다가 실수를 하면 직업을 잃을 수도 있다. 새로운 인터뷰 대상으로 그들은 매우 적절했다. 그러나 그들, 특히 미국에서 인정받는 출판계에서 일하는 사람들은 너무 바쁘다. 그런 사람들이 기꺼이 시간을 내어 우리를 만나고 스탠퍼드대학 연구위원회가 요구하는 양식에 서명을 하고서 자신들이 컴퓨터 화면에서 한 일을 관찰하도록 허락할 것인가? 놀랍게도 우리가 연락했던 팩트체커 모두 제안에 찬성했다.

첫 팩트체커의 인터뷰를 시작한 지 2분 만에, 그들이 디지털 콘텐츠에 접근하는 방식이 역사가들의 방식과 다르다는 점을 분명히 알 수 있었다. 연구자 대부분은 마치 인쇄된 문서를 읽듯 화면을 '수직'으로 읽는다. 반면, 팩트체커들은 화면을 '수평'으로 읽는다. 낯선 웹사이트를 만나면 바로 다른 창을 열어 관련 내용을 검색한다. 이처럼 여러 웹사이트를 수평적으로 읽으면 그들이 처음 보았던 웹사이트 내용에서 오류를 찾을 수 있게 된다.

'수평적 읽기'는 경험이 많은 등산객들에게 익숙한 개념인 '방향 잡기'에 해당한다.[27] 빽빽한 숲을 여행하는 등산객들은 짙은 안개가 내려앉으면 쉽게 길을 잃어버릴 수 있다는 것을 안다. 그래서 등산객들은 나침반을 목적지인 산봉우리를 향하게 하고 실제 북쪽과의 각도를 측정한다. 그러면 시야가 좁아져도 북쪽에서 그 각도만큼의 방향으로 계속 걸어가면 된다. 이렇게 방향을 잡았다고 해서 반드시 목적지에 도달할 수 있는 것은 아니다. 나침반은 몰라도 인간은 실수를 할 수 있기 때문이다. 하지만 방향 잡기는 등산객들에게 방향 감각을 일깨우고, 무엇을 찾아야 하고 무엇을 무시해야 할지 알려준다.

27세의 팩트체커 노리스Norris는 방향 잡기의 대표적인 사례를 보여주었다. 그는 역사가들이 읽은 것과 동일한 미국소아과의사협회의 집단 따돌림에 관한 기사를 빠르게 훑어보았다. 몇 초 안에 그는 협회 웹사이트에서 나가 위키피디아를 찾아 들어갔다. 그는 위키피디아의 정보를 "기초적"이고 "분명 결함이 있는" 것으로 인식했지만, 그곳에 링크되어 있는 《보스턴 글로브Boston Globe》와 《시티페이지City Pages》 기사를 통해 미국소아과의사협회가 "미국소아과학회의 동성애 부부 입양 지지에 반대해

2002년에 설립되었다"는 정보를 모았다.[28]

다시 협회의 기사로 돌아온 노리스는 두 번째 문장 "학교는 모든 학생의 자기표현이 존중받는 환경을 조성해야 하며, 어떤 집단도 특별 대우를 받아서는 안 된다"에 주목했는데, 이 문장을 코드화된 언어로 해석했다. "좋아요. 당신도 알다시피 '어떤 집단도 안 된다'라는 말은 종종 유색인종이나 동성애자, 별난 아이들에 대한 코드로 사용되죠." 노리스가 이런 판단을 내리는 데는 2분도 채 걸리지 않았고, 기사의 나머지 내용과 일치할 뿐 아니라 미국소아과의사협회 웹사이트의 노골적인 반성소수자 입장과도 부합했다. 우리가 인터뷰한 팩트체커 10명 모두 빠르게 두 단체 중 주류인 미국소아과학회가 더 신뢰할 만한 자료를 제공한다고 결론 내렸다. 잠깐의 주저도 없이!

방향 잡기에는 다양한 형태가 있다. 두 번째 팩트체커 역시 위키피디아에서 관련 내용을 검색했지만, 주요 내용을 힐끗 보고는 곧 참고문헌 쪽으로 스크롤을 내렸다. "나는 위키피디아 내용을 전혀 믿지 않습니다. 그래서 항상 위키피디아가 무엇을 참고하고 인용했는지 아래쪽을 살펴보지요." (나머지 다른 이들은 위키피디아의 주요 내용은 아예 건너뛰고 바로 참고문헌을 확인했다.) 다른 팩트체커는 미국소아과의사협회의 "소개" 페이지에서 이 단체의 회장 이름을 찾아냈다. 구글에서 회장의 이름을 검색해 "반동성애 치료사 크레텔라 박사는 치료사인가, 아닌가?" 같은 단편적인 정보를 꼼꼼히 살폈다. 그러고 나서 "이 협회 회장은 확실히 많은 논쟁을 일으키는 활동가"라는 결론을 도출했다.[29] 그는 구글 뉴스에서도 이름을 검색했는데, "이 이름은 보수 매체인 《브레이트바트Breitbart》 웹사이트의 참고문헌에서 눈에 많이 띈다. 폭넓게 인용되는 견해를 가졌을 것으로 예상되는 사람은 아닌 것 같다"라고 했다. 또 다른 팩트체커도 (역사학자들은 하지 않은) 구글 뉴스를 검색해 미국소아과학회를 "아이들을 치료하는 약 6만 4,000명의 의사를 대표하는 단체"라고 묘사한 《워싱턴 포스트》의 기사 링크를 클릭했다. 그 기사는 팩트체커가 주류 그룹과 분리되어 나온 그룹을 식별하는 데 도움이 되었다.[30]

팩트체커들의 수평적 읽기는 역사가들이 사용한 방법보다 더 효율적일 뿐 아니라 더 정확했다. 이 방법으로 많은 검색자를 잘못된 판단으로 이끄는 엄청난 양의 정보를 무시할 수 있었다. 여러 개의 창을 열고 내용을 훑어봄으로써 팩트체커들은 그들이 다루고 있는 것을 더 잘 알 수 있었다. 그들의 조사는 더 간결하고 정확했다.[31] 독일 막스플랑크 연구소Max Planck Institutes에서 의사결정을 연구하는 심리학자들은 "불확실성에 직면했을 때, 때때로 (사람들은) 더 나은 결정을 내리기 위해 정보를 무시할 필요가 있다"고 지적했다.[32] 확실히 역사가들에 비해 팩트체커들은 아주 짧은 시간에 덜 읽고도 더 많은 것을 확인했다.

우리는 이어서 미국에서 경쟁력 있는 대학으로 인정받는 스탠퍼드 대학의 가장 인기 있는 전공인 컴퓨터공학과에 입학한 재능 있는 25명의 학부생에게도 같은 과제를 부여했다. 그 결과 절반 이상의 학생이 미국소아과의사협회가 6만 4,000명의 회원을 보유한 미국소아과학회보다 더 신뢰할 수 있는 정보를 제공한다고 결론을 내렸다. 이 두 웹사이트에 10분 동안 접속한 25명 중 23명이 두 단체의 엄청난 차이를 알아채지 못했다. 실제로 많은 학생이 두 단체를 동등하게 보는 경향이 있었는데, 한 학생은 다음과 같이 말했다. "두 단체는 저에게 똑같이 신뢰할 수 있는 것처럼 보였어요. 둘 다 종일 이런 일을 다루는 학술 단체예요."

디지털 정보 시대에 살아남기

앤드루 로더햄Andrew Rotherham과 대니얼 윌링햄Daniel Willingham에 따르면, "21세기형 기술" 성취에 대한 압박 때문에 교육자들이 기존에 수립된 목표를 추구하지 못하고 방향을 돌리고 있다. 두 연구자는 "21세기 학생들에게 필요한 기술은 새로운 것이 아니다"라고 단언하면서 비판적 사고 활동은 적어도 소크라테스가 아고라에 모인 시민들에게 질문을 던진 이래 계속 존재해왔다고 주장했다.[33] 그러나 역사가들과 재능 있는 스탠퍼드 대학생들을 대상으로 한 실험에서 보았듯이 정보를 평가하는 전통적인 방식이 구불구불한 디지털 지형을 탐사하는 데 충분하지 않을 수도 있다. 비판적 사고와 읽기는 여전히 필수적인 것이지만, 그것만으로 충분하지 않음을 보여주는 것이다.

디지털 시대에 점점 더 중요해지고 있는 다음의 질문을 생각해보라. 화면에 나타나는 정보 뒤에 누가 있는가? 우리는 역사가들과 스탠퍼드 학생들에게 2011년의 점령운동Occupy Movement과 표면적으로 연동된 웹사이트인 occupytheory.org를 보여주었다. 그리고 각각의 그룹에게 누가 이 웹사이트를 운영하는지 파악해보라고 했다. 두 그룹 모두 "점령운동과 관련된 온라인 잡지"를 표명하고 있는 웹사이트의 '소개' 페이지를 먼저 살폈다. 그런 다음 구글에서 "occupytheory"을 검색하다《타이덜 매거진Tidal Magazine》의 웹사이트를 우연히 찾아냈으나, occupytheory.org와 관련된 것은 아무것도 찾지 못했다. 이에 좌절하다가 누군가 검색창에 "occupytheory.org"를 입력하고 "소유자"라는 단어를 덧붙였다. 그러나 검색 결과는 부메랑처럼 그들이 시작했던 곳으로 다시 돌아가게 했다. 그들은 우왕좌왕 헤매며 5분을 보냈지만, 자신들의 노력을 보여줄 것이

아무것도 없었다.[34]

이들 중에는 웹사이트 소유권 등록을 검색할 수 있는 데이터베이스 WHOIS후이즈에 URL을 입력한 팩트체커처럼 영리한 사람은 없었다. 무료 서비스인 WHOIS는 웹사이트 등록자의 이름 및 주소와 함께 첨부된 이메일과 전화번호를 제공한다. 팩트체커는 WHOIS의 검색 결과를 토대로 등록자인 브랜던 게일Brandon Gaile을 구글에서 검색했다. 게일의 소셜미디어 프로필을 클릭해 그가 "블로그로 수백만 달러를 버는 방법"을 알려주는 "블로그 백만장자 과정Blog Millionaire Course"을 운영하고 있다는 것을 알아냈다.[35] Occupytheory.org는 "블로그 백만장자 과정"의 이윤을 창출해내는 많은 클릭바이트 사이트 중 하나였다.

역사가들과 스탠포드 학생들에게 시간이 더 주어졌더라면, 더 나은 결론을 냈을지도 모른다. 그러나 그렇게 했다면 우리의 인터뷰는 현실과 동떨어진 6시간짜리 시련이 되었을 것이다. 무엇을 찾느냐에 따라 인터넷 검색시간은 달라진다. 그러나 많은 연구가 보여주듯이, 일반적인 검색에 필요한 정확한 시간은 "매우 길지 않은" 정도로 조금씩 상이하다.[36] 이상하지 않은가?

디지털 정보는 사방에서 우리를 엄습한다. 우리는 수많은 탄원서에 서명하고 끝임없이 대의에 기여해야 한다. 이슈가 매일 증가하는데 어떻게 시민의 책임을 다할 것인가? 2016년 미국 대선 당시 캘리포니아 유권자들이 직면했던 힘겨운 도전을 생각해보자. 그들은 17개의 법안을 꼼꼼히 살펴야 했다.

담뱃세 인상, 비닐봉지 금지, 총기 제한, 대마초 합법화, 포르노 배우의 콘돔 착용 의무화, 새 학교 건립 및 노후 학교 재설립 승인, 사형제 폐지 혹은 더 쉽게 형벌을 부과하게 만드는 법안 등등. 만약 보통의 유권자들이 각 법안 검토에 10분을 소요한다면(이 자체로 지나친 요구이다) 우리는 이것을 책임감 있는 시민권 행사라고 생각할 것이다. 문제는 이 10분을 어떻게 중요하게 만들 것이냐이다.

이것은 모든 책으로부터 해방되자고 호소하는 것도 아니고 모든 읽기를 속도전으로 바꾸자는 것도 아니다. 주의 깊은 분석적인 읽기, 즉 패턴, 세부 사항 및 뉘앙스에 대한 신중한 검토는 모든 세심한 교육과정에 필수적이다. 나는 역사가들이 얼마나 세세한 부분까지 주목해 꼼꼼하게 텍스트를 해독하는지, 그렇게 함으로써 덜 숙달된 독자들이 놓치는 의미가 무엇인지 연구하는 데 수십 년을 바쳤다. 그러나 우리의 목표가 속도를 내는 것이라면, 출처를 신뢰할 수 있을지 모르는 상황에서 웹사이트의 내용을 체계적으로 분석하는 데 귀중한 시간을 보내는 것은 엄청난 시간 낭비임이 분명하다. 디지털 세계는 아직 우리가 숙달하지 못한 새로운 독해·사고방식을 요구한다.

엄청난 기술의 변화 뒤에는 혼란이 종종 뒤따른다. 인쇄기의 출현은 지식을 크게 확산시켰고, 문해력의 확산을 적극적으로 막아왔던 필경사, 수도사, 귀족 들에게 큰 타격을 주었다. 구텐베르크의 금속활자 덕분에 다량 인쇄가 가능해지자 많은 책이 출판되었는데, 이는 책이 오랫동안 지식에 기여했기 때문이 아니라, 새로운 기술의 발명으로 대중에게 출판의 문이 열리면서 질적인 면에서 큰 변화를 가져왔기 때문에 일어난 일이었다. 엘리트들은 이런 팽창이 지적 삶의 파멸을 의미한다고 고뇌했다. 마르틴 루터Martin Luther는 "이 많은 책은 큰 악이다. 이러한 글쓰기의 과열은 한계의 척도가 없다"라며 분노했다.[37] 시간이 지남에 따라, 사회는 인쇄물의 범람으로 인한 혼란을 다루기 위한 메커니즘을 발전시켰다. 커뮤니케이션을 연구하는 클레이 셔키Clay Shirky는 "소설, 신문, 학술

저널, 픽션과 논픽션의 분리, 이 모든 혁신은 필경筆耕 시스템이 붕괴되는 과정에서 만들어졌으며, 지적 범위와 사회의 지식 생산이 감소하기는커녕 오히려 증가하는 효과를 낳았다"라고 지적했다.[38]

오늘날 이와 비슷한 순간에 있는 우리를 발견한다. 우리의 기술적 창조물들이 그들의 창조자에 대항해 들고일어났다. 과잉이 혼란을 불러온 것이다. 거실에서 일하는 겉만 번지르르한 사업가들은 유명 언론사보다 더 많은 관심을 끄는 콘텐츠를 업로드한다. 가짜 뉴스는 검증된 뉴스보다 온라인에서 더 빠르게 퍼져나간다.[39] 저널리즘과 신문사의 전통적인 수익원은 더 이상 우위에 서지 못한다. 구글은 광고 수입으로 미국 전체 신문사보다 더 높은 이윤을 창출한다.[40] 심지어 주류 출판물과 TV 방송들도 트위터, 유튜브, 그리고 블로그를 모방하려 한다. 요즘 시대 학생들에게 종이 신문을 드는 것은 다이얼식 전화기에 집게손가락을 넣어 돌리는 것만큼이나 낯설다. 세상 돌아가는 것을 알고 싶어 하는 밀레니얼 세대가 찾는 곳은 전통적인 뉴스가 아닌 소셜미디어다.[41]

아마도 이것이 2016년 대선 이후 페이스북 설립자인 마크 저커버그Mark Zuckerberg가 비난의 대상이 된 이유일 것이다. 그는 처음에 페이스북이 조작된 콘텐츠가 바이러스처럼 확산되는 도구로 쓰일 가능성을 낮게 평가하면서 그러한 의심을 "말도 안 되는 생각"이라고 일축했다.[42] 하지만 직원들의 압박에 저커버그는 완전히 입장을 바꾸어 스노프닷컴(snopes.com)을 포함한 다른 팩트체크 웹사이트와 제휴를 맺어 의심스러운 콘텐츠를 사용하는 사람들에게 이를 경고하는 방안을 마련했다.[43] 그러나 소셜미디어가 "새롭게 개선된" 제도를 공개하는 즉시, 영리한 웹 기획자들이 그것을 피할 방안을 찾을 것이라 장담한다. 지니는 마법의 램프 밖으로 나왔고, 마크 저커버그도 그를 다시 집어넣을 수 없다.

우리는 뉴욕공립도서관과 영국국립도서관의 소장자료를 합친 것보다 더 많은 정보에 접근할 수 있는 장치를 바지 뒷주머니에 넣고 다닌다. 이런 정보의 과잉이 우리를 더 똑똑하고 더 잘 알게 할 것인지 아니면 더 교양 없고 어리석게 만들지는 교육자로서의 우리의 대처에 달려 있다.

지금 우리의 성적표는 엄청난 "F"를 자랑한다. 우리가 학생들의 손에 쥐여주는 많은 자료는 인터넷을 연결하기 위해 다이얼식 모뎀을 사용하던 때의 그 수준에 머물러 있다. 가장 많이 유통되는 가이드 중 하나인 "웹 평가를 위한 다섯 가지 기준"은 1998년에 출판된 웹 중석기 시대의 기사를 바탕으로 한다.[44] 알래스카의 페어뱅크스대학부터 일리노이주립대학 그리고 그 사이 모든 지역의 웹사이트는 다섯 가지 기준(권위, 정확성, 객관성, 현재성, 범위)으로 철자 오류, 배너 광고, 끊어진 링크 등 눈에 띄는 의심스러운 지표들만 찾아서 디지털 자료를 판단한다. 그러나 풀뿌리 시민운동단체로 가장한 웹사이트, 최적화된 검색엔진(검색 결과의 계산된 게임), 싱크탱크로 가장한 세련된 로비스트들이 지배하는 오늘날의 웹은 1998년 그들의 온순한 조상과는 다른 야수들이다. 구식의 인터넷 정보를 판단하던 "다섯 가지 기준" 같은 체크리스트는 평가 기준이 충분하지 않아 학생들은 웹사이트의 속임수에 더 쉽게 휘말릴 수 있다.[45] 이 기준을 고용정책연구소 웹사이트(epionline.org)에 적용해보면 완벽하게 깨끗한 웹사이트라 결론 내릴 수 있다. 고용정책연구소 웹사이트는 믿을 만한 '.org' 도메인을 사용하고, 뉴욕의 실제 주소를 공개하며, 켄터키대학, 카네기멜론대학, 뉴햄프셔대학 교수들의 연구 보고서를 제공한다. 웹사이트에 올려진 자료들은 전문적인 최신 자료이며, 끊어진 링크나 배너 광고, 화면을 어지럽히는 팝업이나 오타도 없다. 이 단체는 심지어 비영리로 운영된다. 그러나 1분간의 수평적 읽기로 그 웹사이트가 합법적인 싱크탱크를 가장한 홍보 회사의 선전물임이 드러났다.[46] "다섯 가지 기준"에 대해서는 이쯤 하기로 하자.[47]

인터넷으로 인해 출판 저널리즘의 영향력이 약화되자 기존 매체들은 새로운 수익을 추구할 수밖에 없었다. 기사로 가장한 광고를 완곡하게 표현한 "네이티브 광고"는 저널리즘 자체의 수입 창출 수단이 되었다. 심지어 믿을 만한 언론사의 웹사이트에서도 네이티브 광고는 사설과 광고의 경계를 흐려놓았다. 《애틀랜틱Atlantic》과 《뉴욕타임스》도 이 때문에 한때 곤욕을 치렀는데, 《애틀랜틱》은 아주 작게 "후원받은 콘텐츠"라고만 표시하고 사이언톨로지교에 호의적인 기사를 내보냈고, 《뉴욕타임스》는 넷플릭스가 제작한 드라마에 대한 긍정적인 평을 실었다.[48] 학생들의 인터넷 실력에 대한 국가적 설문조사('서문' 참조)에서 중학생 대부분이 기사와 광고를 구별할 수 없는 것으로 나타났다. 그러나 이 설문조사의 결과를 보도한 수십 개 언론사 중에서 성인들도 59퍼센트나 그 차이를 구별할 수 없다는 연구 결과를 알려준 곳은 단 한 곳도 없었다.[49] 당신이 아직 짐작하지 못했다면, 우리는 아이들과 함께 곤경에 빠진 것이다.

감시할 수 없는 인터넷에 직면한 많은 학교에서 음란물과 불건전한 콘텐츠를 차단하기 위해 정보차단프로그램을 도입하고 있다. 당연히 필요한 조치다. 그러나 이런 프로그램은 정보를 차단하는 데 지나치게 적극적이어서 학생들을 사전 승인된 웹사이트로만 유도하고, 확인된 출처에서 검증된 정보에 대한 접근을 제한한다. 이것은 우리가 모르는 새 인터넷을 자유롭게 떠돌아다니는 독소에 대한 면역력을 키우지 못한 버블 보이Bubble Boy 세대•를 만들어낸다. 만약 이런 프로그

• 영화 〈버블 보이〉(2001)의 주인공 지미에 빗대어 이른 말이다. 지미는 선천적면역결핍증을 가지고 태어나 어머니가 만들어준 살균 버블 안에서 성장기를 보낸다.

램을 학생들의 스마트폰, 노트북, 태블릿에 모두 설치할 수 있다면(그리고 성인들에게도 똑같이 할 수 있다면), 이것은 성공적인 해결책이 될 수 있을 것이다. 하지만 그럴 수는 없으니 청소년들이 학교 밖에서 일어나는 일을 해결할 수 있도록 준비시켜야 하지 않을까?

공립학교는 오랫동안 국가적 관심사와 두려움을 반영해왔다. 화학회사들이 처리되지 않은 쓰레기를 호수와 하천에 버렸을 때, 학교는 서둘러 환경 교육과정을 만들고 지구의 날 기념행사를 열었다. 서브프라임 금융위기 때에는 금융경제 교육과정을 개설했다. 오늘날의 유령은 가짜 뉴스다. 국회의원들은 "미디어 리터러시media literacy"를 의무교육과정에 포함하는 법안을 상정했다.[50] 선체에 붙는 따개비처럼 학교교육과정에 추가되는 이런 조치들은 예산 부족이나 새로운 위기가 나타나면 곧바로 교육과정에서 퇴출당한다. 이미 포화상태인 교육과정에 미디어 리터러시 과정을 끼워 넣는 것은 모래 위에 세운 집에 페인트칠만 새로 하는 꼴이다. 외관상 집을 더 나아 보이게 할 수는 있겠지만 근본적인 문제 해결책이 될 수는 없다.

인터넷을 떠도는 가짜 뉴스나 잘못된 정보의 문제를 극복하기 위해서는 4주 이상의 미디어나 뉴스 리터러시 수업이 있어야 하고, 전체 교육과정의 근본적인 방향 전환이 필요하다.[51] 아이들이 온라인에 접속해 프랭클린 루스벨트 대통령이 진주만 공격이 임박했음을 알고도 이를 막기 위해 어떤 조치도 취하지 않았다는 '증거'를 발견할 수 있을 때 역사 수업은 어떤 모습이어야 할까? 백신 접종 거부 웹사이트들이 자폐증과 홍역 백신의 관련성을 지속적으로 주장할 때 (사실이 아님에도 불구하고) 과학 수업은 무엇을 어떻게 가르쳐야 할까?[52] 통계가 일상적으로 조작되고 연구 보고서가 원자료의 다양한 해석 가능성을 독자들과 공유

• '사실이 아닌 내용'을 가리키는 신조어로, 2017년 트럼프 대통령 취임식 참석자 수를 둘러싸고 백악관이 거짓말을 했다는 지적에 대해 당시 백악관 고문이 "그것은 거짓말이 아니라 대안적 사실을 제시한 것"이라고 말해 논란이 일었다.

하지 못할 때 수학 수업은 어떤 모습이어야 하는가? 인터넷 댓글의 인신 공격적 논쟁과 양자택일의 사실들이 시민 담론을 압도할 때 영어 수업은 어떠해야 하는가?

이 질문들은 학문적인 것이 아니다. 압제는 진실에 대한 우리의 확신을 흔드는 데 성공했을 때 승리한다. 교육자들에게는 학생들에게 "정확성을 평가하는 규범"을 가르쳐야 할 의무가 있다.[53] 아주 기본적인 사실에 이의를 제기하는 사회는 사람을 통제하는 사법제도를 유지할 도덕적 권리를 가질 수 없다. '대안적 사실alternative facts'•에 대한 논리적 확장은 감옥 문을 열고 모든 범죄자를 내보내는 것이다.

한때는 출판사와 편집자, 사서, 그리고 각 분야의 전문가들이 짊어졌던 짐이 이제는 개인 아니, 우리 모두가 짊어져야 할 짐이 되었다. 이 새로운 현실의 커다란 문제는 정보에 정통하지 못한 사람들이 잘 아는 사람들만큼 투표소에서 많은 권력을 쥐고 있다는 것이다.[54] 깨끗한 공기와 물이 시민들의 건강에 직결되듯이 신뢰할 만한 정보는 시민의 지성과 관련이 있다. 인류는 인터넷을 통해 공공영역에 광범위하게 참여할 수 있게 되었다. 그것은 목소리를 내지 못하는 일반 시민들에게 목소리를 주었고, 댓글 창과 블로그, 위키피디아, 그리고 각종 웹사이트에서 마음으로만 했던 말을 소리 내어 말할 수 있게 해주었다. 동시에 새로운 자유는 인간의 가장 기본적인 동기 중 일부를 촉발했고, 비뚤어진 기쁨을 즐기는 트롤troll•• 무리가 나쁜 짓을 하며 날뛰도록 했다.

•• 온라인 환경에서 선동적이고 공격적인 행위로 불쾌감을 조성하는 익명의 이용자를 가리키는 말이다.

팸플릿과 의심스러운 공격이 거리를 어지럽혔

을 토머스 제퍼슨의 시대에, 그는 의사표현의 확장이 대가 없이 오는 것이 아님을 이해했다. 동시에 그는 우리가 가장 소중히 여기는 가치 중 하나인 언론의 자유를 결코 축소하려 하지 않았다. 제퍼슨의 해결책은 그의 시대와 마찬가지로 오늘날에도 적절하다. "국민이 건전한 재량권을 가지고 통제력을 행사할 만큼 계몽되지 않았다고 생각한다면, 그 해결책은 국민에게서 그것을 빼앗는 것이 아니라 교육으로 그들의 재량권을 알리는 것이다."[55]

4부

역사 교육에서 희망을 찾다

HISTORICAL HOPE

08

미국 영웅들의 변천기

미국 역사상 대통령과 영부인을 제외하고 누가 가장 유명한가? 당신이 생각하는 10명의 명단을 만들어보는 것으로 시작해보자. 나는 잠자코 기다릴 수 있다.

나와 동료 한 명은 미국 50개 주 11, 12학년생 2,000명에게 이 질문을 던졌다. 많은 교육자가 예상하는 대로 학생들이 비욘세나 레이디 가가, 투팍 샤커, 제니퍼 로렌스, 르브론 제임스 같은 팝스타와 힙합 가수, 배우, 스포츠 스타의 이름을 적을지 흥미롭게 지켜보았다.[1] 그런데 학생들의 대답은 예상 밖이었다. 놀랍게도 그들이 선정한 유명한 미국인 1~10위는 《피플People》에 등장하는 인물이 아니라 모두 역사 수업 시간에 배운 인물이었다. 더 놀라운 것은 그들의 응답이 40~50세 이상 성인을 대상으로 한 설문 결과에 나타난 인물들과 거의 일치했다는 것이다. 이 조사 결과를 통해, 오늘날 우리가 가진 젊은 층에 대한 통념이 관습적인 것일 수 있으며, 결코 지혜롭지 않은 것임을 알 수 있었다. 어쩌면 우리는 아이들이 모르는 것을 찾아내는 데 너무 많은 시간을 써버렸는지도 모른다. 정작 우리는 아이들이 무엇을 알고 싶어 하는지 물어보는 것을 잊어 버렸다.

미시간대학의 촌시 몬테-사노Chauncey Monte-Sano 교수와 나는 개방형 설문 조사를 고안했다. 학생들에게 이름 목록을 주는 대신 열 개의 줄이 그어진 설문지 양식을 두 장씩 제시했다. 각 장에는 각기 다른 지시 사항을 적었다. A 파트는 "콜럼버스부터 오늘날까지 역사상 유명한 미국인의 이름을 적어봅시다. 단, 대통령이나 영부인은 제외.", B 파트는 "미국 역사상 유명한 여성의 이름을 적어봅시다. 단, 영부인은 제외"였다. 그리하여 설문지의 내용이 여성에 무게가 실리게 되었다. 많은 학생이 A 파트에 적었던 여성들의 이름을 지우고 B 파트에 써 넣었지만 말이다. 그러나 역사상 유명한 미국인 10명을 집계할 때는 어떤 파트든 상관없이 이름이 적힌 총 횟수를 세었다. 물론 몇몇 아이들의 장난스러운 답변도 있었지만 대부분 진지하게 설문에 응했다. 학생과 성인 조사에서 모두 소수이지만 '엄마'라고 대답한 비율이 비슷하게 나타나기도 했다. 전체 응답 중 단 세 명이 40퍼센트 이상의 응답률을 보였는데, 모두 아프리카계 미국인이었다.

오늘날의 십 대들에게 역사상 가장 유명한 미국인은 마틴 루서 킹이었다(67퍼센트). 로자 파크스가 그 뒤를 바짝 따랐고(60퍼센트), 3위는 44퍼센트를 차지한 해리엇 터브먼이었다. 이 외에 10위 안에 든 인물은 여성운동가 수전 B. 앤서니Susan B. Anthony(34퍼센트), 벤저민 프랭클린(29퍼센트), 여성 비행사 아멜리아 에어하트Amelia Earhart(23퍼센트), 오프라 윈프리Oprah Winfrey(22퍼센트), 메릴린 먼로Marilyn Monroe(19퍼센트), 토머스 에디슨Thomas Edison(18퍼센트), 알베르트 아인슈타인Albert Einstein(16퍼센트) 순이었다. 이 기록에서 우리의 표본은 2000년 미국 인구조사 통계 결과와 몇

유명한 미국인 명단에서 학생과 성인이 공통으로 뽑은 인물들. 샘 와인버그·촌시 몬테-사노, "유명한 미국인들".

퍼센트포인트 이내로 일치했다. 응답자의 약 70퍼센트는 백인, 13퍼센트는 아프리카계 미국인, 9퍼센트는 히스패닉계 미국인, 7퍼센트는 아시안계 미국인, 1퍼센트는 아메리카 원주민이었다.[2] 우리의 추정상 역사에 관심이 없을 것 같은 젊은이들과 역사를 직접 겪었을 연장자들 간의 차이는 어떨까? 별로 없었다. 10위권 내 8명의 이름이 일치했다. 나머지 2명에 대해서는 학생들은 먼로와 아인슈타인을, 성인들은 성조기를 만든 벳시 로스Betsy Ross와 포드 자동차 회사를 설립한 헨리 포드Henry Ford를 명단에 올렸다. 아이들이나 성인들이나 모두 사는 지역이나 성별에 따른 응답 내용의 차이는 별로 없었다. 일관되게 나타나는 유일한 차이는 인종 간, 더 정확하게는 아프리카계 미국인과 백인들 사이에서 나타났다. 백인들의 명단에는 아프리카계 미국인 4명과 백인 6명이 올랐다. 아프리카계 미국인들은, 아프리카계 미국인 9명과 백인 1명(학생들은 수전 B. 앤서니, 성인들은 벤저민 프랭클린)을 뽑았다.

유명인의 순위로 미국인의 공감대를 확인하려는 것은 분명히 한계가 있다. 우리는 응답자들의 몇 가지 특징(성, 인종/민족, 지역, 성인의 경우 출생 연도와 출생지)을 제외하고는 아는 것이 없었다. 학생들을 대상으로 한 질문에 '중요한'을 '유명한'으로 바꾸는 것이 결과에 거의 영향을 끼치지 않을 것을 알았지만, 일관성을 위해 성인 대상 질문에도 '유명한'을 사용했다. 몇 명이라고 제한을 두지는 않았지만 여성의 이름을 적도록 해 전체 응답에서 여성의 비율이 늘어난 것은 분명하다.

그러나 이러한 한계에도 불구하고 세대, 지역, 인종이 다른 미국인들 사이에서 우리가 발견한 명확한 공감대가 흐려지지는 않을 것이다. 역사가 카터 G. 우드슨Carter G. Woodson이 1926년에 매년 2월 둘째 주를 흑인 역사 주간Negro History Week으로 정한 후 90년 만에 마틴 루서 킹이 미국 역사상 가장 유명한 미국인으로 떠올랐다. 생일이 국경일로 기념되는 유일한 미국인이라는 것을 생각하면 이는 전혀 놀라운 일이 아니다. 하지만 두 번째로 유명한 인물에 로자 파크스가 선정될 것이라고 누가 예상할 수 있었을까? 아니면 해리엇 터브먼이 20달러 지폐의 주인공으로 낙점되기 전에 학생들에게는 세 번째, 성인들에게는 아홉 번째 유명 인물로 선정될 것이라고 누가 예상했겠는가? 아니면 민권법이 통과된 지 반세기가 지난 지금, 몬태나주 컬럼비아 폴스Columbia Falls의 백인 학생들이 설문조사에서 가장 많이 응답한 인물의 이름이 세 명의 아프리카계 미국인이라는 사실은 이 학생들의 조부모 세대에서는 상상조차 못할 일이었을 것이다.

몇십 년 사이 아프리카계 미국인들은 국가 서사의 주변에서 중심으로 옮겨왔다. 확실히 다문화 교육이 중요한 역할을 했다. 1940~1950년대에 교과서에서 국가의 초상을 묘사하는 데 "흑인과 인디언은 따로 빼놓고" 모호한 서술을 취했음에도 주류에서 이를 부당하다고 말하는 이는 없었다.[3]

오늘날은 그렇지 않다. 1995년 스미스대학의 연구 결과에 따르면 과거 교과서에서는 소수민족과 여성에 대해 "거의 언급하지 않았"지만, 1980년대 중반부터는 다문화와 여성운동가를 주요 내용으로 다루게 되었다.[4] 학교 도서관의 서가를 훑어보거나, 대형 서점의 청소년 전기 코너에서도 이런 변화를 포착할 수 있다. 물론 학교는 학생 이외에 다른 사람들에게도 영향을 끼친다. 부모들이 아이들의 숙제를 도와주면서 새로운 역사를 배운다.

그러나 교육과정 하나로 이런 변화가 나타났다고 보는 것은 너무 단순화한 주장이다. 2005년 로자 파크스가 사망했을 때, 미국 역사에서 기념해야 할 첫 번째 여성으로서 파크스를 미국 국회의사당 로툰다에 안장하는 데 찬성한 사람들은 도서관 사서들이 아니라 의회 의원들이었다. 또 1978년 아프리카계 미국인 여성으로서 최초로 미국 우표에 실린 해리엇 터브먼을 선정한 사람들은 교사들이 아니라 미국 우체국 직원들이었다(터브먼은 1995년에 다시 우표에 실렸으며, 2016년에는 20달러 지폐의 주인공으로 선정되었다). 아이들은 학교에서뿐 아니라 세븐일레븐 편의점에서 슬러시를 살 때 계산대에서 "나에게는 꿈이 있습니다"라는 연설이 담긴 무료 책자를 보면서 마틴 루서 킹에 대해 배운다.[5]

성인들 사이에서 해리엇 터브먼의 명성은 전혀 예상하지 못한 것이었다. 어느 모로 보나 터브먼은 비상한 사람이었다. 그녀는 메릴랜드주에서 최소 70여 명의 흑인 노예를 탈출시켰고, 간접적으로 최대 50명 이상의 탈출을 도왔다. 터브먼이 활동하던 지하철도Underground Railroad• 조직은 7만~10만 명의 흑인 노예를 해방시켰다. 이처럼 순수하게 영향력의 관점에서 보았을 때 잘 알려지지 않은 개인들이 더 큰 역할을 했다.[6]

• 남북전쟁 이전 남부 노예의 탈출을 도운 조직으로, '지하철도'는 탈출 경로를 의미했다. 노예들을 이끌며 탈출을 도운 사람을 '차장', 도망 노예를 숨겨주는 장소를 '역'이라 불렀다.

비록 터브먼의 업적은 남북전쟁 때의 일이지만, 그 이름은 최근에야 알려졌다. 1940~1950년대의 역사 교과서에는 터브먼에 대해 한마디도 나오지 않는다.[7] 미국에서 가장 오랫동안 쓰이고 있는 교과서인 토머스 베일리Thomas Bailey의 《아메리칸 패전트American Pageant》의 각 연도판을 따라가면 터브먼이 스타로 성장하는 과정을 추적할 수 있다. 1956년 초판에는 도망 노예에 관한 내용이 한 쪽 가까이 실렸는데, 여기에는 미국 북부 전역에서 자유의 땅인 캐나다로 이어지는 지그재그식 경로가 그려진 지도와 자유의 집과 노예해방론자들인 '차장'에 대한 설명이 포함되어 있다. 그러나 터브먼에 관한 언급은 없다. 1971년 제4판이 되어서야 터브먼은 두 문장으로 교과서에 모습을 드러냈다. "이 '차장들' 중 가장 놀라운 사람은 메릴랜드 출신으로 글을 읽을 줄 몰랐던 두려움 없는 도망 노예 해리엇 터브먼이었다. 그녀는 밤중에 남부로 잠입해 그녀의 부모 나이 정도 되는 이들을 비롯해 흑인 300명 이상을 구출했으니 마땅히 '모세'라는 칭호를 받을 만하다." 2006년 판에는 노예제 철폐를 위한 무장

봉기를 주장한 존 브라운John Brown의 처형에 대한 터브먼의 반응을 인용한 기사와 함께 정장 차림을 한 터브먼의 사진이 한 쪽을 다 차지했다.[8]

해리엇 터브먼이 부상하고 있을 때, 또 다른 해리엇의 이름은 추락해갔다. 해리엇 비처 스토Harriet Beecher Stowe의 소설 《톰 아저씨의 오두막》은 1852년 출간 첫해에 성경을 제외하고 가장 많이 팔린 책이었다. 하지만 오늘날 스토의 이름은 학생과 성인 들의 설문조사에서 각각 22위와 26위에 머물렀다.

마틴 루서 킹, 로자 파크스, 해리엇 터브먼이 자유의 상징으로 부상하는 과정에서 뒤로 밀린 또 다른 투쟁이 있다. 수전 B. 앤서니가 그 존재를 인정받았지만, 그 외 여성참정권운동가는 언급조차 되지 않았다. 세자르 차베스Cesar Chavez는 캘리포니아 지역 학생 설문조사 결과에서 13퍼센트를 차지했지만, 전국적으로는 2퍼센트 정도로 미미했다. 새커거위아Sacagawea •는 학생 설문조사에서 11위였지만, 그다음으로 유명한 아메리카 원주민인 포카혼타스는 5퍼센트 미만에 그쳤다. 《정글》의 작가이자 퓰리처상 수상자인 업턴 싱클레어Upton Sinclair의 경우는 학생 2,000명 중 4명, 성인 2,000명 중 1명만이 언급했다. 사무엘 곤퍼스Samuel Gompers나 유진 데브스 같은 미국 노동계의 저명인사는 한 명도 언급하지 않았다. 계층이나 피부색의 구분 없이 정치적 설득력이 있는 사람들을 동원한 투쟁인 미국의 평등운동은 겉으로 보기에 흑백의 방정식으로 축소된 듯했다.

살아 있는 사람으로 유일하게 10위 안에 이름을 올린 사람 또한 아프리카계 미국인이다. 오프라 윈프리는 단순히 자수성가한 미국 여성이 아니다. 오프라는 잡지 발행인, 인생 상담사, 자선가, 킹메이커(정계의 실력자)일 뿐 아니라 성폭행 피해 지원, 학교 후원,

• 아메리카 원주민으로, 루이스 클라크가 미국 서부 지역을 탐험할 때 통역과 길 안내를 맡아 태평양 연안까지 동행했다.

심지어 영성靈性 상담까지 한다. 미국의 온라인 기독교 매체인 빌리프넷(www.beliefnet.com)의 2006년 여론조사에서 응답자의 3분의 1 이상이 오프라가 목사보다 자신들의 영성에 "더 심오한 영향"을 끼쳤다고 말했다.[9] 어떤 이들은 TV 토크쇼 진행자가 미국에서 유명한 사람 목록에 포함된 것에 대해 쇠퇴와 타락이 임박한 징조라 말할 것이다. 그러나 오프라를 TV 토크쇼 진행자라고 부르며 그의 영향력을 판단하는 것은 벤저민 프랭클린을 단순히 인쇄업자라 보는 것과 같다. 두 사람의 유사점을 생각해보라. 둘 다 가난한 가정에서 태어나 그 시대에 가장 잘 알려진 미국인으로 성장했다. 둘 다 대중에게 지혜와 상식을 제공해 유명해졌다. 두 사람 모두 열렬한 독서가였고 문해력의 신장을 강조했으며, 개인적인 매력으로 수많은 친구와 추종자가 그들을 따랐다.

미국인을 대상으로 역사상 중요한 인물을 조사한 것은 우리만이 아니었다. 역사가 마이클 프리슈Michael Frisch는 14년 이상 뉴욕주립대학 학생들에게 미국 역사의 시작에서부터 남북전쟁 종전까지 "머릿속에 가장 먼저 떠오른 10명의 이름"을 적어달라고 요청했다. 대통령 이름 다음으로 벳시 로스와 미국 독립운동가 폴 리비어Paul Revere의 이름이 10여 년 동안 상위 목록에 꾸준히 올랐다. 프리슈는 벳시 로스의 이름이 상위권에 등장하는 것에 대해 "깊고 무의식적이며 신화적인 갈망의 표현"이라 언급했다. 또 다른 "혁명의 전령" 폴 리비어도 고삐를 늦추지 않고 뒤를 이었다.[10]

하지만 우리의 조사는 달랐다. 벳시 로스(학생 설문조사 13위, 성인 설문조사 6위)와 폴 리비어(학생 설문조사 43위, 성인 설문조사 36위)의 이름이 언급되기는 했지만, 그다지 눈에 띄지는 않았다. 앞선 세대에게 폴 리비어와 벳시 로스가 건국이라는 신화의 아버지와 어머니였다면, 확실히 마틴 루서 킹과 로자 파크스 두 사람은 다른 종류의 건국을 대표한다. 비록 우리는 학생들에게 자신들이 열거한 이름에 대해 무엇을 알고 있는지 물어보지 않았지만, 학생들의 수업을 충분히 살펴본 결과, 마틴 루서 킹이 인종차별과 제도적 인종주의의 종식을 예고한 민주주의와 시민권 옹호자였기 때문에 1위에 오른 것이라 추측할 수 있었다. 하지만 백인들만 다니는 몬태나주 어느 학교의 학생들이 과연 1967년 마틴 루서 킹이 "당신들이 의식하든 안 하든 백인 대다수는 인종주의자다"라고 말한 것이나 인종차별, 군국주의, 경제적 착취를 미국 사회의 "3대 악"이라 부른 것, 또 베트남전쟁을 "격렬하고 거대한 패권 다툼"으로, 미국을 "패권을 장악한 진범"으로 규정한 것, 암살되기 두 달 전 연설에서 미국이 세계 어느 나라보다 많은 전쟁범죄를 저질렀다고 비난한 것을 알고 있을지는 의심스러웠다.[11]

로자 파크스의 경우도 비슷하게 미화되었을 것으로 생각된다. 겸손한 여성 재봉사의 용기 있는 저항 행위가 단숨에 버스 보이콧을 불러일으키고 이로 인해 짐 크로법이 폐지되었다는 동화 같은 이야기 말이다.[12] 과연 우리는 로자 파크스 외에 전미유색인지위형상협회의 활동이나 다른 흑인 여성, 이를테면 파크스가 체포되기 9개월 전 1955년 3월 2일에 백인 승객에게 자리 양보를 거절해 버스에서 쫓겨난 15세 콜빈Claudette Colvin의 이야기를 들을 수 있을까? 콜빈은 제네바 존슨Geneva Johnson, 비올라 화이트Viola White, 케이티 윙필드Katie Wingfield, 엡시 워티Epsie Worthy 등과 함께 몽고메리시의 인종차별에 저항했지만 역사책에는 등장하지 않는 인물들의 전철을 밟았다.[13]

2007년 미국 국립인문재단National Endowment for the Humanities, NEH 회장인 브루스 콜Bruce Cole은 학생들이 공통의 유대감을 형성할 역사 교육을 받지 못하고 있다며 탄식했다. 그는 그랜트 우드Grant Wood의 작품 〈폴 리비어의 한밤의 질주The Midnight Ride of Paul Revere〉(1931)를 포함한 40여 점의 작품으로 포스터를 만들어 교실에 게시하도록 했다. 그는 "원한다면 그들을 신화라고 불러라. 우리에게 영웅이 없다면 우리는 아무것도 가지지 못한 것이다"라고 말했다.[14] 콜은 쓸데없는 걱정을 했다. 아이들은 예술 작품을 긴급히 수혈하지 않아도 잘 해내고 있었다. 신화는 미국인의 의식 속에 스며 있다. 다양성을 특징으로 하는 미국에서 우리는 본능적으로 어린이를 위한 위인전, 그림 대회, 디즈니 영화 등에서 진실이든 부풀린 것이든 혹은 새빨간 거짓말이든 공통의 주제와 이야기를 중심으로 결집할 수 있는 상징들을 찾는다.

미국의 운명에 대해 노심초사한 사람들 중 가장 유명한 이는 아마도 아서 슐레진저Arthur Schlesinger일 것이다. 그는 《미국의 분열: 다문화 사회에 대한 고찰The Disuniting of America: Reflections on a Multicultural Society》에서 국가의 붕괴를 예견했다. 그는 이 책을 "새로운 민족 복음서"라 일컬으며, "미국인의 삶의 분열, 분리, 부족화"를 막기 위한 방안이라고 했다.[15] 만약 슐레진저처럼 우리도 극단적인 다문화주의자들의 말에 주목했다면 비슷한 결론에 도달했을지도 모른다. 하지만 우리는 그렇게 하지 않았다. 대신 우리는 평범한 교실에서 평범한 아이들에게 간단한 설문조사를 했고, 이들의 응답을 시애틀의 쇼핑몰에서 점심을 먹거나 필라델피아 거리 축제에서 공예품을 사거나 오클라호마시티의 한 정류장에서 버스를 기다리는 평범한 어른들의 응답과 비교했다. 우리는 각기 다른 연령, 지역, 성별, 인종의 미국인들이 같은 이름 주위에 놀라울 정도의 일관성을 가지고 모여 있는 것을 발견했다. 우리에게 이것은 분열이라기보다는 통합으로 보인다.

오늘날 미국인을 단결시키는 영웅들은 이전 시대의 영웅들과는 다르다. 여전히 발명가, 기업가, 연예인 들이 몇몇 있기는 하지만, 우리의 상상력을 사로잡는 이들은 권리를 확대하고 고통을 완화하고 불평등을 바로잡고, 자유를 증진하기 위해 행동했다. 로드아일랜드주 크랜스턴과 알래스카주 앵커리지, 그리고 플로리다주 탤러해시처럼 서로 멀리 떨어진 곳에 살며 세대 간 차이도 있는 미국인들이 같은 인물을 언급했다는 사실은 우리가 생각하는 우리가 누구인지, 어쩌면 미국인으로서 우리가 되기를 갈망하는 사람이 누구인지를 우리 스스로에게 들려주는 이야기를 상징하는 듯하다.

후기

우리에게는 아직 '역사'가 필요하다

제2차 세계대전에서 일본이 항복하기 넉 달 전, 미국 관료들은 이미 일본 학교에서 가르치는 역사 교과서를 새로 쓸 계획을 세웠다. 1945년 8월 일본은 항복했지만 새 교과서가 마련되지 못한 탓에 학생들은 교실에 앉아 잉크와 붓으로 극도로 국가주의적이고 반민주적인 교과서의 구절들을 검게 칠해 지웠다. 만일 햇빛에 비춰 여전히 그 부분들이 보인다면 아이들은 원치 않는 역사의 흔적이 모두 사라질 때까지 덧칠을 멈추지 않았을 것이다.[1]

하지만 더는 잉크와 붓으로 과거를 가릴 수 없다. 이제 역사는 물웅덩이에서 세균이 번식하는 것보다 더 빠른 속도로 사이버 공간에서 재생산되고 있다. 디지털 역사는 블로그에서, 위키피디아에서, 페이스북의 관심 그룹에서, 신문과 잡지의 논평에서, 아마존과 구글이 제공하는 전자책들에서, 더 나아가 칸 아카데미 비디오 도서관, 크래시 코스Crash Course, 유튜브 등에서 우리를 공격한다. 세계에서 가장 큰 디지털 역사의 보고인 미국의회도서관은 말할 것도 없다. 미국의회도서관은 그 자체로 수천만 장의 신문과 수백만 장의 인쇄 기록물과 사진, 그리고 조지 워싱턴, 에이브러햄 링컨, 로자 파크스, 칼 세이건Carl Sagan, 재키 로빈슨Jackie Robinson 등의 연설문과 논문 같은 디지털 자료를 보유하고 있다.[2] 놀랍게도 이것들이 바로 당신의 스마트폰 안에 있다.

마틴 루서 킹의 논문 95편을 떠올릴 수 있는가? 링컨의 첫 번째 취임 연설과 두 번째 취임 연설의 차이점은? 제29대 대통령은? 47번째 주는? 1795년에 일어난 빵폭동, 1832년 연방법 무효화 위기, 1893년 경제 공황, 우드로 윌슨Woodrow Wilson의 14개조 평화원칙, 프랭클린 루스벨트의 4가지 자유는? 궁금하다면 바로 검색해보라. 이렇게 역사는 이미 우리 손안에 있는데, 왜 역사를 가르치는 데 무수한 시간을 낭비하는가? 프로그래밍 같은 더 유용한 것을 가르쳐야 하지 않을까?

정보에 대한 접근이 제한되었을 때, 지식의 전승으로서 역사는 일정한 논리를 가지고 있었다. 어떤 배낭에도 《월드 북 백과사전World Book Encyclopedia》 22권을 다 넣을 수 없었다. 내가 5학년 때 훌리헌 선생님은 우리에게 서반구의 모든 수도명을 외우게 했다. 아마도 선생님은 우리가 어느 날 문득 깨어 테구시갈파에 있는 우리 자신을 발견하고도 그곳이 온두라스라는 것을 모를 거라고 생각했나 보다. 참으로 당황스럽지 않은가!

10세 때 내 머릿속을 웅성거리며 돌아다니던 일련의 숫자들이 있었다. 집과 아버지 가게의 전화번호, 리아 이모와 데이브 삼촌, 사촌 형과 외할머니, 그리고 리틀리그팀 친구들 집의 전화번호였다. 현재 내가 외는 전화번호는 딱 두 개다. 내 것과 아내의 것(놀라울 것도 없다. 숫자 하나만 다를 뿐이니까). 장성한 자식들의 전화번호는? 단축 번호를 누르면 끝이다. 더 나아가면, 내 자동차 캐비닛에는 두꺼운 지도 뭉치가 없으며(GPS 덕분에), 책상 서랍에 은행 예금 전표 뭉치를 보관하지도 않는다(모바일 업로드의 기적으로).

기술은 우리가 은행 업무를 처리하는 방식과 쇼핑하는 방식, 배관공을 선택하고 친구를 찾고, 조리법을 고르고, 스웨터에 흘린 와인 자국을 없애는 방식 등에 변화를 가져왔다. 심지어 환자를 위한 간호 방식까지도. 기술이 변화시킨 것은 단지 우리 활동만이 아니다. 기술은 우리를 바꾸어놓고 있다. 2011년《사이언스Science》에 실린 연구는 우리가 정보를 암호화하고 기억하는 방식이 변화하고 있음을 보여주었다. 간단히 말해서, 우리는 브라우저와 공생하고 있으며, "정보를 아는 것보다 어디서 찾을 수 있는지를 기억하는 상호 연결된 시스템으로 성장하고" 있는 것이다.[3] 이로써 인간은 지구상에서 스스로를 재창조하는 도구를 만든 유일한 종이 되었다.

기술은 현대의 삶 구석구석에 침투해 있다. 단 하나 예외가 있다면 그곳은 바로 학교다. 그렇다. 학교는 젊은이들을 준비시키기보다 현실 세계로부터 그들을 보호하는 마지막 보루로 남아 있다. SAT는 학업 성취를 측정하는 최적의 표준으로서, 평이하고 정돈된 문장과 선택지로 깔끔하게 배열된 문제들을 제시한다. 그러나 OMR 카드 너머의 세계는 이러한 질서정연함을 비웃는다. 학생들은 SAT 예문이 믿을 만한 가치가 있는지, 출처는 신뢰할 수 있는지, 시험 출제기관(즉, 미국 교육평가원)이 목적하는 바가 있는지 따위를 묻지 않는다. 대학과목 선이수제 역사 시험에서는 학생들에게 관점이 각기 다른 문서 7개로 이루어진 "문서 기반 질문"을 제시한다. 하지만 위조된 증거나 합성된 이미지, 존재하지 않는 기록보관소를 출처로 밝혀놓은 각주가 달린 사이비 학술 계정의 글 등 오늘날 디지털 늪에서 흘러나오는 자료들은 절대 포함하지 않는다.

출처를 밝혀놓지 않은 교과서로 지식을 채운 학생들은 역사를 증거 없는 이야기로 보게 될 것이다. 이런 이야기가 마음에 들지 않는가? 당신의 정치 성향과 잘 맞지 않는가? 걱정하지 말라. 당신은 언제든 원하는 것을 온라인으로 주문할 수 있다.

|

나는 이 책의 3부에서 역사 수업을, 모든 것을 아는 교과서를 통한 강행군에서 테드 시저Ted Sizer가 말한 학생들이 "마음을 잘 쓰는 법을 배우는" 여정으로 바꾸려고 한 나와 동료들의 노력에 대해 이야기했다.[4] 우리가 만든 126개 주제에 대한 자료들은 독창적인 목소리로 과거를 파헤치고, 질문, 논쟁, 검증, 관점 들로 그것을 드러낸다. 우리는 모호성과 관련해 학생들을 훈련하고 복잡성에 대한 내성을 길러주려 했다. 인쇄된 문서들을 읽으며 단련된 학생들의 사고방식이 인터넷에서 발견한 디지털 자료를 읽을 때도 적용될 수 있을 것이라는 가정하에 연구를 시작했다.

그러나 우리는 놀랄 수밖에 없었다. 인터넷에서는 다른 규칙들이 적용된다. 앞에서 보았듯이, 인터넷은 너무나도 벅찬 상대라서 훈련된 역사학자들도 헤매게 되고, 재능 있는 대학생들도 완전히 바보처럼 보이게 된다. 두려움 없는 교사이자 공동연구자인 윌 콜글래지어Will Colglazier의 전투 같았던 경험을 보자. 12년 차 베테랑이자 "역사가처럼 읽기" 교육과정을 초기에 채택한 윌은 문서 읽기를 통해 개발한 학생들의 사고방식이 문제없이 온라인으로도 전이될 것이라고 우리만큼이나 확신했다.

윌은 대학과목 선이수제 수업을 듣는 우수 학생들에게 서문에서 다루었던 웹사이트 MinimumWage.com을 검토하게 했을 때 뜻밖의 사실을 알게 되었다. 정보기기를 활용하는 데 노련한 우수 학생들 모두가 웹에서 흔히 사용되는 음모의 희생양이 되었다는 것이다.

윌의 학생 중 가장 우수한 학생은 그 웹사이트가 내세운 공식적인 겉모습과 모체인 고용정책연구소의 합법적 비영리단체라는 지위에 속았다는 사실을 깨닫고는 "퍼지너겟Fudge nuggets!"이라며 욕설로 분노를 표현했다. 동급생들과 마찬가지로 이 학생도 "고용 성장을 둘러싼 공공정책 문제를 연구하는 단체"라는 웹사이트의 주장을 액면 그대로 받아들였다. 그러나 사실 이 '비영리단체'의 배후에는 호텔과 레스토랑의 로비가 있었다. 교육적 오판은 깨달음을 가져다줄 수 있다. 윌은 "학생들에게 가짜 뉴스를 가려내는 훈련을 시키지 않으면서, 그들이 가짜 뉴스를 가려내지 못한다고 답답해할 수 없다는 사실을 그때 깨달았다"라고 회고했다.[5] 윌은 바다의 신 포세이돈에게 인정받은 교육학의 제1법칙을 재발견했다. "학생들에게 수영을 가르치려면 먼저 젖게 하라." 이를테면 신뢰할 수 있는 정보와 타블로이드 가십의 차이를 학생들에게 가르치려면 그들의 스마트폰을 압수해서는 안 된다. 스마트폰으로 할 수 없는 것이 무엇인지를 보여주려면 그들의 스마트폰을 사용해야 한다.

윌은 1920년대를 가르칠 때, '사코와 반제티'• 에 대한 교과서의 진부한 서술과 틀에 박힌 객관식 질문들을 버렸다(단정히 차려입은 두 명의 이탈리아 무정부주의자들은 자신들이 저지르지 않은 범죄에 대해 누명을 썼고, 자신들의 정치적

• '적색 공포'라 불리는 미국의 반공운동은 1920년대에도 지속되었다. 이탈리아 이민자인 니콜라 사코(Nicola Sacco)와 바르톨로메오 반제티(Bartolomeo Vanzetti)는 1920년 5월, 매사추세츠주의 한 공장 직원을 살해한 혐의로 기소되었다. 이들을 무정부주의자라는 이유만으로 기소한 데에 항의가 빗발쳤으나, 결국 1927년 8월 23일 사형에 처했다.

신념은 부당하게 부풀려졌다). 대신 그는 학생들이 "구글"을 사용할 수 있게 해주었다. 학생들은 nodeathpenalty.org를 발견했는데, 이 웹사이트에서는 사코와 반제티가, 법정에 들어설 때마다 미국 국기에 경례하는 배심원 대표가 이끄는 배심원들에 의해 "정의라는 미명" 아래 "잘못된 유죄판결을 받았다"고 확신에 찬 주장을 하고 있었다.[6] 윌은 URL로 이미 성향을 드러내는 이 웹사이트의 객관성을 학생들이 판단하도록 자극했다. 그리고 그들 어깨너머로 조심스럽게 살폈다. 학생들을 인터넷에 풀어놓자, 그들은 1928년 소설 《보스턴Boston》을 통해 사코와 반제티의 부당한 재판을 폭로한 업턴 싱클레어Upton Sinclair의 원본 편지를 발견했다.

그것은 싱클레어가 친구에게 보낸 편지로, 피고 측 변호사인 프레드 무어Fred Moore와 나눈 비밀대화가 적혀 있었다. 무어는 "그들은 유죄이며, 그가 어떻게 알리바이를 조작했는지 낱낱이 말해주었다."[7] 그러나 편지는 그 문제를 해결하기보다는 새로운 의문을 낳았다. 무어는 사코, 반제티와 "심하게 언쟁한 후" 해고되었다. 싱클레어는 4, 5년의 소송 기간을 함께한 무어의 전 부인인 롤라 무어Lola Moore와 인터뷰를 했다. 롤라는 남편이 의뢰인들의 유죄에 대해 어떤 언급도 하지 않았다고 했다. 싱클레어를 믿는다손 치더라도, 우리는 그의 불만에 찬 정보제공자를 믿어야 할까? 아니면 그의 전 부인을? 아니면 의뢰인을 살인자라고 믿으면서도 무죄라 변호하는 변호사의 성실성을 믿어야 할까? 역사야말로 티볼보다 훨씬 게임다운 게임이었고, 윌의 학생들은 그 중심에 있었다.[8]

역사 연구의 목표는 소명을 추구하는 것이 아니라 항상 자유를 갈망했다. 키케로Cicero는 태어나기 전에 일어난 일들을 모른다면 영원히 아이로 머물게 되므로 과거를 공부한다고 강조했다. 존 애덤스와 토머스 제퍼슨은 역사에 대한 연구가 편협한 나르시시즘적 경향을 물리칠 수 있는 용기 있는 행동에 우리를 노출시킴으로써 인격을 쌓고 이타심을 길러준다고 믿었다. 저명한 영국의 역사가 베로니카 웨지우드Dame Cicely Veronica Wedgwood는 만약 역사가 무엇이어야 한다면 "단순히 기억하는 것이 아니라, 생각하는 교육이어야 한다"고 당파주의자, 현학자, 골동품 애호가 들을 일깨웠다.[9]

우리는 역사를 공부하는 데 어떤 면허도 필요치 않은 시대에 살고 있다. 이 시대의 악당들은 윈스턴 스미스Winston Smith•조차 상상할 수 없었던 방식으로 과거를 왜곡한다. 만일 역사가 디지털 시대에 관련성을 가지려면, 이 땅의 최고 권위를 가진 기관에서 만들어진 것이라 할지라도 가짜 증거를 들이밀며 펼치는 구역질 나는 주장들에 우리가 알레르기 반응을 보일 수 있어야 한다.

나는 이 책을 스톤월 잭슨의 남부 연합을 위해 수천 명의 흑인이 무기를 들고 회색 군복을 입었다는 거짓 주장을 퍼뜨린 교과서《버지니아의 과거와 현재》에 대한 이야기로 시작했다.《워싱턴 포스트》가 그 소식을 보도한 지 몇 시간 만에, 전문가들은 그 거짓 주장을 비난하고 나섰다. 잭슨의 전기를 쓴 작가이자 남북전쟁 연구의 최고 권위자인 제임스 로버트슨James I. Robertson 교수는 "남부군 흑인 부대가 있었더라면 분명히 장교들의 보고서에 그에 대한 언급이 있었을 것이다. 그러나 128권에 달하는 매머드급《남북전쟁의 공식 기록Official Records of the War of the Rebellion》에는 그에 대해 일언반구도 없다"라고 말했다.[10]

이것으로 이야기가 끝났다고 생각하겠지만 정반대이다. "흑인 남부군"에 대한 웹사이트가 급증했는데, 이는 역사가 기록보관소에서 클라우드로 이동한 결과였다. 이제, 저렴한 웹 템플릿을 활용

• 조지 오웰이 쓴 소설《1984》의 주인공이다. 그는 당(黨)의 진리부 기록국에서 과거 기록을 조작하는 일을 한다.

해 전문적인 훈련 없이도 악당이든 누구든 의도적으로 잘못된 정보를 선보이는 웹사이트를 개설할 수 있다. 이런 웹사이트의 정체를 폭로한 가장 유명한 인터넷 웹사이트 중 하나는 케빈 레빈Kevin Levin의 '남북전쟁의 기억'(cwmemory.com)이다. 레빈은 흑인 남부군 이야기에 빠져 그의 웹사이트까지 찾아온 사람들에 대해 이렇게 말했다. "그들 중 상당수는 남부 유산의 수정론자가 아니며, 그들의 의도는 다른 사람들을 오도하거나 속이는 것이 아니다. 사람들 대부분은 자신들이 발견한 온라인 콘텐츠에 접근해 이것저것 둘러보다가 길을 잃고 헤매게 된 것이다."[11] 왜 그럴까? 배우지 않은 것에 대해 우리는 어떻게 대응해야 할까?

마이클 린치Michael Lynch가 관찰한 바와 같이 인터넷은 인간의 경이로운 작품이다. "세계 최고의 팩트체커와 세계 최고의 가짜 뉴스 생산자가 같은 시대에 살고 있다."[12] 학생들에게 디지털 시대에 역사 게임이 어떻게 진행되는지 가르치지 않는다면, 학생들이 어제의 도전에는 직면할 준비가 되어 있더라도 내일 그들을 기다리는 것들 앞에서는 벌거벗은 채로 맞서게 될 것이다. 인스타그램, 트위터, 페이스북, 그리고 왓츠앱이 있기 전, 미국의 제4대 대통령 제임스 매디슨은 사람들이 믿을 만한 정보와 뻔뻔스러운 허세의 차이를 구별할 수 없을 때 무엇이 위태로워지는지를 이해했다. 그는 이렇게 말했다. "대중적인 정보가 없거나 그 정보를 획득할 수단이 없는 인기 있는 정부는 단지 소극이나 비극, 어쩌면 둘 모두의 프롤로그에 지나지 않는다."[13]

과거의 미래는 화면 속에 있을지도 모른다. 그러나 그 운명은 우리 손에 달려 있다.

역사가처럼 텍스트를 읽는 역사 수업에 거는 기대

김한종(한국교원대학교 역사교육과 교수)

"역사를 알지 못하는 세대" -역사 교육을 개탄하는 목소리

초등학생부터 대학생까지 많은 미국 학생이 역사에 무지하다. 학생들이 반드시 알아야 한다고 역사 교사들이 판단하는 역사적 인물, 연도, 사건을 미국 학생들은 제대로 알지 못한다. 본문 내용 중 학생들이 "1776년 무슨 일이 일어났는지는 알지 못했고, 토머스 제퍼슨을 제퍼슨 데이비스와 혼동했으며"라는 대목에서는 '설마' 하는 생각도 든다. 그러면서도 미국의 이런 상황이 한국 사회와 오버랩 된다. 어떤 학생이 3·1 운동을 '삼쩜일운동'이라고 읽었다는 얘기가 한동안 사람들의 입에 오르내렸다. 어느 유명 걸그룹 멤버는 예능 프로그램에서 이순신과 안중근이 무슨 활동을 했던 사람인지 대답하지 못해서 커다란 비난에 휩싸이고 사과를 해야 했다. 새로운 세대가 사회 구성원이라면 응당 알아야 할 역사적 사실조차 모른다는 문제는 한국이건 미국이건 마찬가지인 것 같다. 그리고 이런 현실은 곧 학교 역사 교육의 문제점을 지적하는 것으로 이어져 결국에는 역사 교육을 강화해야 한다는 식으로 귀결된다.

그런데 역사를 알지 못하는 것을 개탄하는 목소리가 단순히 교양이나 상식의 부재를 문제 삼는 것일까? 이런 문제 제기에 동원되는 사례는 대부분 건국, 독립운동, 국가 발전, 전쟁 같은 역사적 사건 및 이와 관련된 인물들이다. 예를 들면, 미국의 경우 독립과 남북전쟁 등의 사건이나, 조지 워싱턴과 에이브러햄 링컨 같은 인물들이다. 한국의 경우 이순신이나 안중근, 한국전쟁 등의 자주 거론된다. 역사적 사건이나 인물들은 대중에게 정체성을 부여한다. 청소년이 역사를 제대로 모르는 것을 개탄하는 이유 중 하나는 역사에 대한 무지가 정체성의 상실로 이어지지 않을까 하는 우려 때문이다. 여기에서 정체성은 국가나 민족 정체성으로, 이런 정체성을 뒷받침하는 역사는 국가나 민족 내러티브다. 예컨대, 미국사의 전통적 내러티브는 자유freedom와 진보progress다. 국가나 민족이라는 이름을 걸고 있지만, 이런 역사는 지배 집단의 관점에서 해석한 국가 신화이다. 그렇다면 역사 교육의 문제를 정체성의 위기로 보는 것이 타당한가? 학생들의 역사 지식을 늘리면 이 문제가 해결되는가?

대안이 되지 못하는 '민중의 역사'

역사 교과서나 일반 역사책에 서술된 역사적 사실이 지배 집단의 관점을 반영한 것이라면, 이를 극복하는 방법은 민중의 역사일까? 그 대답은 '아니다'이다.

오늘날 우리는 매일매일 인터넷으로 수많은 역사 지식을 접한다. 구태여 그 역사 지식을 머릿속에 간직할 필요가 없다. 그보다 더 설득력이 있는 대안은 지배 집단의 관점에서 벗어나 소수, 타자, 약자의 관점에서 접근하고, 이들의 눈으로 해석하는 역사이다. 민중의 역사가 그런 역사이다. 그러나 와인버그는 한국에도 잘 알려져 있는 미국 역사학자 하워드 진이 강조한 민중사에 대한 비판을 통해, 민중사가 그 대안이 될 수 없음을 지적한다. 하워드 진의 민중사가 역사를 바라보는 또 다른 시각을 제공하며 미국 사회에 커다란 반향을 불러일으켰지만, 신뢰성 있는 자료를 바탕으로 하지 않아 비역사적이라는 것이다. 민중의 역사는 국가 내러티브와 대비되는 듯하지만, 또 다른 측면에서 교조적이다. 국가 내러티브가 학생들에게 만들어진 역사를 주입하듯이, 역사적 관점이나 해석은 다르지만 민중의 역사 또한 정해진 역사를 그대로 받아들이게 한다. 그리고 이는 역사에 대한 "근거 없는 확신"에서 비롯된 것이라고 비판한다.

와인버그는 학생들에게 역사적 상황을 판단하거나 사실을 평가하는 대립되는 견해를 제시하고, 어느 쪽 견해가 옳은지 탐구하고 토론하는 수업도 그 대안이 될 수 없다고 본다. 원래 이런 토론 수업은 역사적 사실을 해석하고 평가하는 서로 다른 관점이 존재함을 이해하고, 자신의 관점에서 역사를 해석하는 경험을 제공한다는 데 의미가 있다. 또한 이 과정에서 학생들은 자신들의 주장을 체계적으로 정리하고 설득력 있는 근거를 제시하기도 한다. 그러나 와인버그가 보기에 이런 식의 역사 수업은 유럽 사람들의 축구 응원과 마찬가지다. 어떤 사실이나 현상을 생각하도록 독려하는 대신 야유하는 법을 가르친다는 것이다. 와인버그의 이런 지적은 한국의 학교에서 이루어지고 있는 역사 교육을 되돌아보게 한다. 현재 역사 수업의 사례로 자주 소개되는 것이 이런 식의 접근이기 때문이다. 예컨대, "신라의 삼국통일은 긍정적인가, 부정적인가?" "(고려

때) 서경천도가 바람직한가, 그렇지 않은가?" "서구 열강에 문호 개방을 해야 하는가, 하지 말아야 하는가?" 같은 식의 수업이 소개되고, 교과서의 탐구 활동에도 제시되어 있다.

와인버그는 이런 방식의 수업이 다른 사람의 생각을 가로막고 야유하는 방법을 가르치는 것이라고 비판한다. 그런데 과연 와인버그의 비판을 역사 교육에서 나타나는 일반적인 현상이라고 할 수 있을까? 토론 수업에서 학생들은 상대방을 비판하는 것보다는, 자신의 주장을 체계화하고 이를 뒷받침하는 전거를 제시하는 데 더 큰 힘을 기울인다. 또한 토론이 반드시 두 가지 주장이나 논리 중 어느 쪽이 맞는가 하는 양자택일의 문제는 아니다. 숙의민주주의 절차에서 볼 수 있듯이, 토론 과정에서 제3의 방안을 비롯한 최선의 방책을 모색하거나 합의에 도달하는 것을 추구할 수도 있다. 반면 찬반 토론이 학생들의 사고 폭을 좁히고, 자신의 관점에서 해석하는 것을 오히려 제약하는 역기능을 하기도 한다. 이런 문제를 보완하려면, 다원적 관점이나 다중 시각이 역사적 사고의 토대가 되어야 할 것이다.

인식론적 지식을 위한 역사 텍스트 읽기

와인버그는 인터넷이 다양하고 방대한 역사 지식의 창고 역할을 하고 있지만 이러한 인터넷 자료들이 기존 역사 교육의 문제점에서 벗어날 수 있는 해결책을 궁리하지 못했음을 밝힌다. 다양한 관점과 해석을 담은 자료를 제공한다고 해서 학생들이 비판적 사고를 할 수 있는 것은 아니다. 가장 큰 문제점은 정보의 신뢰성을 파악하고, 가치 있는 정보와 그렇지 못한 정보를 가려내기가 쉽지 않다는 점이다. 와인버그는 전문적인 훈련을 한 역사학자들조차도 인터넷에서 신뢰성이 높은 정보와 가짜 정보를 구분하기 어렵다는 실증적 연구를 제시한다. 이 때문에 전 세계에 엄청난 양의 정보를 제공하는 구글도 기존 역사 교육의 대안이 될 수는 없다.

와인버그가 대안으로 제시하는 것은 사실 지식의 습득이 아니라, 역사 인식의 경험을 제공하는 교육을 하자는 것이다. 이런 주장은 이 책에서 처음 하는 것은 아니다. 저자는 앞서 《Historical Thinking and Other Unnatural Acts》(2001, 한국어판 《역사적 사고와 역사 교육》)에서 이런 연구를 소개했다. 학생과 역사 전공자의 차이는 역사적 사실의 성격을 인식하고, 이를 염두에 두며 텍스트를 읽는지 여부에 달려 있다. 역사 전공자는 설사 과거에 일어난 사실을 덜 기억하고 있더라도 부텍스트subtext를 익숙하게 읽는다는 것이다. 따라서 기존 학교 역사 교육의 문제점을 해소하는 방법은 학생들에게 역사가의 경험을 밟게 하는 것이다.

와인버그가 제시한 방법은 '역사가처럼' 텍스트를 읽는 것이다. '역사가처럼'이라는 말은 이 책을 비롯한 와인버그의 글에서 역사 수업의 방향과 관련해 자주 등장한다. 그렇다면 역사가의 탐구 절차는 어떨할까? 와인버그가 역사가처럼 읽기의 요소로 제시하는 것은 출처 확인, 맥락화, 증거의 사용, 확증이다. 그렇다고 해서 모든 역사 텍스트를 이 방법으로만 읽어야 하는 것은 아니다. 주제나 학습 과제에 따라 읽기는 달라진다.

일련의 역사 텍스트 읽기 단계에서 나타나는 역사적 사고의 핵심은 의문을 가지는 것이다. 예를 들면, 교과서에 나오는 역사 지식을 당연하다고 생각하는 것이 아니라, 그 내용이 어디에서 온 것인지 문제 제기를 하는 것이다. 이 책에서 와인버그는 조사연구를 통해 학생과 역사학자의 사고방식 차이를 제시한다. 학생들은 역사적 사실을 비판적으로 바라보되, 텍스트에 담겨 있는 의미를 읽어내지는 못한다. 이와 달리, 젊은 역사학자들은 해당 자료와 시기를 더 잘 이해하고자 무엇을 알아야 할지 결정한다. 텍스트에 어떤 문제 제기를 하는가에 따라 읽기는 달라질 수 있다. 이처럼 의문을 가지고 자료를 탐구하는 것이 와인버그가 말하는 비판적 사고이다.

와인버그가 보기에 역사가들이 역사 텍스트를 그 밖의 사람들과 달리 읽는 것은 맥락적 지식을 가지고 있기 때문이다. 맥락적 지식은 텍스트에서 다루는 역사적 사실을 당시 사회 상황에 비추어 이해하는 것이다. 와인버그는 조지 워싱턴의 문서를 성직자, 과학자, 역사가 들이 읽을 때 어떤 차이가 나는지 비교함으로써, 맥락적 지식의 중요성을 뒷받침한다. 하나의 문서가 아니라 여러 문서를 비교하면서 읽는 것 또한 역사가처럼 읽는 방법이다.

디지털 시대에 역사적 사고도 본질적으로는 이런 역사 텍스트 읽기와 마찬가지다. 와인버그가 디지털 시대를 내세운 것은 인터넷에 떠도는 역사 지식이 부정확하다는 것을 강조하기 위해서는 아닐 것이다. 그보다는 역사자료를 비판적으로 읽어야 하는 필요성에 초점을 맞추고 있다. 디지털 시대는 그 어느 때보다 역사자료에 질문을 던지고 비판적으로 읽기를 필요로 한다. 역사 교육에서 디지털 리터러시의 핵심도 텍스트의 비판적 읽기다.

와인버그의 주장이 한국의 역사 수업에 시사하는 바는 무엇인가?

와인버그는 한국의 역사교육학자들에게는 상당히 익숙하며, 역사

교육 책이나 논문에도 그의 연구 결과가 자주 소개된다. 학생들에게 역사적 사실 자체뿐 아니라, 그것이 어떤 과정을 거쳐 만들어졌고 성격은 무엇인지 가르쳐야 한다는 주장은 이미 오래전부터 제기되어왔으며, 널리 받아들여지고 있다. 역사 텍스트 읽기의 요소나 절차 등도 활발히 논의되고 있다. 역사 텍스트 읽기가 학생들이 역사를 이해하는 데 미치는 영향 등을 조사한 연구도 다수 나왔다. 역사 기록 외에 문학작품, 구술, 일기와 수기 등 다양한 자료들이 역사 연구나 교육에 활용되고, 텍스트 외에 영화, 그림, 사진 읽기 등도 연구되고 있다. 와인버그는 텍스트 읽기에 주목하지만, 이런 비문자 자료나 다른 교과 영역의 문서들도 텍스트이며, 역사 학습에 사용될 수 있다는 점에서는 공통적이다. 이런 점에서 보면, 이 책에서 와인버그가 주장하는 논지나 제시된 연구 사례들은 학생들에게 비판적 사고의 경험을 제공하기 위한 역사 수업이 어떤 방향으로 나아가야 하는지를 간접적으로 잘 보여준다. 와인버그의 연구와 주장이 한국의 역사교육학계에서 활발하게 소개되는 이유이기도 하다. 역사적 사실과 역사 연구의 본질에 맞는 사고방식을 기대하는 마음과, 역사를 역사답게 가르치고자 하는 바람이 담겨 있는 것이다.

그렇지만 이 책의 논지에 아무런 의문이 생기지 않는 것은 아니다. 앞에서 말했듯이, 와인버그는 역사가들이 맥락적 지식을 가지고 역사 텍스트를 읽는다고 설명했다. 맥락적 지식은 어떻게 획득되는 것일까? 역사적 사실에 대한 이해를 바탕으로 한 맥락적 지식은 역사 공부의 산물이다. 역사적 사실을 가르치는 것을 위주로 하는 역사 교육에서 탈피해야 한다고 하지만, 그것 없이 맥락적 지식을 가질 수 있을까? 학생들에게 자료를 제공하고 주어진 과제를 탐색하게 하는 방식은 한국의 학교 역사 수업에서 흔히 찾아볼 수 있다. 교사들은 이런 역사 수업에서 자료

탐구에 앞서 먼저 시대 배경이나 텍스트에 나오는 역사적 사실이 나타나게 된 배경을 가르친다. 교사가 직접 설명하거나 사회 상황을 파악할 수 있는 자료를 먼저 제공하기도 한다. 텍스트를 읽는 데 필요한 맥락적 지식을 먼저 다루는 것이지만, 이는 결국 학생들에게 알아야 할 역사적 사실로 다가간다. 그렇다고 해서 역사 수업에서 이런 절차가 없다면, 학생들이 역사가처럼 텍스트를 읽거나 생각하기는 어렵지 않을까?

본질적인 질문은 여전히 남는다. 왜 역사를 배워야 할까? 물론 와인버그는 이렇게 대답할 것이다. 학생들이 역사가처럼 사고하는 경험을 한다면, 스스로 사회현상을 비판적으로 생각할 수 있을 것이라고. 그렇지만 역사 텍스트 읽기가 곧 사회현상을 비판적으로 생각하는 경험이 되거나, 비판적으로 생각하는 경험을 했다고 해서 그것이 곧 실천적 행동으로 이어진다고 낙관할 수는 없다.

만약 역사 교육의 본질이 이런 실천성을 기르는 데 있지 않다면, 역사 교육에서 비판적 사고는 어떤 의미를 갖는가? 오늘날 학교 역사 교육이 위기에 처한 것은 학교에서 다루는 역사가 학생들에게 의미 있게 다가오지 않기 때문이다. 역사를 '역사답게' 가르치고, '역사의 본질에 맞게' 사고하는 경험을 제공하더라도, 그것이 학생들에게 의미 있는 것이 아니라면 역사 교육은 설 자리를 찾기 어렵다. 이 책이 교실 역사 수업에 좋은 아이디어를 제공함에도 또 다른 과제로 다가오는 이유다.

와인버그는 역사 교육의 희망을 논하는 마지막 장에서 요즈음 미국 청소년들에게 유명한 인간상은 이전과는 다르다는 점을 지적한다. 미국의 평등운동이 흑백문제로 축소되었다든지, 역사적 사실의 여러 측면을 보는 데는 소홀하다는 문제점을 가지고 있지만, 역사 수업이나 역사 텍스트 하나가 청소년의 역사 인식에 영향을 줄 수 있다는 점에서는 희망적이다.

"어쩌면 우리는 너무나도 많은 시간을 아이들이 모르는 것을 찾아내는 데 쓰고, 정작 무엇을 알고 싶어 하는지 묻는 것을 잊어버린 것일지도 모른다." 이 책의 훌륭한 결론이다. 나는 여기에 "아이들에게 의미 있는 역사가 무엇인지를 찾아야 한다"라는 말을 덧붙이고 싶다. 그러한 역사 교육은 우리에게 희망을 줄 것이다.

부록

감사의 말

본문의 주

참고문헌

감사의 말

위기를 맞았을 때 도망가는 사람들이 있는 반면, 그 위기를 향해 달려가는 사람들도 있다. 당신은 누가 어떤 사람인지 안다고 생각하겠지만, 위기는 자신의 무지를 몰랐다는 것을 알려준다. 이 책은 그런 도전적인 상황에서 완성되었다. 함께 끝까지 달려준 최고의 팀이 아니었다면 나는 이 글을 끝낼 수 없었을 것이다. 프랜시스와 메릴 링골드, 주디스 벤저민, 벳시 체임벌린, 셸리 크로커와 샌디 키보르트, 리사 오를릭과 코리 살카, 프레드 애스트런, 팸 그로스먼, 베스 허핀, 로셸 모나스, 로빈 모스, 아론 벤더, 크리스틴 힐, 애비 레이즈먼, 마그달레나 그로스, 케이트와 밥 와인버그, 그리고 조엘 브레이크스톤. 매튜 에르난데스, MD, 빅토리아 리빙스턴, 리처드 고든은 타인에게 도움을 주는 최고의 직업 윤리를 몸소 실천했다. 할 수만 있다면, 나는 이들을 성인으로 추대하고 싶다.

하루는 딸 쇼샤나와 처제 로셸이 단 하루라도 휴식을 취하라고 나를 설득했다. "도심을 벗어나서 호텔에 가서 글을 쓰려고 해봐요"라며 간청했다. 그때 나는 끝도 없는 시간을 천장을 바라보며 지냈고, 내 게으른 노트북은 전기를 낭비하고 있었다. 나는 시애틀에서 북쪽으로 45킬로미터 정도 떨어진 금방이라도 무너져내릴 것 같은 공업 도시 에버렛으로 차를 몰았다. 그러고는 주차장에 트레일러 트럭들이 주차된 길가의 한 모텔로 들어갔다. 수영장이 있다는 것이 가장 큰 매력인 곳이었다. 다른 건 몰라도 수영은 할 수 있었다.

나는 정오에 노트북과 아몬드 한 봉지를 들고 체크인을 했고, 자판기에서 산 감자 칩과 제로 콜라로 점심을 때웠다. 내 계획은 점심을 먼저 먹고 글을 쓰는 것이었다. 그런데 나는 침대에 걸터앉아 주차장을 응시하며 더 깊은 절망감 속에서 헤매고 있었다. 얼마나 오래 있었는지 누가 알겠는가. 나는 몸을 추스르고 나 자신과 약속을 했다. 단 10분 동안만 혐오스러운 글들을 억지로 읽는 것을 포함해 모든 모멸감을 견뎌보자고 스스로를 격려했다. 나는 스마트폰의 알람을 설정하고 노트북을 열었다. 내가 알람 소리를 들었는지 기억이 나지 않는다. 그 외 어떤 소리를 들었는지도 기억나지 않는다. 시간이 흐릿해졌다. 한참 후에 나는 내가 어디에 있는지, 얼마나 시간이 흘렀는지도 모르고 있다는 사실에 깜짝 놀랐다. 스마트폰을 흘끗 보니, 무려 네 시간이 지나 있었다. 손가락이 내 머릿속을 헤집고 다니던 글들을 기록하는 매개체 역할을 하며 네 시간이나 움직인 것이다. 나는 잠시 시간을 내어 종이 한 장에 몇 마디를 끄적였다. "모든 것에도 불구하고 나는 이 책을 완성하고 말 것이다."

영감이라는 단어의 어원은 영혼이 들어갈 공간을 만들기 위해 자아를 비우는 행위를 뜻하는 라틴어 'inspiritu'이다. 어린 시절부터 수수께끼로 남아 있었던 의혹들을 잠재울 수 있었던 드문 순간에 나는 정신적으로 신비한 경험을 했다. 그것을 뭐라고 불러야 할지 지금까지도 확신이 서지 않는다. 그러나 만신창이가 되었던 그때, 나 자신을 넘어설 수 있게 해준 그 순간에 감사하고 싶다.

이 책을 쓰는 동안 친구와 동료 들은 수많은 오류와 당혹감에서 나를 구해주었다. 누군가를 빠뜨릴까 걱정스럽기도 하지만 먼저 데보라 애플먼, 브라이드 배런, 에릭 베크먼, 스티븐 블로흐슐만, 렌돌 칼더, 스콧 캐스퍼, 마이크 콜필드, 래리 큐번, 존 핀들레이, 에드 하에르텔, 조나 하센펠트, 미셸 헤르초그, 브라이언 욘스루, 그레그 캐스터, 마이클 커진, 하비 클러, 게리 콘블리스, 마이클 코트, 질 레포르, 레이첼 로턴, 데이지 마틴, 트레이시 매켄지, 촌시 몬테-사노, 월터 파커, 하워드 라인골드, 댄 러셀, 잭 슈나이더, 시모네 슈베버, 리처드 샤벨슨, 에릭 셰드, 마크 스미스, 루터 스푸어, 캐시 테일러, 데이비드 텔렌, 로라 웨스토프, 댄 윌링햄, 아낫 조하르에게 감사한다.

지난 20년간 써온 내 모든 글과 마찬가지로 이 책의 원고도 부지런히 정리해주었으며 누구보다 글쓰기에 대해 많은 것을 가르쳐준 메리 라이언에게 특별한 감사를 전한다. 연구조교 재나 가든은 올빼미 같은 경계심으로 많은 사람의 눈을 피해간 오류들을 찾아냈다. 내가 이 책의 주요 논지를 만들기 위해 몸부림칠 때 레이첼 토르가 천사처럼 나타났다. 조엘 브레이크스톤, 애비 레이즈먼, 그리고 새라 맥그루는 "속독을 요망"하는 나의 성가신 이메일에 최선을 다해 답장을 해주었다. 그들은 나를 놀라게 했다. 내가 다른 제안들을 놓고 저울질하고 있을 때, 편집자인 엘리자베스 다이슨은 내가 시카고대학출판부와 계약할 것을 확신했다. 다이슨은 처음 만났을 때부터 눈부시게 빛나는 지성으로 나를 사로잡았다. 다른 편집자는 필요하지 않았다. 에린 드위트는 추상적으로밖에 묘사될 수 없는 내 원고의 세부 사항에 주의를 기울여 정리해주었다. 정말 감사하다.

7장의 상당 부분은 촌시 몬테-사노와 공동집필했으며,《미국 역사 저널》에 처음 실렸다. 이 연구는 연구보조원으로 참여한 애리얼 던컨과 대화를 하던 중 아이디어를 얻어 시작되었다. 그는 그 이후로 줄곧 나의 소중한 벗으로 남아 있다. 때아닌 죽음으로 많은 이의 가슴에 슬픔을 안긴 로이 로젠츠바이크의 도움이 없었다면 이 연구를 결코 완성할 수 없었을 것이다.

나는 운 좋게도 훌륭한 학자들과 인생을 함께 해왔다. 내가 신뢰하는 학자들 중 특히 두 사람, 피터 사이사스와 밥 베인과는 이 책에 담긴 거의 모든 것을 함께 읽고 토론하고 논쟁했다. 데비 게르데만과의 우정은 나의 가장 오래되고 소중한 것 중 하나다. 나는 팸 그로스먼과 수전 윌슨, 이 두 지적인 자매의 사랑으로 축복을 받아왔다. 이들은 가족과 같은 유대감과 우리의 스승 리 슐먼 선생님께 많은 빚을 지고 있음을 절대 잊지 않았다.

이 책은 수십 년에 걸친 실험과 현장 연구에 바탕을 두고 있다. 이중 어느 것도 나를 믿는 사람들의 너그러운 지원이 없었다면 이루어질 수 없었을 것이다. 앤 게르마나코스는 인터넷이 다른 것들과 달리 시민권에 위협이 될 것이라는 점을 나보다 먼저 인식했다. 필 할퍼린, 나타샤 횐, 줄리 키드 등은 내 연구를 지원했을 뿐 아니라, 학자의 의무는 학술지 논문 한 편으로 끝나지 않는다는 사실을 일깨워주었다. 스펜서 재단의 에이미 드레이, 로다 프리론, 다이애나 헤스, 조셉 칸 등과 마찬가지로 로버트 R. 맥코믹 재단의 제니 최, 숀 힐리 등은 중요한 시점에 내 삶으로 들어왔다. 비비안 어메이와 리 앤 포터, 그리고 미국의회도서관의 '1차 자료로 가르치기 협력단' 멤버들은 지난 10년 동안 신뢰할 수 있는 내 지적 파트너들이었다. 휼렛 재단의 마크 천은 더 크게 생각하고 더 높은 목표를 겨냥하도록 우리 연구팀을 독려했다.

6장은 이스라엘 레호보트의 대로에 있는 카페에서 커피를 홀짝거리며 공책에 끄적거린 메모에서 시작되었다. 그때 내 대화 파트너는 절친한 친구이자 공동저자인 엘리 고틀리브였다. 예루살렘 만델 재단의 부회장으로서 엘리는 내게 이 아이디어들이 전성기를 맞이하기 전에 초안을 제시하라고 격려해줬다. 그는 항상 다정하고 비판적이면서도 조건없이 나를 지지해주었다. 만델 재단은 나의 전문성을 키워준 제2의 보금자리이다. 지난 20여 년간 나를 환영해준 모턴 맨델, 예후다 라인하르츠, 모셰 비그도르에게 감사한다. 새천년의 첫해, 대니얼 마롬과 함께한 점심식사 이후 우리는 허물 없는 논쟁 상대이자 절친한 친구가 되었다. 샤바 셰인을 처음 만난 것은 그의 프로젝트, '교실의 클리오'를 통해서였다. 그는 훗날 내 아래에서 박사과정을 밟았고, 나에게 탈무드 Ta'anit 7a의 의미를 가르쳐주었다. 만델에서 지내는 동안 내 삶은 아네트와 샤울 호흐슈타인의 끝없는 관대함 덕분에 풍요로웠다.

내 아내 수잔 모나스는 언제나 내가 가장 신뢰하는 독자이다. 그녀는 학문적 과장과 언어적 가식에 전혀 관용을 보이지 않았다. 문장에 대한 그녀의 날카로운 감각은 많은 불협화음으로부터 독자들을 구할 수 있었다. 나의 형 밥은 좋을 때나 나쁠 때나 변함없이 내 곁을 지켜주었다. 나의 세 아이들, 쇼샤나와 마이클, 라파엘은 내가 혼란스러울 때 자리를 지키는 기둥이 되어 언제나 그곳에서 기꺼이 귀를 기울여주었고, 내가 필요로 할 때 항상 나를 찾아주었으며 내가 비틀거려 서 있을 수조차 없을 때 그들에게 기댈 수 있게 해주었다. 나의 공주와 두 보물은 내게 최고의 축복이다.

본문의 주

서문 디지털 시대, 왜 역사를 배워야 하는가?

1 Kevin Sieff, "Virginia 4th-Grade Textbook Criticized over Claims on Black Confederate Soldiers," *Washington Post*, October, 20, 2010, http://www.washingtonpost.com/wp-dyn/content/article/2010/10/19/AR2010101907974.html.

2 General Orders #14, Freedmen and Southern Society Project, University of Maryland, http://www.freedmen.umd.edu/csenlist.htm.

3 이를테면, 제임스 맥퍼슨(James McPherson)은 "남부 연합 계승 단체들은 노예제와 관련된 책임을 회피하기 위해 수년 동안 이러한 주장을 해왔다"라고 말했다. 이 내용은 다음에서 인용했다. Carol Sheriff, "Virginia's Embattled Textbooks: Lessons (Learned and Not) from the Centennial Era," *Civil War History 58* (2012): 41. 또한 David Blight's review of Bruce Levine, *Confederate Emancipation: Southern Plans to Free and Arm Slaves during the Civil War* (New York: Oxford University Press, 2005)와 "Desperate Measures," *Washington Post*, March 5, 2006, http://www.washingtonpost를 참조하라. 케빈 레빈의 타의 추종을 불허하는 웹사이트 '남북전쟁의 기억'(cwmemory.com)은 남북전쟁에 관한 사이비 역사를 바로잡기 위한 자료들을 가지고 있다.

4 '남부 연합 참전 용사의 아들들'에 관해서는 www.scv.org/documents/edpapers/blackhistory.pdf를 참조하라.

5 Karine Nahon and Jeff Hemsley, *Going Viral* (Cambridge: Polity, 2013).

6 Sarah McGrew, Teresa E. Ortega, Joel Breakstone, and Sam Wineburg, "The Challenge That's Bigger than Fake News: Civic Reasoning in a Social Media Environment," *American Educator 43*, no. 3 (2017): 4–11; Joel Breakstone, Sarah McGrew, Teresa E. Ortega, and Sam Wineburg, *Evaluating Students' Civic Online Reasoning*, Executive Summary of Report to the Robert R. McCormick Foundation, https://purl.stanford.edu/fv751yt5934.

7 Lisa Graves, "Corporate America's New Scam: Industry P.R. Firm Poses as Think Tank!" Slate,

November 13, 2013, http://www.salon.com/2013/11/13/corporate_americas_new_scam_industry_p_r_firm_poses_as_think_tank/; Eric Lipton, "Fight Over Minimum Wage Illustrates Web of Industry Ties," *New York Times*, February 9, 2014, https://www.nytimes.com/2014/02/10/us/politics/fight-over-minimum-wage-illustrates-web-of-industry-ties.html.

8 공통핵심기준에 대해서는 http://www.corestandards.org/about-the-standards/frequently-asked-questions/를 참조하라.

9 실제 시험 문제는 여러 인터넷 웹사이트에서 확인할 수 있다. 이를테면, https://s3.amazonaws.com/s3.documentcloud.org/documents/1213301/rialto-unified-holocaust-essays-set-12-part-03.pdf 혹은 Beau Yarbrough, "Rialto Unified Defends Writing Assignment on Confirming or Denying Holocaust," *San Bernardino (CA) Sun*, May 4, 2014, http://www.sbsun.com/social-affairs/20140504/exclusive-rialto-unified-defends-writing-assignment-on-confirming-or-denying-holocaust를 참조하라.

10 이 웹사이트는 유대인이 제1, 2차 세계대전에 자금을 대고, 실행 및 지휘를 했다는 주장을 하는 등 신나치주의 단체와 관련된 다양한 음모론을 퍼뜨리고 있다. "On the Jewish Question in Europe," https://www.biblebelievers.org.au/jq1.htm를 참조하라.

11 Beau Yarbrough, "Holocaust Denied by Students in Rialto School Assignment," *San Bernardino (CA) Sun*, July 11, 2014, http://www.sbsun.com/social-affairs/20140711/exclusive-holocaust-denied-by-students-in-rialto-school-assignment?utm_content=bufferfb63d&utm_medium=social&utm_source=twitter.com&utm_campaign=buffer; 에세이 pdf 파일은 다음을 참조하라. http://www.documentcloud.org/documents/1213307-rialto-unified-holocaust-essays-set-13-part-05.html#document/p21/a165412.

12 Beau Yarbrough, "Rialto Unified: Eighth-Grader Essays Don't Deny Holocaust History," *San Bernardino (CA) Sun*, May 8, 2014, http://www.sbsun.com/social-affairs/20140508/rialto-unified-eighth-grader-essays-dont-deny-holocaust-history.

13 이른바 "흑인 남부군"이라고 가장 널리 알려진 사진 중 하나는 사실 북부 연방군의 아프리카계 미국인 사진을 조작한 것이다. Jerome S. Handler and Michael L. Tuite Jr., "Retouching History: The Modern Falsification of a Civil War Photograph," http://people.virginia.edu/~jh3v/retouchinghistory/essay.html를 참조하라.

14 가브리엘 프로서는 2006년 전국교육성취도평가의 선다형 문항(#142, 2006-8H9 #8, "유명한 아프리카계 미국인들")에 등장했다. 공개된 문항은 '스크리브드(Scribd, 전자책과 오디오북을 제공하는 공공 디지털 도서관—옮긴이)'에서 볼 수 있다. https://www.scribd.com/document/59470582/Nae-Phi-Story-Questions-Answers-Etc; 기틀로 대 뉴욕주 소송 판례에 대한 문제는 전국교육성취도평가를 위한 *United States History Framework for the National Assessment of Educational*

Progress (Washington, DC: National Assessment Governing Board, Department of Education, 2006, p.29)에서 확인할 수 있다. Sam Wineburg, Mark Smith, Joel Breakstone, "The 'Nation's Report Card' Says It Assesses Critical Thinking in History—But NAEP Gets an F on That Score," *Washington Post*, September 19, 2017, https://www.washingtonpost.com/news/answer-sheet/wp/2017/09/19/the-nations-report-card-says-it-assesses-critical-thinking-in-history-but-naep-gets-an-f-on-that-score/?utm_term=.fbc693ecd814.

15 www.hitler.org를 참조하라. 이 예시에 대해 도움을 준 T. 밀스 켈리(T. Mills Kelly)에게 감사한다. 그의 책 *Teaching History in the Digital Age*, Ann Arbor: University of Michigan Press, 2013을 참조하라.

16 WHOIS(whois.icann.org)는 누구나 사용하기 쉽다. 7장을 참조하라.

1부 역사 교육이 처한 역경

1장 역사에 집착하다

1 이 장의 일부는 Sam Wineburg, "Crazy for History," *Journal of American History 90* (2004): 1401–14; J. Carleton Bell and David F. McCollum, "A Study of the Attainments of Pupils in United States History," *Journal of Educational Psychology 8* (May 1917): 257–58에 수록되었다.

2 Bell and McCollum, "A Study of the Attainments of Pupils in United States History," 268–69. 5년 후 벨과 맥컬럼은 소규모로 이 조사를 다시 실행했다. D. H. Eikenberry, "Permanence of High School Learning," *Journal of Educational Psychology 14* (November 1923): 463–81와 Garry C. Meyers, "Delayed Recall in History," *Journal of Educational Psychology 8* (May 1917): 275–83을 참조하라.

3 Benjamin Fine, "Ignorance of U.S. History Shown by College Freshmen," *New York Times*, April 4, 1943, 1; Allan Nevins, "American History for Americans," *New York Times Magazine*, May 3, 1942, 6, 28. 《뉴욕타임스》의 조사는 대학에 미국사 필수 과목이 부족하다는 폭로에 이어 이루어졌다. 이에 대해서는 다음을 참조하라. *New York Times*, June 21, 1942, 1. 사설은 1943년 4월 4일, 32를 참조하라. 매체가 이 조사를 어떻게 보도했는지는 다음을 참조하라. Richard J. Paxton, "Don't Know Much about History—Never Did," *Phi Delta Kappan 85*, no. 4 (December 2003), 264–73.

4 Bernard Bailyn, "*Times* Test Shows Knowledge of American History Limited," *New York Times*, May 2, 1976, 1, 65.

5 Diane Ravitch and Chester E. Finn, *What Do Our Seventeen Year Olds Know? A Report on the First*

National Assessment of History and Literature (New York: Harper & Row, 1987); Alexandra S. Beatty, Clyde M. Reese, Hilary R. Persky, and Peggy Carr, *NAEP 1994 U.S. History Report Card: Findings from the National Assessment of Educational Progress* (Washington, DC: National Center for Education Statistics, NAEP, 1996), http://nces.ed.gov/pubsearch/pubsinfo.asp?pubid=96085. 다음과 비교해 보라. Edgar B. Wesley, *American History in Schools and Colleges* (New York: Macmillan, 1944). 냉전의 불안이 극에 달했을 때, 맥컬럼은 대학 졸업자들을 대상으로 소련에 대한 지식 조사를 실시했다. 25퍼센트 이상이 수도 모스크바를 언급할 수 없었고, 약 80퍼센트가 러시아 작가 중 단 한 명의 이름도 대지 못했다. Harrison E. Salisbury, "What Americans Don't Know about Russia," *McCall's Magazine 84* (June 1957): 40–41.

6 Ravitch and Finn, *What Do Our Seventeen Year Olds Know?*, 201.

7 *USA Today*, May 10–12, 2002, 1; *Greensboro (NC) News and Record*, May 13, 2002, A8; Lee Bockhorn, "History in Crisis," *Weekly Standard*, May 13, 2002(LexisNexis Academic에서 이용 가능). Diane Ravitch quoted in the *Palm Beach (FL) Post*, May 10, 2002, 13a.

8 Michael A. Fletcher, "Students' History Knowledge Lacking, Test Finds," *Washington Post*, May 9, 2002. 전국교육성취도평가 관계자의 말은 https://www.usnews.com/news/articles/2015/04/29/report-us-middle-schoolers-fall-short-in-history-civics-education?offset=80뿐 아니라 *USA Today*, May 10–12, 2002, 1을 참조하라. Rod Paige quoted in David Darlington, "U.S. Department of Education Releases Results of Latest U.S. History Test," Perspectives on History, July 2002, https://www.historians.org/publications-and-directories/perspectives-on-history/summer-2002/us-department-of-education-releases-results-of-latest-us-history-test.

9 Caroline Porter, "U.S. Students Stagnate in Social Studies," *Wall Street Journal*, April 29, 2015, https://www.wsj.com/articles/u-s-students-stagnate-in-social-studies-1430280062; and Allie Bidwell, "Few Eighth-Graders Proficient in U.S. History, Civics," *U.S. News and World Report*, April 29, 2015, https://www.usnews.com/news/articles/2015/04/29/report-us-middle-schoolers-fall-short-in-history-civics-education?offset=80.

10 Kimberly Hefling, "8th Graders Struggle in History, Civics on National Exam," *AP News*, April 29, 2015, https://www.apnews.com/2de1ce4aed974fc297c8ba9b-c6c9e831.

11 Les Francis, "Civic Ignorance Begets Civil Unrest," *Real Clear Politics*, May 7, 2015, http://www.realclearpolitics.com/articles/2015/05/07/civic_ignorance_begets_civil_unrest_126509.html.

12 학생들의 56퍼센트가 정확하게 금본위제에 대한 문항에 답할 정도로 놀라운 성적을 거두었다. 2001년 전국교육성취도평가 문항은 국립교육통계센터(National Center for Education Statistics) 홈페이지 http://nces.ed.gov/nationsreport-card/에서 볼 수 있다.

13 Albert Shanker Institute, *Education for Democracy* (Washington, DC: Albert Shanker Institute, 2003), 6, 7, http://www.shankerinstitute.org/sites/shanker/files/efd-final.pdf (emphasis added).

14 20세기 전반 20년 동안 역사는 교육과정에서 그 어떤 시기보다 강력한 지위를 차지하고 있었다. 한 교육사학자는 "1900년까지 역사는 …… 초등학교와 중학교에서 사회과의 다른 모든 과목을 합친 것보다 더 많은 시간을 쏟고 더 많은 관심을 받았다"라고 썼다. 1890~1920년 역사가 교육과정에서 우위를 차지하고 있었지만, 그 정점은 아마도 1915년이었을 것이다. Edgar B. Wesley, "History in the School Curriculum," *Mississippi Valley Historical Review 29* (March 1943): 567.

15 이 시기의 학교교육과정에 대해서는 다음을 참조하라. Hazel W. Hertzberg, "History and Progressivism: A Century of Reform Proposals," in *Historical Literacy: The Case for History in American Education*, ed. Paul Gagnon and the Bradley Commission on History in Schools (New York: Macmillan, 1989), 69-102. Bell and McCollum, "Study of the Attainments of Pupils in United States History," 268.

16 Nevins, "American History for Americans," 6.

17 E. D. Hirsch, cited in Chester E. Finn and Diane Ravitch, "Survey Results: U.S. Seventeen-Year-Olds Know Shockingly Little about History and Literature," *American School Board Journal 174* (October 1987): 32; Rod Paige quoted in "Students and U.S. Secretary of Education Present a Solution for U.S. Historical Illiteracy," Ascribe Newswire, June 8, 2002(LexisNexis Academy에서 이용 가능). "부끄럽다"는 표현에 대해서는 다음을 참조하라. Ravitch and Finn,*What Do Our Seventeen Year Olds Know?*, 201. 다른 나라에서 이 같은 강박을 보인 사례는 다음 글을 참조하라. Jack Granatstein, *Who Killed Canadian History?* (Toronto: HarperCollins, 1998); Yoram Bronowski, "A People without History," *Haaretz* (Tel Aviv), January 1, 2000.

18 유사한 시험 결과는 오늘날 학생들이 알고 있는 것이 과거에 알고 있던 것과 일치한다는 것을 보여주지는 않는다. 그러나 "각 그룹은 그들에게 제시된 특정 시험 문제에 대해 거의 비슷한 점수를 냈다. 이러한 관찰은 문항 난이도 분포 비교로 뒷받침된다. 42년 동안 이러한 문항 난이도 분포 형태와 위치는 놀라울 정도로 유사하다." Dale Whittington, "What Have 17-Year-Olds Known in the Past?," *American Educational Research Journal 28* (Winter 1991): 759-80.

19 선다형 시험의 기원은 제1차 세계대전 시기 실시한 최초의 대규모 미국사 시험, 곧 미국 육군의 지능검사인 알파시험(Army Alpha)과 베타시험(Army Beta)으로 거슬러 올라간다. 다음을 참조하라. Daniel J. Kevles, "Testing the Army's Intelligence: Psychologists and the Military in World War I," *Journal of American History 55* (December 1968): 565-81; Franz Samelson, "World War I Intelligence Testing and the Development of Psychology," *Journal of the History of the Behavioral Sciences 13* (July 1977): 274-82; and John Rury, "Race, Region, and Education: An

Analysis of Black and White Scores on the 1917 Army Alpha Test," *Journal of Negro Education* 57 (Winter 1988): 51-65. 현대 시험제도에 대한 비판적이며 비기술적인 개관은 다음을 참조하라. Stephen Jay Gould, *The Mismeasure of Man* (New York: Norton, 1981); Banesh Hoffmann, *The Tyranny of Testing* (New York: Dover, 1962); Leon J. Kamin, *The Science and Politics of IQ* (Potomac, MD: Routledge, 1974); Paul L. Houts, ed., *The Myth of Measurability* (New York: Hart, 1977); and Cathy N. Davidson, *Now You See It* (New York: Penguin, 2011), 특히 4장을 참조하라. Lee J. Cronbach, "Five Decades of Public Controversy over Mental Testing," *American Psychologist* 30 (January 1975): 1-14에서는 현대 정신 능력 측정의 주요 특징에 대한 타당한 평가를 다루고 있다.

20 Cooperative Test Service of the American Council on Education, *The Cooperative Achievement Tests: A Handbook Describing Their Purpose, Content, and Interpretation* (New York, 1936), 6.

21 개리슨 케일러의 유명한 구절은 다음을 참조하라. "Registered Trademarks and Service Marks," *A Prairie Home Companion*, https://www.prairiehome.org/about/legal.

22 역사학자들조차 그들의 전문분야 외의 문제에 대해서는 성적이 형편없다. 버클리대학, 하버드대학, 스탠퍼드대학에서 수학한 역사학자들이 고등학교 교과서 질문에 대한 정답률은 35퍼센트에 그쳤는데, 어떤 경우에는 대학과목 선이수제 과정 미국사 수업을 받은 고등학생 비교집단보다 더 낮은 점수를 받았다. 다음을 참조하라. Samuel S. Wineburg, "Historical Problem Solving: A Study of the Cognitive Processes Used in the Evaluation of Documentary and Pictorial Evidence," *Journal of Educational Psychology* 83, no. 1 (1991): 73-87.

23 Samantha Burg, ed., *The Nation's Report Card: U.S. History 2010: The National Assessment of Educational Progress at Grades 4, 8, and 12* (Washington, DC: National Center for Education Statistics, 2011).

24 "Editorial: History Education Fails the Grade," *Topeka (KS) Capital Journal*, June 20, 2011, http://cjonline.com/opinion/2011-06-20/editorial-history-education-fails-grade.

25 Kathryn Weathersby, "Soviet Aims in Korea and the Origins of the Korean War: 1945-1950: New Evidence from Russian Archives" (Working Paper No. 8, Cold War International History Project, Woodrow Wilson International Center of Scholars, Washington, DC. 1993); Kathryn Weathersby, "New Russian Documents on the Cold War," *Cold War International History Project Bulletin*, nos. 5–6 (Winter 1995-96): 30-40.

26 Ralph Wetterhahn, "To Snatch a Sabre," *Air and Space Magazine*, July 2003, http://www.airspacemag.com/military-aviation/to-snatch-a-sabre-4707550/?all2/.

27 Kathryn Weathersby, "The Soviet Role in the Korean War: The State of Historical Knowledge," in *The Korean War in World History*, ed. William Stueck (Lexington: University Press of Kentucky, 2004), 78.

28 이에 대한 개관은 다음을 참조하라. Xiaoming Zhang, *Red Wings Over the Yalu: China, the*

Soviet Union, and the Air War in Korea (College Station: Texas A&M University Press, 2003).

29 선다형 문항이 아닐 경우 기능적 대체물은 문항-시험 상관계수이다. 양분상관계수 또는 문항-시험 상관계수의 범위는 −1.00부터 +1.00까지이며, -1.00은 비효율적인 시험 문항에 대한 점수, +1.00은 완벽한 문항에 대한 점수다. 최상위 집단의 모든 학생이 특정 문항을 맞추었고 최하위 집단 학생 모두는 틀렸다면(완벽한 부적 상관의 경우에는 반대) +1.00 상관계수가 부여될 것이다. 대규모 시험에서 선다형 문항의 대부분은 +.25에서 +.50 범위의 양분상관계수를 가진다.

30 대규모 성취도 평가의 편향에 대해서는 다음을 참조하라. Roy O. Freedle, "Correcting the SAT's Ethnic and Social-Class Bias: A Method for Reestimating SAT Scores," *Harvard Educational Review 73* (Spring 2003): 1−43. 프래들리의 주장에 대한 비전문적 개관은 다음을 참조하라. Jeffrey R. Young, "Researchers Charge Racial Bias on the SAT," *Chronicle of Higher Education*, October 10, 2003, A34; and Jay Mathews, "The Bias Question," *Atlantic Monthly 292* (November 2003): 130−40.

31 정규분포곡선은 수천 개의 25센트 동전을 던져 항상 앞면이 나오도록 하는 확률 실험과 관련이 있다. 던지는 수가 무한에 가까워질수록 곡선은 대칭이 된다. 결과를 사전에 고정함으로써 역사적 능력을 잘 만들어진 패턴으로 분산시킬 수 있다. 정규곡선에 대한 가장 훌륭한 비평은 물리학자에 의해 이루어졌다. 다음을 참조하라. Philip Morrison, "The Bell Shaped Pitfall," in *Myth of Measurability*, ed. Houts, 82−89. 또한 Irving M. Klotz, "Of Bell Curves, Gout, and Genius," *Phi Delta Kappan 77*, no. 4 (December 1995): 279−80을 참조하라.

32 Whittington, "What Have 17-Year-Olds Known in the Past?," 778. 양분상관계수(현재 문항 반응 이론에 채택된 등가물)의 사용은 "구조"를 평가한다는 일차원성에 근거한다. 즉, J. 칼턴 벨(J. Carleton Bell)의 1917년 공식의 영향으로 "역사적 지식"은 서로 다른 요소로 구성된 분명하지 않은 구조가 아니라 하나의 실체로 간주된다. 전형적인 정신 능력 측정의 추론은 다음을 따른다. "전체 시험 점수와 15포인트 미만의 상관계수를 가지는 문항은 재조정해야 한다. 그러한 문항들이 시험에서 요구하는 것과 같은 기술이나 능력을 측정하지 않는다는 것이 가장 좋은 추측이다. 일반적으로 시험 문항들은 동질적일수록(즉, 신뢰도가 높을수록) 더 좋다." Jerard Kehoe, "Basic Item Analysis for Multiple-Choice Tests," *Practical Assessment, Research & Evaluation 4*, no. 10 (November 1995), http://pareonline.net/getvn.asp?v=4&n=10.

33 1936년에 공동평가원이 교사들에게 설명했듯이, "시험의 목적은 개인 간의 차이를 발견하는 것이며, 또한 시험에서 각 문항이 달성해야 할 목적일 것이다. 모든 학생이 답할 수 있는 문항은 분명히 그 차이점을 발견하는 데 도움이 되지 않는다. 따라서 시험에 그러한 문항을 포함해서는 안 된다." Cooperative Test Service, *Cooperative Achievement Tests*, 6.

34 National Assessment Governing Board, *U.S. History Framework for the 2010 National Assessment of Educational Progress* (Washington, DC: U.S. Department of Education, 2011), 42−43, http://www.nagb.

org/publications/frameworks/historyframework.pdf.

35 National Center for Education Statistics, *NAEP Questions Tool*, http://nces.ed.gov/nationsreportcard/itmrlsx/search.aspx?subject=history.

36 Mark D. Smith, "Assessments of Historical Thinking: Three Validity Studies" (PhD diss., Stanford University, 2014); Mark D. Smith, "Cognitive Validity: Can Multiple-Choice Items Tap Historical Thinking Processes?" *American Educational Research Journal* 54, no. 6 (July 5, 2017): 1256–87, DOI: 10.3102/0002831217717949.

37 National Center for Education Statistics, *NAEP Questions Tool*, http://nces.ed.gov/nationsreportcard/itmrlsx/search.aspx?subject=history.

38 남북전쟁 관련 문제는 1987년 전국교육성취도평가에 출제된 것이다. E. D. Hirsch, *Cultural Literacy: What Every American Needs to Know* (New York: Vintage, 1988).

39 Sean Wilentz, "The Past Is Not a Process," *New York Times*, April 20, 1997, E15. 윌렌츠는 1917, 1943, 1976, 1987년과 유사한 암울한 전망에 대해서는 언급하지 않은 채 "오늘날 학생들의 역사에 대한 무지는 다음 세대로 갈수록 더욱 악화될 것"이라고 예측했다. Ravitch and Finn, *What Do Our Seventeen Year Olds Know?*, 194.

40 Maurice G. Baxter, Robert H. Ferrell, and John E. Wiltz, *The Teaching of American History in High Schools* (Bloomington: Indiana University Press, 1964); John I. Goodlad, *A Place Called School* (New York: McGraw Hill, 1984), 212.

41 Charles Silberman, *Crisis in the Classroom: The Remaking of American Education* (New York: Random House, 1970), 172; Larry Cuban, "Persistent Instruction: The High School Classroom, 1900–1980," *Phi Delta Kappan* 64, no. 2 (October 1982): 113–18; Larry Cuban, *How Teachers Taught: Constancy and Change in American Classrooms, 1890–1980* (New York: Teachers College Press, 1993); Roy Rosenzweig, "How Americans Use and Think about the Past: Implications from a National Survey for the Teaching of History," in *Knowing, Teaching, and Learning History: National and International Perspectives*, ed. Peter N. Stearns, Peter Seixas, and Sam Wineburg (New York: NYU Press, 2000), 275. 이 설문조사의 전체 보고서는 다음에서 확인할 수 있다. Roy Rosenzweig and David Thelen, *The Presence of the Past: Popular Uses of History in American Life* (New York: Columbia University Press, 1998).

42 Grant Wiggins, "Why Do So Many HS History Teachers Lecture So Much?," *Granted and…… Thoughts on Education* (blog), April 24, 2015, https://grantwiggins.wordpress.com/2015/04/24/why-do-so-many-hs-history-teachers-lecture-so-much/. 젊은 시절 교사로 근무했던 학교에서 수업을 관찰한 래리 큐번의 귀중한 최근 연구도 주목해서 보라. *Teaching History Then and Now: A Story of Stability and Change in Schools* (Cambridge, MA: Harvard Education Press, 2016).

43 Bradley Fogo, "'What Every Student Should Know and Be Able to Do': The Making of

California's Framework, Standards, and Tests" (PhD diss., Stanford University, 2010), 87; also Brad Fogo, "The Making of California's History–Social Science Standards: Enduring Decisions and Unresolved Issues," *History Teacher 48* (2015): 737–75. 데이비드 바튼에 대한 예리한 비평은 다음을 참조하라. John Fea, *Was America Founded as a Christian Nation?* (Louisville, KY: Westminster John Knox Press, 2011).

44 Fogo, "The Making of California's History–Social Science Standards," 749.

45 2011년에 개정되어 2013년에 발효된 미네소타 사회과 표준(Minnesota Social Studies Standard)을 참조하라. http://education.state.mn.us/MDE/dse/stds/soc/에서 다운로드했다.

46 Nicholas Lemann, *The Big Test: The Secret History of the American Meritocracy* (New York: Farrar, Straus and Giroux, 2000).

47 Albert Shanker Institute, *Education for Democracy*, 16.

2장 국가 주도의 역사 교육 키우기

1 147 Cong. Rec. (2000). 이 장은 2009년 4월, 시애틀 미국역사가협회 초청 연설을 기반으로 했다. 역사 웹사이트 '역사 뉴스 네트워크(History News Network)'의 편집자인 릭 솅크먼(Rick Shenkman)은 이 연설에 대해 "Sam Wineburg Teaching American History Program is a Boondoggle" 이라는 제목의 논쟁적 게시물을 자신의 블로그에 올렸다. http://historynewsnetwork.org/article/76806.

2 Adam Clymer, "Robert C. Byrd, a Pillar of the Senate, Dies at 92," *New York Times*, June 28, 2010.

3 147 Cong. Rec. S4808 (2001).

4 H. W. Crocker III, *Don't Tread on Me: A 400 Year History of America at War* (New York: Crown, 2007), 57.

5 147 Cong. Rec. (May 10, 2001).

6 147 Cong. Rec. 7867 (May 10, 2001).

7 146 Cong. Rec. (June 30, 2000).

8 146 Cong. Rec. (June 30, 2000).

9 Anne D. Neal and Jerry L. Martin, *Losing America's Memory: Historical Illiteracy in the 21st Century* (Washington, DC: American Council of Trustees and Alumni, 2000); Lieberman, ACTA as "nonprofit group dedicated to the pursuit of academic freedom." 146 Cong. Rec. (June 30, 2000).

10 Emily Eakin, "On the Lookout for Patriotic Incorrectness," *New York Times*, November 24, 2001.

11 146 Cong. Rec. (June 30, 2000).

12 모든 인용문은 June 30, 2000, Senate Resolution, 129에서 인용했다.

13 Robert C. Byrd, *Child of the Appalachian Coalfields* (Morgantown: West Virginia University Press, 2005), 15.

14 147 Cong. Rec. 7867 (May 10, 2001).

15 66 Fed. Reg. 24830 (May 23, 2001).

16 *Building a History Curriculum: Guidelines for Teaching History in Schools* (Washington, DC: Educational Excellence Network, 1988); 다음을 참조하라. Kenneth T. Jackson, "The Bradley Commission on History in Schools: A Retrospective View," *History Teacher 23*, no. 1 (1989): 73–78; "How Students Benefit from Experiencing History," *History Alive!*, 69, http://hunter-methods.weebly.com/uploads/6/3/2/8/6328737/simulations-history_alive.pdf.

17 Daniel C. Humphrey et al. (SRI International), *Evaluation of the Teaching American History Program* (Jessup, MD: U.S. Department of Education, 2005), xiv, 40.

18 교실의 실천적 변화에 요구되는 전문성 개발 수준에 관한 보고서는 다음을 참조하라. Brian Rowan, Richard Miller, and Eric Camburn, "School Improvement by Design: Lessons from a Study of Comprehensive School Reform Programs," *CPRE Research Reports*, August 2009, http://repository.upenn.edu/cpre_researchreports/54; and David K. Cohen et al., *Improvement by Design: The Promise of Better Schools* (Chicago: University of Chicago Press, 2013).

19 "National Assessment of Educational Progress Standards," in *Teaching American History Final Report*, ed. Phyllis Weinstock et al. (Washington, DC: Department of Education Office of Planning Evaluation and Policy Development, 2011), 70.

20 Humphrey et al., *Evaluation of the Teaching American History Program*, 44–45.

21 Laura M. Westhoff, "Lost in Translation: The Use of Primary Sources in Teaching History," in *Teaching American History Project: Lessons Learned*, ed. Rachel G. Ragland and Kelly A. Woestman (New York: Routledge, 2009), 66.

22 Arnita Jones, "How Scholars Can Improve History Education, *Chronicle of Higher Education*, June 8, 2001.

23 Arnita A. Jones, "Unfinished Business," *Perspectives on History*, March 2009, https://www.historians.org/publications-and-directories/perspectives-on-history/march-2009/unfinished-business.

24 Phyllis Weinstock et al., *Study of the Implementation of Rigorous Evaluations by Teaching American History Grantees* (Oakland, CA: Berkeley Policy Associates, 2005), i.

25 Weinstock et al., *Study of the Implementation of Rigorous Evaluations*, 6.

26 Weinstock et al., *Study of the Implementation of Rigorous Evaluations*, 6.

27 전문 공개: 나는 전국 TAH 사업에서 "최우수 실천 사례"를 취합해 역사 교육 전문 웹사이

트에 게재하는 교육부 시책을 맡은 미국역사교육정보센터(National History Education Clearinghouse)의 공동운영 책임자 자격으로 그에게 편지를 썼다. 미국역사교육정보센터는 고(故) 로이 로젠츠바이크가 이끌었던 조지메이슨대학의 역사 및 뉴미디어 센터와 스탠퍼드 역사교육그룹(Stanford History Education Group), 미국역사학회의 합작품이었다. 미국역사교육정보센터 웹사이트(teachinghistory.org)는 현재 역사 및 뉴미디어를 위한 로이 로젠츠바이크 센터의 후원으로 운영되고 있다.

28 Weinstock et al., *Study of the Implementation of Rigorous Evaluations*, 2, 14. 2

29 Will Fitzhugh, "History Vacations," ednews.org, September 21, 2007, http://historynewsnetwork.org/article/42992.

30 Information sheet, Department of Education, Policy and Program Studies Service, Teaching American History Evaluation, n.d.

31 Weinstock et al., *Study of the Implementation of Rigorous Evaluations*, viii.

32 Weinstock et al., *Study of the Implementation of Rigorous Evaluations*, 12.

33 Weinstock et al., *Study of the Implementation of Rigorous Evaluations*, 5.

34 Weinstock et al., *Study of the Implementation of Rigorous Evaluations*, 9.

35 Cary D. Wintz, "Teaching American History: Observations from the Fringes," in *Teaching American History Project: Lessons Learned*, ed. Rachel G. Ragland and Kelly A. Woestman (New York: Routledge, 2009), 301, 316.

36 Gary Sykes, "Reform of and as Professional Development," *Phi Delta Kappan 77*, no. 7 (March 1996): 465–67.

37 Heather C. Hill, "Fixing Teacher Professional Development," *Phi Delta Kappan 90*, no. 7 (March 2009): 470.

38 Dana Carmichael, comment on *History News Network*, April 23, 2009, http://historynewsnetwork.org/article/76806.

39 Humphrey et al., *Evaluation of the Teaching American History Program*, 32.

40 이에 대한 우리의 답변은 다음을 참조하라. Sam Wineburg, Mark Smith, and Joel Breakstone, "What Is Learned in College History Classrooms?," *Journal of American History 105* (March 2018): 983–93; Anne Hyde, 2012 winner of the Bancroft Prize, "Five Reasons Historians Suck at Assessment," *Journal of American History 102*, no. 4 (March 1, 2016): 1104–7.

41 Chris M. Golde, "The Career Goals of History Doctoral Students: Data from the Survey on Doctoral Education and Career Preparation," *Perspectives on History*, October 2001, https://www.historians.org/publications-and-directories/perspectives-on-history/october-2001/the-career-goals-of-history-doctoral-students.

42 Daniel J. Cohen, "By the Book: Assessing the Place of Textbooks in U.S. Survey Courses,"

Journal of American History 91 (March 2005): 1407, 1412.

43 Jonathan Zimmerman, "In Search of College-Level Teaching," *Journal of the Gilded Age and Progressive Era 14* (2015): 430.

44 Peter B. Knupfer, "A New Focus for the History Professoriate: Professional Development for History Teachers as Professional Development for Historians," in *Teaching American History Project: Lessons Learned*, ed. Rachel G. Ragland and Kelly D. Woestman (New York: Routledge, 2009), 34.

45 Will McArthur et al., "Improving the Contribution of Historians to TAH Projects," *OAH Newsletter*, May 2005, 20.

46 Weinstock et al., *Study of the Implementation of Rigorous Evaluations*, 22.

47 Weinstock et al., *Studyof the Implementation of Rigorous Evaluations*, 25.

48 Weinstock et al., *Study of the Implementation of Rigorous Evaluations*, 37.

49 ACTA의 최근 사례는 다음을 참조하라. Samantha Guff, "How Polls Trick People into Saying Dumb Things, Like Judge Judy Being on the Supreme Court," *Huffington Post*, January 20, 2016, http://www.huffingtonpost.com/entry/polls-judge-judy-supreme-court_us_569e98b3e4b04c813761bbe8.

50 Dept. of Education, https://www2.ed.gov/programs/teachinghistory/index.html.

51 Weinstock et al., *Studyof the Implementation of Rigorous Evaluations*, 17.

52 "Benchmarks for Professional Development in Teaching of History as a Discipline," American Historical Association, August 2002, https://www.historians.org/teaching-and-learning/classroom-content/benchmarks-for-professional-development.

53 Weinstock et al., *Study of the Implementation of Rigorous Evaluations*, 40.

3장 '하워드 진' 다시 읽기

1 Howard Zinn, *A People's History of the United States* (1980; repr., New York: HarperCollins, 2003), 10. 《미국 민중사》의 모든 참고문헌은 하퍼 페레니얼 모던 클래식(Harper Perennial Modern Classics) 2003년 판에서 가져왔다.

2 Michael Kammen, "How the Other Half Lived," *Washington Post Book World*, March 23, 1980, 7; Oscar Handlin, "Arawaks," review of *A People's History of the United States* by Howard Zinn, *American Scholar 49*, no. 4 (Autumn 1980): 546-50; Eric Foner, "Majority Report," *New York Times*, March 2, 1980, BR3-BR4.

3 Michael Kazin, "Howard Zinn's History Lessons," *Dissent 51*, no. 2 (Spring 2004): 81-85.

4 Zinn, *A People's History*, 418-19 (emphasis added).

5 Zinn, *A People's History*, 418 – 19.

6 Horace Mann Bond, "Should the Negro Care Who Wins the War?" *Annals of the American Academy of Political and Social Science 223*, no. 1 (1942): 81.

7 Bond, "Should the Negro Care," 81.

8 Lawrence S. Wittner, *Rebels Against War: The American Peace Movement, 1941 – 1960* (New York: Columbia University Press, 1969).

9 Wittner, *Rebels Against War*, 46.

10 Aileen S. Kraditor, "American Radical Historians on Their Heritage: Past and Present," *Past & Present 56* (August 1972): 137.

11 이를테면 Barbara Miner, "Why Students Should Study History: An Interview with Howard Zinn," in *Rethinking Schools: An Agenda for Change*, ed. David Levine, Robert Lowe, Bob Peterson, and Rita Tenorio (New York: New Press, 1995), 97을 보라.

12 Kraditor, "American Radical Historians," 137.

13 Zinn, *A People's History*, 408.

14 Zinn, *A People's History*, 412 (emphasis added).

15 Zinn, *A People's History*, 412 (emphasis added).

16 Zinn, *A People's History*, 424 (emphasis added).

17 Zinn, *A People's History*, 421.

18 "Heroes & Villains: Winston Churchill and the Bombing of Dresden," British National Archives, www.nationalarchives.gov.uk/education/heroesvillains/g1/cs1/g1cs1s1a.htm.

19 진은 데이비드 어빙(David Irving)의 《드레스덴의 파괴(The Destruction of Dresden)》(1963)를 인용하여 드레스덴 폭격으로 인한 사망자 수를 "10만 명 이상"(421)이라고 했다. 어빙은 시간이 지나면 쉽게 드러날 수 있음에도 불구하고, 선동을 목적으로 나치가 제공한 사망자 수치를 곧이곧대로(혹은 계산적으로) 가져왔다. 최근 포츠담에 있는 독일군사사연구소의 과학 부문 책임자 롤프 디터 뮐러(Rolf-Dieter Müller)가 이끄는 13명의 저명한 독일 역사학자들로 구성된 위원회가 이 도시의 출생 기록을 철저히 조사하여, 폭격으로 인한 피난민 명단과 비교했다. 위원회는 한때 "최대 2만 5,000명"이었던 공습 희생자 수를 1만 8,000명이라고 확인했고, 연합군의 드레스덴 폭격이 아우슈비츠에서의 나치 잔학 행위와 다름없다는 나치 동조자들의 오랜 주장이 사실이 아님을 밝혀냈다. Rolf-Dieter Müller, cited in Bojan Pancevski, "Dresden Bombing Death Toll Lower than Thought," *Telegraph* (London), October, 2, 2008. Rolf-Dieter Müller, Nicole Schönherr, and Thomas Widera, eds., *Die Zerstörung Dresden* [The destruction of Dresden] (Germany: V&R Unipress, 2010)을 참조하라. 데이비드 어빙의 허위 진술에 대해서는 다음을 참조하라. Richard J. Evans, *Lying about Hitler: History, Holocaust, and the David Irving Trial* (New York: Basic Books, 2002).

20 Alan J. Levine, *The Strategic Bombing of Germany, 1940–1945* (Westport, CT: Praeger, 1992).

21 Walter J. Boyne, *The Influence of Air Power upon History* (Gretna, LA: Pelican, 2003), 198; and E. R. Hooton, *Phoenix Triumphant: The Rise and Rise of the Luftwaffe* (London: Arms and Armour, 1994), 188.

22 Alexander B. Rossino, *Hitler Strikes Poland: Blitzkrieg, Ideology, and Atrocity* (Lawrence: University Press of Kansas, 2003), 9. Rossino cites the Nuremberg war trials, *Trials of War Criminals before the Nuernberg Military Tribunals,* vol. 10 (Washington, DC: Government Printing Office, 1951), "Fuehrer's Speech to Commanders in Chief, 22 August 1939," 698ff.

23 Rossino, *Hitler Strikes Poland*, 141.

24 Zinn, *A People's History*, 420.

25 Zinn, *A People's History*, 423.

26 Gar Alperovitz, *Atomic Diplomacy: Hiroshima and Potsdam: The Use of the Atomic Bomb and the American Confrontation with Soviet Power* (New York: Vintage, 1967); and Martin J. Sherwin, *A World Destroyed: The Atomic Bomb and the Grand Alliance* (New York: Knopf, 1975).

27 Zinn, *A People's History*, 423.

28 Foreign Relations of the United States Diplomatic Papers, Department of State, p. 876, http://images.library.wisc.edu/FRUS/EFacs/1945Berlinv01/reference/frus.frus1945berlinv01.i0023.pdf.

29 Herbert P. Bix, "Japan's Delayed Surrender: A Reinterpretation," *Diplomatic History 19*, no. 2 (Spring 1995): 214.

30 Foreign Relations of the United States Diplomatic Papers, Department of State, p.876, http://images.library.wisc.edu/FRUS/EFacs/1945Berlinv01/reference/frus.frus1945berlinv01.i0023.pdf. 1940년에 이르러 미국의 암호 해독자들은 일본의 전신을 가로채 해독할 수 있었다. 이 전신은 두 가지 번역이 존재하는데, 진은 이 중 어느 것도 사용하지 않았다. 하나는 MACIC(1941~1945년 일본의 외교 신호 해독과 분석을 위한 연합군 암호 해독 프로젝트의 명칭—옮긴이)에서 번역한 것으로, 번역가와 정책 분석가 들의 논평과 함께 백악관과 주요 정책 입안자들에게 제공되었다. 두 번째는 전쟁 후에 번역된 것으로, 미국 국무부에서 출판을 위해 일본 외무성의 기록 사본을 번역한 것이다. 여기에서는 후자의 번역본을 인용했다. Personal correspondence, Joshua Botts, PhD, Office of the Historian, U.S. Department of State, to author, August 21, 2015. 이러한 반대되는 모든 증거에도 불구하고 진은 2000년 자신의 후작에서 "한 가지 조건, 즉 천황제 유지 조건이 충족된다면 일본인들은 항복할 준비가 되어 있었다"라고 계속해서 주장했다. howardzinn.org/downfall/을 참조하라.

31 Zinn, *A People's History*, 423.

32 Bix, "Japan's Delayed Surrender," 215에서 인용했다.

33 Solomon Lozovsky, cited in Sadao Asada, "The Shock of the Atomic Bomb and Japan's Decision to Surrender: A Reconsideration," *Pacific Historical Review 67*, no. 4 (November 1998): 502.

34 Richard B. Frank, *Downfall: The End of the Imperial Japanese Empire* (New York: Penguin, 2001), 189.

35 Frank, *Downfall*, 230.

36 Asada, "The Shock of the Atomic Bomb," 493.

37 John W. Dower, "Three Narratives of Our Humanity," in *History Wars: The Enola Gay and Other Battles for the American Past*, ed. Edward T. Linenthal and Tom Engelhardt (New York: Holt, 1996), 84–85.

38 Asada, "The Shock of the Atomic Bomb," 510 (emphasis in original).

39 Barton J. Bernstein, "The Atomic Bombings Reconsidered," *Foreign Affairs 74*, no. 1 (January/February 1995): 150.

40 Zinn, *A People's History*, 423.

41 Herbert P. Bix, "Emperor Hirohito's War," *History Today 41*, no. 12 (December 1991): 12–19를 참조하라.

42 Zinn, *A People's History*, 433.

43 Zinn, *A People's History*, 435.

44 Zinn, *A People's History*, 436.

45 Douglas T. Miller and Marion Nowack, *The Fifties: The Way We Really Were* (New York: Doubleday, 1977), 26.

46 Zinn, *A People's History*, 429.

47 John Earl Haynes and Harvey Klehr, *Venona: Decoding Soviet Espionage in America* (New Haven, CT: Yale University Press, 1999), 2.

48 Daniel Patrick Moynihan, *Secrecy* (New Haven, CT: Yale, 1998), xi를 참조하라.

49 Harvey Klehr, "Was Joe McCarthy Right?" Raleigh Spy Conference, November 7, 2005, https://web.archive.org/web/20080725172423/http://www.raleighspycon-ference.com/news/news_11-07-05.aspx; Haynes and Klehr, *Venona*, 138.

50 시어도어 홀에 대해서는 Hayes and Klehr, *Venona*, 16–17을 참조하라. 조지 코발에 대해서는 Michael Walsh, "George Koval: Atomic Spy Unmasked," *Smithsonian Magazine*, May 2009, http://www.smithsonianmag.com/history/george-koval-atomic-spy-unmasked-125046223/?all&no-ist를 참조하라. 이고르 쿠르차토프에 대해서는 Joseph Albright and Marcia Kunstel, *Bombshell: The Secret Story of America's Unknown Atomic Bomb Conspiracy* (New York: Times Books, 1997), 124–28을 참조하라.

51 Albright and Kunstel, *Bombshell*, 124.

52 다음을 참조하라. Arkady Rylov, cited in Frederic L. Wettering, "Still Lingering in the Shadows," *International Journal of Intelligence and Counterintelligence 11*, no. 4 (1998): 492.

53 Michael Dobbs, "How Soviets Stole U.S. Atom Secrets," *Washington Post*, October 4, 1992, A1; Ronald Radosh and Eric Breindel, "The KGB Fesses Up," *New Republic*, June 10, 1991, 10.

54 Maurice Isserman, "1968 and All That: Radicals, Hippies and SDS at Reed," *Reed Magazine*, Winter 2007, 26–30; Maurice Isserman, "Peat Bog Soldiers: The American Communist Party during the Second World War, 1939–1945" (PhD diss., University of Rochester, supervised by Eugene Genovese, 1979).

55 Maurice Isserman, "They Led Two Lives," review of *Venona: Decoding Soviet Espionage in America*, by John Earl Haynes and Harvey Klehr, *New York Times*, May 9, 1999, https://www.nytimes.com/books/99/05/09/reviews/990509.09issermt.html.

56 Maurice Isserman, quoted in Jacob Weisberg, "Cold War without End," *New York Times*, November 28, 1999, http://www.nytimes.com/1999/11/28/magazine/cold-war-without-end.html?pagewanted=all.

57 Maurice Isserman, "Guess What? They Really Were Spies: A New Study Uses Soviet Files to Document the Americans Who Became Communist Agents," review of *The Haunted Wood: Soviet Espionage in America*, by Allen Weinstein and Alexander Vassiliev, *The Forward*, January 29, 1999, 11.

58 Klehr, "Was Joe McCarthy Right?"

59 Zinn, *A People's History*, 436.

60 Zinn, *A People's History*, 434.

61 Sam Roberts, "Figure in Rosenberg Case Admits to Soviet Spying," *New York Times*, September 12, 2008; Sam Roberts, "Father Was a Spy, Sons Conclude with Regret," *New York Times*, September 17, 2008.

62 Sam Roberts, "Podcast: Rosenberg Case Open and Shut?" *City Room* (blog), *New York Times*, September 18, 2009, http://cityroom.blogs.nytimes.com/2008/09/18/podcast-rosenberg-case-open-and-shut/. 새로운 연구에 대한 진의 태연함은 교사들과의 대화에서도 드러났다. JFK 도서관의 수석 역사가인 셸던 스턴(Sheldon Stern)은 지역 교사들을 위한 여름 연수에 여러 차례 진을 강연자로 초청했다. 그곳에서 진은 "항상 큰 인기를 끌었다". 그러나 스턴은 "진이 연설하기 전에 수기로 작성한 노란색의, 모서리가 잔뜩 접힌, 분명 수십 년은 되었을 노트 폴더를 단상에 두었다"는 사실에 놀라움을 금치 못했다고 회상하며 말했다. "놀랄 것도 없이 그는 최근의 연구나 해석, 증거에 대해 전혀 언급하지 않았다." Sheldon M. Stern, "Howard Zinn Briefly Recalled," *History News Network*, February 9, 2010, http://hnn.us/articles/122924.html

63 Walter and Miriam Schneir, *Invitation to an Inquest* (New York: Doubleday, 1965), 425.

64 Walter and Miriam Schneir, "Cryptic Answers," *The Nation*, August 14/21, 1995, 152–53.

65 이를테면, EDU 514, "Teaching Elementary Social Studies," at the State University of New York College at Cortland; SS ED 430W, "Teaching Social Studies in the Elementary Grades," at the Pennsylvania State University, Altoona; EDUC M442, "Teaching Secondary Social Studies," at Indiana University–Purdue University Indianapolis; and Education 342/542, "Critical Approaches to Teaching High School English and Social Studies (Social Studies Specialization)," at Occidental College. 이러한 사례는 《미국 민중사》의 이전 버전이 출시되었을 때, 흔히 볼 수 있었다. Sam Wineburg, "Undue Certainty: Where Howard Zinn's *A People's History* Falls Short," *American Educator*, Winter 2012–13, https://www.aft.org /sites/default/files/periodicals/Wineburg.pdf.

66 Syd Golston, "Commentary," *Social Studies Professional*, March/April 2010, 4.

67 Zinn, *A People's History*, 59; Lee Ann Ghajar, "*The People Speak*: To Zinn or Not to Zinn," TeachingHistory.org, January 5, 2010, http://teachinghistory.org/nhec-blog/23675. 나는 2007–2009년 미국역사교육정보센터의 책임 운영자였지만, 이 블로그 글은 임기 이후에 올린 것이다.

68 Howard Zinn and George Kirschner, *A People's History of the United States: The Wall Charts* (New York: New Press, 1995); Howard Zinn and Anthony Arnove, *Voices of a People's History of the United States* (New York: Seven Stories Press, 2011); Gayle Olson-Raymer, *Teaching with "Voices of a People's History of the United States" by Howard Zinn and Anthony Arnove*, 2nd ed. (New York: Seven Stories Press, 2011); Howard Zinn, Matt Damon, and Chris Moore, *The People Speak*, extended edition DVD (A&E Home Video, 2010).

69 Howard Zinn, *Young People's History of the United States*, adapted by Rebecca Stefoff (New York: Seven Stories Press, 2007). Howard Zinn, Mike Konopacki, and Paul Buhle, *A People's History of American Empire: A Graphic Adaptation* (New York: Henry Holt, 2008). 출판사는 교사들을 위한 안내서 "Building Solid Readers: Learning and Literacy Through Graphic Novels"를 발행했고, 책 내용을 활용한 교수·학습 계획을 제공한다. https://images.macmillan.com/media/teachersguides/9780805087444TG.pdf.

70 Zinn Education Project, "Teaching *A People's History*," https://zinnedproject.org/.

71 진의 교육 프로젝트를 참조하라. "Thinking Outside the Textbook: The People vs. Columbus, et al.," http://zinnedproject.org/wp-content/uploads/2011/01/ZEP-samplebookletFULL.pdf, 5; Bill Bigelow, *A People's History for the Classroom* (Milwaukee: Rethinking Schools, 2008), 55.

72 Bigelow, *A People's History for the Classroom*, 5.

73 Olson-Raymer, *Teaching with "Voices of a People's History,"* 194.

74 Olson-Raymer, *Teaching with "Voices of a People's History,"* 194-95.

75 Olson-Raymer, *Teaching with "Voices of a People's History,"* 195-97.

76 Avon Crismore, "The Rhetoric of Textbooks: Metadiscourse," *Journal of Curriculum Studies 16*, no. 3 (1984): 279-96.

77 My discussion is indebted to points made by Robert Tracy McKenzie, *The First Thanksgiving* (Downers Grove, IL: IVP Academic, 2013).

78 Kazin, "Howard Zinn's History Lessons," 84.

79 Amazon.com customer reviews of *A People's History* : gmt903, "Great Ideas for the Classroom!" January 17, 2007; Malcolm Tramm, "Zinn Has Given Research a New Meaning," December 25, 2003; Mr. Knowitall, "Some Things Never Change," May 28, 2007.

80 Mississippi Department of Archives and History, Moncrief Photograph Collection, http://crdl.usg.edu/export/html/mus/moncrief/crdl_mus_moncrief_whm75.html?Welcome.

81 Howard Zinn, *You Can't Be Neutral on a Moving Train: A Personal History of Our Times* (Boston: Beacon Press, 2002), 80.

82 David Barsamian, "Rise Like Lions: The Role of Artists in a Time of War: An Interview with Howard Zinn," *The Sun 324* (February 2004), http://www.thesunmagazine.org/archives/437.

83 Dave Zirin, "Howard Zinn: The Historian Who Made History," *ColdType*, March 2010, www.coldtype.net/Assets.10/Pdfs/0210.Zinn.pdf.

84 Kazin, "Howard Zinn's History Lessons," 84.

85 Jonathan Zimmerman, "American History — Right and Left: Liberals and Conservatives Have Differing Views; Why Not Give Students Both Sides and Let Them Decide?" *Los Angeles Times*, March 17, 2010.

86 *Howard Zinn: You Can't Be Neutral on a Moving Train*, DVD, at 56:30. 《미국 민중사》가 처음 출판되었을 때의 비판적 반응은 다음과 같다. Alison Kysia, "Bashing Howard Zinn: A Critical Look at One of the Critics," November 18, 2013, Teaching *A People's History* : Zinn Education Project, https://zinnedproject.org/2013/11/bashing-howard-zinn-a-critical-look-at-one-of-the-critics/; Robert Cohen, "When Assessing Zinn, Listen to the Voices of Teachers and Students," *History News Network*, January 7, 2013, http://historynewsnetwork.org/article/149974.

87 John Saville, "The Radical Left Expects the Past to Do Its Duty," *Labor History 18*, no. 2 (1977): 267-74.

4장 블룸의 분류학과 역사적 사고

1 이 장은 2009년 1월 미국역사학회 초청 연설문을 토대로 했다. 일부분은 Sam Wineburg and Jack Schneider, "Was Bloom's Taxonomy Pointed in the Wrong Direction?" *Phi Delta Kappan 91*, no. 4 (December 2009): 56 – 61에서 가져왔다. 나는 공동저자인 슈나이더(Schneider)와의 토론과 그의 저서 *From the Ivory Tower to the Schoolhouse: How Scholarship Becomes Common Knowledge in Education* (Cambridge, MA: Harvard Education Press, 2014)을 읽고 블룸에 대해 많은 도움을 얻었다.

2 Schneider, *From the Ivory Tower*, 44.

3 David R. Krathwohl, Benjamin S. Bloom, and Bertram B. Masia, *The Taxonomy of Educational Objectives: Handbook II: The Affective Domain* (New York: David McKay, 1964).

4 이와 같은 종류의 사고의 예는 다음을 참조하라. Robert R. Newton, "The High School Curriculum: Search for Unity and Coherence," *High School Journal 62* (1979): 289.

5 내 초기 연구 사례로는 Samuel S. Wineburg, "On the Reading of Historical Texts: Notes on the Breach between School and Academy," *American Educational Research Journal 28* (1991): 495 – 519를, 최근의 고찰에 대해서는 "Why Historical Thinking Is Not about History," *History News: Magazine of the Association for State & Local History 71*, no. 2 (2016): 13 – 16을 참조하라.

6 Sam Wineburg et al., "Common Belief and the Cultural Curriculum: An Intergeneration Study of Historical Consciousness," *American Education Research Journal 44* (2007): 40 – 76.

7 이 장에 제시된 학생들의 이름은 모두 가명이다.

8 *New York Times*, July 22, 1892, 8, http://timesmachine.nytimes.com/timesmachine/1892/07/22/106809661.html?pageNumber=8.

9 Sam Wineburg, "Final Report: Evaluation of Teaching American History Grant Program, University of Wisconsin – LaCrosse," October 16, 2008. Washington, DC: U.S. Department of Education.

10 Thomas J. Schlereth, "Columbia, Columbus, and Columbianism," *Journal of American History 79* (December 1992): 937 – 68.

11 Sam Wineburg, "Reading Abraham Lincoln: An Expert/Expert Study in the Interpretation of Historical Texts," *Cognitive Science 22* (1998): 319 – 46.

12 Paul H. Hirst, "Liberal Education and the Nature of Knowledge," in *The Philosophy of Education*, ed. R. S. Peters (New York: Oxford University Press, 1973), 87 – 101을 참조하라.

1 추수감사절 상징의 변화는 다음을 참조하라. Janet Siskind, "The Invention of Thanksgiving: A Ritual of American Nationality," *Critique of Anthropology 12* (1992): 167–91.

2 오늘날 미국인들은 추수감사절을 11월의 마지막 목요일로 기억한다. 그러나 1789년의 뉴욕 시민들은 달랐을 것이다. 그들은 1783년 마지막 영국군들이 뉴욕에서 물러난 "철수의 날(Evacuation Day)" 다음 날인 11월 26일을 추수감사절로 알고 있었다. 초기 공화국의 시민들에게 11월 26일은 미국 땅에서 영국군이 축출된 이후 독립 국가로서 처음 맞는 기념일이었다. 1863년 링컨 대통령이 추수감사절 선언을 발표했을 때, 그리고 1942년 프랭클린 루스벨트 대통령이 이날을 공휴일로 지정했을 때, '철수의 날'과 추수감사절의 연관성은 대중의 기억에서 희미해졌다. 그러나 11월 말, 특히 목요일과의 관련성은 끈질기게 남아 있다. Clifton Hood, "An Unusable Past: Urban Elites, New York City's Evacuation Day, and the Transformation of Memory Culture," *Journal of Social History 37* (2004): 883–913.

3 "Thanksgiving Proclamation of 1799," George Washington's Mount Vernon, mountvernon.org, http://www.mountvernon.org/education/primary-sources-2/article/thanksgiving-proclamation-of-1789/.

4 LaHaye, cited in Peter R. Henriques, *Realistic Visionary: A Portrait of George Washington* (Charlottesville: University of Virginia, 2006), 168.

5 데이비드 바튼은 헨리 브루크너(Henry Brueckner)의 1866년 작품인 〈포지 계곡에서의 기도(The Prayer at Valley Forge)〉를 사용하는데, 이 작품은 1928년 미국의 우표에 등장하기도 했다. 그러나 역사학자 존 페아(John Fea)는 이 그림을 뒷받침하는 내용은 "아마도 일어나지 않았을 것"이라 지적한다. John Fea, *Was America Founded as a Christian Nation?* (Louisville, KY: Westminster John Knox Press, 2011), 172. 마찬가지로 존 페아의 훌륭한 연구물 *Why Learn History?* (Ada, MI: Baker Academic, 2013)을 참조하라.

6 Sarah Palin to Bill O'Reilly, *The O'Reilly Factor*, Fox News, New York, May 7, 2010; cited in Jill Lepore, *The Whites of Their Eyes: The Tea Party's Revolution and the Battle over American History* (Princeton, NJ: Princeton University Press, 2010), 157.

7 Henriques, Realistic Visionary, 168에서 인용했다.

8 Eli Gottlieb and Sam Wineburg, "Between *Veritas and Communitas*: Epistemic Switching in the Reading of Academic and Sacred History," *Journal of the Learning Sciences 21* (2012): 84–129; and Sam Wineburg and Eli Gottlieb, "Historians Meet Thanksgiving: What Would George Do?" *Historically Speaking 12* (2011): 6–8을 참조하라.

9 Michael Farquhar, *A Treasury of Great American Scandals* (New York: Penguin, 2003), 39에서 인용했다.

10 Paul F. Boller Jr., *George Washington and Religion* (Dallas: SMU Press, 1963), 448.

11 David L. Holmes, *The Faiths of the Founding Fathers* (Oxford: Oxford University Press, 2006), 66.

12 Paul F. Boller Jr., "Washington and Religious Liberty," *William and Mary Quarterly 17* (1960): 500을 참조하라.

13 October 20, 1792, George Washington Papers, National Archives, https://founders.archives.gov/documents/Washington/05-11-02-0132.

14 Partnership for Assessment of Readiness for College and Careers, "PARCC Model Content Frameworks in English Language Arts/Literacy," 2011, http://parcc-assessment.org/resources/educator-resources/model-content-frameworks를 참조하라. 공통핵심기준의 배경, 목표 및 구현에 대한 공식 정책 설명 및 FAQ는 다음을 참조하라. The Common Core State Standards Initiative, www.corestandards.org.

15 The Common Core State Standards Initiative, http://www.corestandards.org/about-the-standards/frequently-asked-questions/을 참조하라.

16 The "Close Reading Model Lessons" created by the Common Core at http://achievethecore.org/page/2734/close-reading-model-lessons을 참조하라.

17 PARCC Model Content Frameworks, cited in Nancy Boyles, "Closing In on Close Reading," *Educational Leadership 70* (2012/2013): 38.

18 Achieve the Core, "A Close Reading of Lincoln's Gettysburg Address," http://achievethecore.org/page/35/the-gettysburg-address-by-abraham-lincoln. 고전 텍스트를 가르치는 것에 대한 교사의 예리한 견해는 다음을 참조하라. Jeremiah Chaffee, "Teacher: One (Maddening) Day Working with the Common Core," *Washington Post*, March 23, 2012, https://www.washingtonpost.com/blogs/answer-sheet/post/teacher-one-maddening-day-working-with-the-common-core/2012/03/15/gIQA8J4WUS_blog.html?utm_term=.8ee2380e545a; and Craig Thutell, "Do the Common Core Standards Flunk History?" *History News Network*, April 8, 2013, http://historynewsnetwork.org/article/151479.

3부 디지털 시대에 역사적으로 사고하기

6장 변화하는 역사, 학교로 가다

1 Rep. John B. Conlan, cited in Peter B. Dow, *Schoolhouse Politics: Lessons from the Sputnik Era* (Cambridge, MA: Harvard University Press, 1991), 200.

2 Report to the House Committee on Science and Technology by the Comptroller General of the

United States, Administration of the Science Education Project; "Man: A Course of Study" (MACOS), National Science Foundation, December 1, 1975, downloaded http://www.americandeception.com/index.php?action=downloadpdf&photo=PDFsml_AD2/Man_A_Course_Of_Study-National_Science_Foundation-GAO_Report-1975-67pgs-GOV-PSY-EDU.sml.pdf&id=449.

3 George Weber, "The Case Against *Man: A Course of Study*," *Phi Delta Kappan* 57, no. 2 (October 1975): 81.

4 Edward Field, *Songs and Stories of the Netsilik Eskimos* (Cambridge: Educational Development Center, 1967), 43–44, http://libguides.ioe.ac.uk/c.php?g=482312&p=3298497.

5 Harvey Averch, cited in Dow, *Schoolhouse Politics*, 229.

6 Sam Wineburg, "Reading Abraham Lincoln: An Expert/Expert Study in the Interpretation of Historical Texts," *Cognitive Science* 22 (1998): 319–46; Lerone Bennett, "Was Abe Lincoln a White Supremacist?" *Ebony*, February 1968, 35–43.

7 Reed Stevens, Sam Wineburg, Leslie Herrenkohl, and Philip Bell, "A Comparative Understanding of School Subjects: Past, Present, and Future," *Review of Educational Research* 75 (2005): 125–57.

8 Jerome Bruner, *The Process of Education* (Cambridge, MA: Harvard University Press, 1960), 33.

9 Jeffery Nokes, *Building Students' Historical Literacies: Learning to Read and Reason with Historical Texts and Evidence* (New York: Routledge, 2012).

10 이 단원에 대해 우리가 제작한 자료는 다음에서 확인할 수 있다. Sam Wineburg, Daisy Martin, and Chauncey Monte-Sano, *Reading Like a Historian: Teaching Literacy in Middle and High School Classroom*, 2nd ed. (New York: Teachers College Press, 2012). 17세기 1차 사료를 학생들에게 제공하는 것은 여러 가지 딜레마에 빠질 수 있다. 5학년 학생들의 읽기 수준에 맞추려면 사실상 1900년 이전에 쓰인 모든 자료를 제외해야 할 것이다. 즉, 학생들에게 교과서의 죽음을 선고할 뿐만 아니라 다양한 역사적 행위자의 목소리를 듣는 경험을 빼앗는 것이다. 반면에 우리가 맞춤법을 오늘날에 맞게 수정하고 옛 어휘를 학생들이 "이해하기 쉬운" 단어로 부분적으로 대체하는 등 1차 사료를 조작한다면, 이 텍스트들을 여전히 사료로 여길 수 있을까? 사료를 수정할 때, 우리의 결정은 러시아의 심리학자 레브 비고츠키(Lev Vygotsky)가 개발한 개념인 비계(scaffolding)의 영향을 받는다. 비고츠키는 학생들의 발달 수준에 맞는 수업은 학생들을 구속한다고 주장했다. 오히려, 교육은 발달을 이끌어야 한다는 것이다. 우리는 사료에서 학생들이 감당할 수 있을 만큼의 분량(한 쪽 이하, 글자 크기는 16포인트이고 여백을 많이 주었다)을 발췌하고, 철자, 대문자, 어휘에 약간의 변화를 주었고(그러나 400년 전에 쓰인 어조를 유지하기 위해 모든 노력을 다했다), 학생들이 도전하되 그들을 압도하지 않는 목소리들로 가득 찬 기록 보관함을 만들었다. 이러한 접근에 대해서는 다음을 참조하라. Sam Wineburg and

Daisy Martin, "Tampering with History: Adapting Primary Sources for Struggling Readers," *Social Education 73*, no. 5 (2009): 212 – 16.

11 John Smith, "A True Relation of Such Occurrences and Accidents of Note as Hath Hapned in Virginia Since the First Planting of that Colony" (1608), "First Hand Accounts," Virtual Jamestown, http://www.virtualjamestown.org/exist/cocoon/jamestown/fha/J1007.

12 John Smith, "The Generall Historie of Virginia, New England, and the Summer Isles" (1903), Library of Congress, https://www.loc.gov/resource/lhbcb.0262a/?sp=136.

13 Martin Nystrand, *Opening Dialogue: Understanding the Dynamics of Language Learning in the English Classroom* (New York: Teachers College Press, 2012), 33.

14 *Rosa Parks v. City of Montgomery*, Alabama Court of Appeals, Circuit Court of Montgomery County, Alabama Department of Archives and History, http://digital.archives.alabama.gov/cdm/ref/collection/voices/id/2100.

15 Winthrop D. Jordan, Miriam Greenblatt, and John S. Bowes, *The Americans: History of a Free People* (Evanston, IL: McDougal Littell, 1985), 721.

16 Joy Hakim's otherwise excellent chapter in *A History of US: All the People, 1945 – 2001* (New York: Oxford University Press, 1993), 78을 참조하라.

17 Rosa Parks with Jim Haskins, *My Story* (New York: Puffin Books, 1999), 113.

18 Ola Halldén, "On the Paradox of Understanding History in an Educational Setting," in *Teaching and Learning History*, ed. Gaea Leinhardt, Isabel L. Beck, and Catherine Stainton, 27 – 47 (Hillsdale, NJ: Erlbaum, 1994).

19 Morris, *The Origins of the Civil Rights Movement*, 51.

20 Aldon D. Morris, *The Origins of the Civil Rights Movement: Black Communities Organizing for Change* (New York: Free Press, 1986), 149.

21 Jeanne Theoharis, *The Rebellious Life of Mrs. Rosa Parks* (Boston: Beacon Press, 2013), xiii.

22 Parks, *My Story*, 113, 115.

23 Briana's correction is consistent with how Parks recounted her actions. Parks, *My Story*, 115를 참조하라.

24 Leslie Rupert Herrenkohl and Lindsay Cornelius, "Investigating Elementary Students' Scientific and Historical Argumentation," *Journal of the Learning Sciences 22* (2013): 413 – 61.

25 Herrenkohl and Cornelius, "Investigating Elementary," 449.

26 Charles G. Sellers, "Is History on the Way Out of the Schools and Do Historians Care?" *Social Education 33* (1969): 511.

27 Samuel S. Wineburg, "Probing the Depths of Students' Historical Knowledge," *Perspectives on History 30* (1992): 20 – 24, https://www.historians.org/publications-and-directories/

perspectives-on-history/march-1992/probing-the-depths-of-students-historical-knowledge.

28 '소리 내어 생각하기'에 대한 대표적인 설명은 다음에서 볼 수 있다. K. Anders Ericsson and Herbert A. Simon, *Protocol Analysis: Verbal Reports as Data* (Cambridge, MA: MIT Press, 1984).

29 Harold W. Stevenson and James W. Stigler, *The Learning Gap: Why Our Schools Are Failing and What We Can Learn from Japanese and Chinese Education* (New York: Simon & Schuster, 1994).

30 이 문서의 사본과 렉싱턴 그린에서 일어난 일을 묘사한 다른 문서들은 다음에서 찾을 수 있다. Samuel S. Wineburg, "Historical Problem Solving: A Study of the Cognitive Processes Used in the Evaluation of Documentary and Pictorial Evidence," *Journal of Educational Psychology 83* (1991): 73-87.

31 Wineburg, Martin, and Monte-Sano, *Reading Like a Historian*.

32 Avishag Reisman, "Teaching the Historical Principle of Contextual Causation: A Study of Transfer in Historical Reading," in *Interpersonal Understanding in Historical Context*, ed. Matthias Martens, Ulrike Hartmann, Michael Sauer Marcus Hasselhorn (Rotterdam, Netherlands: Sense Publishers, 2009), 43-58.

33 Larry Cuban, *Inside the Black Box of Classroom Practice: Change without Reform in American Education* (Cambridge, MA: Harvard Education Press, 2013).

34 교육과정의 제약 중 재량권에 대해서는 황무지 같은 현재 교육과정 이론에 대한 강력한 비평인 월터 C. 파커(Walter C. Parker)와 제인 로(Jane Lo)의 "Content Selection in Advanced Courses," *Journal of Curriculum Studies 46*, no. 2 (2016): 196-219를 참조하라. 파커는 나에게 오늘날 가장 중요한 교육과정 이론가인 마이클 영(Michael Young)의 연구를 소개했다. 그의 숙련된 연구, "Overcoming the Crisis in Curriculum Theory: A Knowledge-Based Approach," *Journal of Curriculum Studies 45*, no. 2 (2013): 101-18을 참조하라.

35 데이지 마틴(Daisy Martin)과 촌시 몬테-사노와 함께했던 초기 연구 작업을 기반으로 했다. Daisy Martin, "From Lecture to Lesson through 'Opening Up the Textbook,'" *Organization of American Historians Newsletter 36*, no. 4 (November 2008)를 참조하라.

36 Sam Wineburg, "Opening Up the Textbook and Offering Students a Second Voice," *Education Week*, June 6, 2007.

37 Edward Ayers et al., *American Anthem* (Orlando, FL: Holt, Rinehart and Winston, 2006).

38 Papers of Ulysses S. Grant: January 1-October 31, 1876 (Washington, DC: Library of Congress), 171, 170.

39 Kate Bighead, "She Watched Custer's Last Battle" (1922), in *The Custer Reader*, ed. P. A. Hutton (Nebraska: University of Nebraska Press, 1992), 363-77.

40 Avishag Reisman, "The 'Document-Based Lesson': Bringing Disciplinary Inquiry into High School History Classrooms with Adolescent Struggling Readers," *Journal of Curriculum Studies*

44 (2012): 256.

41 Abby Reisman, "Entering the Historical Problem Space: Whole-Class Text-Based Discussion in History Class," *Teachers College Record 117* (2015): 1-44.

42 Sam Wineburg, "Teaching the Mind Good Habits," *Chronicle of Higher Education*, April 2003, B20.

43 John Dewey, "The Influence of Darwin on Philosophy," in *The Influence of Darwin on Philosophy and Other Essays* (New York: Henry Holt, 1910).

44 "Reading Like a Historian," YouTube, https://www.youtube.com/watch?v=wWz08mVUIt8. 또한 Stanford History Education Group's video channel on YouTube, https://www.youtube.com/user/StanfordSHEG를 참조하라.

45 Avishag Reisman, "Reading Like a Historian: A Document-Based History Curriculum Intervention in Urban High Schools," *Cognition and Instruction 30* (2012): 86-112.

46 스탠퍼드역사교육그룹에 대한 유튜브 채널, https://www.youtube.com/user/StanfordSHEG 뿐 아니라 교육 채널(Teaching Channel)에서 제작한 역사가처럼 읽기 시리즈(Reading Like a Historian), https://www.teachingchannel.org/videos/reading-like-a-historian-curriculum을 참조하라.

47 "Reading Like a Historian," https://www.youtube.com/watch?v=l8Q7f6tOwFk.

48 Katherine McCarthy Young and Gaea Leinhardt, "Writing from Primary Documents: A Way of Knowing in History," *Written Communication 15* (1998): 25-68.

49 Mark D. Smith, "History Assessments of Thinking: Three Validity Studies" (PhD diss., Stanford University, 2014); Joel Breakstone, Mark Smith, and Sam Wineburg, "Beyond the Bubble: New History/Social Studies Assessments for the Common Core," *Phi Delta Kappan 94*, no. 5 (2013): 53-57; Joel Breakstone, "Try, Try Again: The Process of Designing New History Assessments," *Theory and Research in Social Education 42*, no. 4 (2014): 453-85; Sam Wineburg, Mark Smith, and Joel Breakstone, "New Directions in Assessment: Using Library of Congress Sources to Assess Historical Understanding," *Social Education 76*, no. 6 (November/December 2012): 288-91.

50 Joel Breakstone, Sam Wineburg, and Mark Smith, "Formative Assessment Using Library of Congress Documents," *Social Education 79*, no. 4 (2015): 178-82. 이러한 평가를 설계하는 과정에서 우리는 역사학자이자 역사교육자인 대니얼 임머바르(Daniel Immerwahr)에게 많은 도움을 받았다. 그의 "The Fact/Narrative Distinction and Student Examinations in History," *History Teacher 41* (2008): 199-206을 참조하라.

51 우리의 영향력을 감지하는 하나의 방법은 국가시험의 추이를 검토하는 것이다. 대학위원회(College Board)는 명성을 위해 비판에서 도망치기보다 대담하게 우리를 고용하고, 격변의

시기에 나에게 상담을 요청했다. 대학과목 선이수제 역사 시험의 변화는 우리의 지적과 평가에 대한 반응을 반영한 것이다. Personal communication with Lawrence Charap, August 16, 2016. 또 내가 대학위원회의 대학과목 선이수제 프로그램을 위해 만든 비디오, "Working with Challenging Primary Sources"를 참조하라. https://advancesinap.collegeboard.org/english-history-and-social-science/us-history/professional-development.

52 Teresa Watanabe, "L.A. Unified Adopts Free Curriculum from Stanford University," *Los Angeles Times*, November 26, 2014, http://www.latimes.com/local/education/la-me-history-stanford-20141126-story.html.

53 Jill Tucker, "How S.F. Students Are Getting Lessons from Stanford," *San Francisco Chronicle*, December 29, 2010.

54 Theresa Johnston, "History Detected," *Stanford Magazine*, May/June 2013, 59 – 64.

55 Larry Cuban, "Stellar History Teaching in Failing Schools (Part 2)," *Larry Cuban on School Reform and Classroom Practice* (blog), June 3, 2014, https://larrycuban.wordpress.com/2014/06/03/stellar-history-teaching-in-failing-schools-part-2/. 또한 Cuban's *Teaching History Then and Now: A Story of Stability and Change in Schools* (Cambridge, MA: Harvard Education Press, 2016)을 참고하라. 난징대학살에 대한 교수·학습 계획은 스탠퍼드역사교육그룹 웹사이트에서 찾을 수 있다. https://sheg.stanford.edu/history-lessons/invasion-nanking.

7장 구글은 왜 우리를 구할 수 없는가?

1 Marc Prensky, "Digital Natives, Digital Immigrants," *On the Horizon 9* (2001): 2.

2 Chris Dede, "Planning for Neomillennial Learning Styles: Implications for Investments in Technology and Faculty," in *Educating the Net Generation*, ed. Diana G. Oblinger and James L. Oblinger (EDUCAUSE e-book, 2005), https://www.educause.edu/ir/library/pdf/pub7101o.pdf.

3 나는 이 부분을 이해하는 데 스테판 블로흐-슐만(Stephen Bloch-Schulman) 교수의 도움을 받았다. 그가 하이데거의 '손안에 있음(ready-to-hand)'과 '눈앞에 있음(present-at-hand)'의 차이를 언급해준 덕분이다. Stephen Bloch-Schulman and Meagan Carr, "Beyond 'Add Teaching and Learning and Stir': Epistemologies of Ignorance, Teaching and Learning in Philosophy, and the Need for Resistance," *Teaching Philosophy 39* (2016): 25 – 42를 참조하라.

4 Kristen Purcell et al., "How Teens Do Research in the Digital World," Pew Research Center's Project on the Internet and American Life, November 1, 2012, http://pewinternet.org/Reports/2012/Student-Research을 참조하라.

5 Eszter Hargittai et al., "Trust Online: Young Adults' Evaluation of Web Content," *International Journal of Communication 4* (2010): 479.

6 Hargittai et al., "Trust Online," 480.

7 Bing Pan et al., "In Google We Trust: Users' Decisions on Rank, Position, and Relevance," *Journal of Computer Mediated Communication 12* (2007): 816.

8 Paul A. Kirschner and Jeroen J. G. van Merriënboer, "Do Learners Really Know Best?: Urban Legends in Education," *Educational Psychologist 48* (2013): 169 – 83; and Paul A. Kirschner and Pedro De Brucyckere, "The Myths of the Digital Native and the Multitasker," *Teaching and Teacher Education 67* (2017): 135 – 42.

9 Organisation for Economic Co-operation and Development, *Students, Computers and Learning: Making the Connection* (Paris: OECD Publishing, 2015).

10 Matthew Jenkin, "Tablets Out, Imagination In: The Schools That Shun Technology," *Guardian*, December 2, 2015, https://www.theguardian.com/teacher-network/2015/dec/02/schools-that-ban-tablets-traditional-education-silicon-valley-london.

11 Christopher Scanlon, "The Natives Aren't Quite So Restless," *The Australian*, January 21, 2009, http://www.theaustralian.com.au/higher-education/opinion/the-natives-arent-quite-so-restless/story-e6frgcko-1111118616452.

12 Andrew Higgins, Mike McIntire, and Gabriel J. X. Dance, "Inside a Fake News Sausage Factory: 'This Is All about Income,'" *New York Times*, November 25, 2016, https://www.nytimes.com/2016/11/25/world/europe/fake-news-donald-trump-hillary-clinton-georgia.html?_r=0;LauraSydell, "We Tracked Down a Fake News Creator in the Suburbs: Here's What We Learned," *All Things Considered*, NPR, November 23, 2016, http://www.npr.org/sections/alltechconsidered/2016/11/23/503146770/npr-finds-the-head-of-a-covert-fake-news-operation-in-the-suburbs.

13 John Herrman, "Inside Facebook's (Totally Insane, Unintentionally Gigantic, Hyperpartisan) Political-Media Machine," *New York Times Magazine*, August 24, 2016, https://www.nytimes.com/2016/08/28/magazine/inside-facebooks-totally-insane-unintentionally-gigantic-hyperpartisan-political-media-machine.html.

14 Howard Rheingold, *Net Smart:How to Thrive Online* (Cambridge, MA: MIT, 2012).

15 "From Search to Research: Developing Critical Thinking Skills Through Web Research Skills," Learning Online Info, June 19, 2010, http://learningonlineinfo.org/microsoft-teacher-guides-developing-critical-thinking-web-research-skills/; Howard Rheingold, "Crap Detection 101," February 17, 2011, https://www.youtube.com/watch?v=AHVvGELuEqM.

16 Dan Russell, *SearchReSearch* (blog), http://searchresearch1.blogspot.com/.

17 Saskia Brand-Gruwel, Iwan Wopereis, and Yvonne Vermetten, "Information Problem Solving by Experts and Novices: Analysis of a Complex Cognitive Skill," *Computers in Human Behavior*

21 (2005): 487 – 508.

18 Andrew J. Flanagin and Miriam J. Metzger, "The Role of Site Features, User At-tributes, and Information Verification Behaviors on the Perceived Credibility of Web-Based Information," *New Media and Society 9* (2007): 332.

19 회원 수의 추정치에 대해서는 다음을 참조하라. Warren Throckmorton, "The American College of Pediatricians Versus the American Academy of Pediatrics: Who Leads and Who Follows," *Patheos* (blog), October 6, 2011, http://www.patheos.com/blogs/warrenthrockmorton/2011/10/06/the-american-college-of-pediatricians-versus-the-american-academy-of-pediatrics-who-leads-and-who-follows/#disqus_thread; 미국소아과의사협회에 호의적인 신문 《내셔널 가톨릭 레지스터(National Catholic Registrar)》는 협회의 회원 수를 500명으로 밝히고 있다. Stephen Beale, "Lawsuits Challenge Federal 'Transgender Mandate,'" *National Catholic Register*, November 11, 2016, http://www.ncregister.com/daily-news/lawsuits-challenge-federal-transgender-mandate.

20 Michael Kranish, "Beliefs Drive Research Agenda of New Think Tanks: Study on Gay Adoption Disputed by Specialists," *Boston Globe*, July 31, 2005; "P for Pedophile," American College of Pediatricians, June 15, 2015, http://www.acpeds.org/p-for-pedophile. 하버드 의과대학의 의학박사 잭 터번(Jack Turban)은 미국소아과의사협회를 두고 "소규모지만 합법적으로 들리는 이름을 만든 영리한 반(反)성소수자 집단"이라고 불렀다. Jack Turban, "The American College of Pediatricians Is an Anti-LGBT Group," *Psychology Today*, May 8, 2017, https://www.psychologytoday.com/blog/political-minds/201705/the-american-college-pediatricians-is-anti-lgbt-group.

21 "Bullying at School: Never Acceptable," American College of Pediatricians, October 2013, https://www.acpeds.org/the-college-speaks/position-statements/societal-issues/bullying-at-school-never-acceptable; "Stigma: At the Root of Ostracism and Bullying," American Academy of Pediatrics, May 5, 2014, https://www.aap.org/en-us/about-the-aap/aap-press-room/pages/Stigma-At-the-Root-of-Ostracism-and-Bullying.aspx.

22 Dorothy L. Espelage, "Bullying and the Lesbian, Gay, Bisexual, Transgender, Questioning Community," stopbullying.gov, White House Conference on Bullying, https://www.stopbullying.gov/at-risk/groups/lgbt/white_house_conference_materials.pdf.

23 "Bullying at School," American College of Pediatricians. 성소수자 학생들이 당하는 괴롭힘에 대한 자료는 다음을 참조하라. Centers for Disease Control and Prevention, LGBT Youth, https://www.cdc.gov/lgbthealth/youth.htm.

24 역사가들은 일반 성인들보다 더 폭넓은 유형의 반응을 보였다. 2,500명 이상의 일반 사용자를 대상으로 한 연구에서 참가자들은 웹사이트가 "전문적"이거나 "만족스러워" 보이기

때문에, 또 어떤 참가자의 말처럼 "단순히 그냥 더 신뢰할 만해 보여서" 신뢰할 수 있다고 평가했다. B. J. Fogg et al., "How Do Users Evaluate the Credibility of Web Sites?: A Study with Over 2,500 Participants" (paper presented at the Proceedings of the Conference on Designing for User Experiences, San Francisco, 2003), https://pdfs.semanticscholar.org/4c8f/e677cddc84a058491f51701c2edbbaa5aefa.pdf.

25 William S. Bradshaw, David G. Weight, and Ted Packard, "Same-Sex Attraction Not a Matter of Choice," *Salt Lake Tribune*, March 3, 2011, http://archive.sltrib.com/story.php?ref=/sltrib/opinion/51356807-82/orientation-sex-attraction-homosexuality.html.csp; "Statement from NIH Director Francis S. Collins, M.D., Ph.D., in Response to the American College of Pediatricians," National Institutes of Health, April 15, 2010, https://web.archive.org/web/20110727115017 /http://www.nih.gov/about/director/04152010_statement_ACP.htm; 이와 유사하게, 미네소타대학 의과대학 연구원인 게리 레마페디(Gary Remafedi)는 "게이 청소년에 대한 자신의 연구를 미국소아과의사협회가 "악의적인 목적을 위해 고의적으로 왜곡했다"면서 자신의 연구가 "이용"된 것에 분노했다. Nick Pinto, "University of Minnesota Professor's Research Hijacked," *City Pages*, May 26, 2010, http://www.citypages.com/news/university-of-minnesota-professors-research-hijacked-6725473에서 인용했다.

26 Fogg et al., "How Do Users Evaluate?" 2017년 4월 우리는 역사학자와 팩트체커 들을 대상으로 첫 번째 연구를 실시했다. Sarah McGrew and Sam Wineburg, "Taking Bearings: Reading Less and Learning More When Assessing Digital Information" (paper presented at the Annual Meeting of the American Educational Research Association, April 2017, San Antonio, Texas). 이후, 이 연구는 수정·보완되었다. Sam Wineburg and Sarah McGrew, "Lateral Reading: Reading Less and Learning More When Evaluating Digital Information" (Stanford History Education Group Working Paper No. 2017-A1, October 6, 2017), https://ssrn.com/abstract=3048994.

27 세라와 나는 《에듀케이션 위크(Education Week)》의 사설에서 처음으로 '방향 잡기'에 대해 거론했다. Sam Wineburg and Sarah McGrew, "Why Students Can't Google Their Way to Truth," *Education Week*, November 1, 2016, https://www.edweek.org/ew/articles/2016/11/02/why-students-cant-google-their-way-to.html; PBS's "Teachers' Lounge"에서도 이용 가능하다. http://www.pbs.org/newshour/updates/column-students-cant-google-way-truth/.

28 다음을 참조하라. Kranish, "Beliefs Drive Research"; and Pinto, "Professor's Research Hijacked."

29 Steve Ahquist, "Is 'Anti-Gay Therapist' Dr. Cretella a Therapist or Not?," *RI Future* (blog), February 18, 2014, http://www.rifuture.org/is-anti-gay-therapist-dr-cretella-a-therapist-or-not/.

30 Danielle Paquette, "Why Pediatricians Care So Much about the Supreme Court's Birth

Control Case," *Washington Post*, March 24, 2016, https://www.washington-post.com/news/wonk/wp/2016/03/24/why-pediatricians-care-so-much-about-the-supreme-courts-birth-control-case/?utm_term=.04257f0bb0f1.

31 간결함(frugality)이란 용어는 게르트 지거렌처(Gerd Gigerrenzer)의 "빠르고 간결한" 발견법 연구에서 유래했다. 개관은 다음을 참조하라. Gerd Gigerenzer and Wolfgang Gaissmaier, "Heuristic Decision Making," *Annual Review of Psychology 62* (2011): 451-82.

32 Julian N. Marewski, Wolfgang Gaissmaier, and Gerd Gigerenzer, "We Favor Formal Models of Heuristics Rather than Lists of Loose Dichotomies: A Reply to Evans and Over," *Cognitive Processes 11* (2010): 178.

33 Andrew J. Rotherham and Daniel Willingham, "21st Century Skills: The Challenges Ahead," *Educational Leadership 67* (2009): 16-21. 어떤 과학자들보다 교육자들에게 더 많은 양질의 연구를 제공한 인지심리학자 대니얼 윌링햄은 "Here's a 21st Century Skill — and How to Teach It!"에서 자신의 입장을 업데이트했다. *Daniel Willingham: Science and Education* (blog), October 2, 2017, http://www.danielwillingham.com/daniel-willingham-science-and-education-blog.

34 occupytheory.org의 운영자를 찾아내는 과제는 중간에 연구 계획으로 추가되었다. 역사학자 다섯 명 모두 브랜던 게일의 이름을 찾아내지 못했다. 학부생 25명의 경우에는 한 명만이 이를 밝혀냈다. 학생 두 명이 게일의 이름을 찾기는 했지만, 완전히 그를 인지하거나 그가 그 웹사이트의 소유자 또는 제작자라고 결정하지는 않았다.

35 WHOIS는 매킨토시 운영 체제에 프로그래밍되어 단말기를 이용하여 브라우저 없이 접속할 수 있다. 팩트체커들은 이 방법으로 정보를 입수한다. 브라우저를 사용할 경우, whois.net과 whois.icann.org를 포함한 다양한 웹사이트를 통해 접속할 수 있다.

36 Jakob Nielsen, "How Long Do Users Stay on Web Pages?," Nielsen Norman Group, September 12, 2011, https://www.nngroup.com/articles/how-long-do-users-stay-on-web-pages/. 또한 사용자들이 방문한 "20만 5,873페이지의 80퍼센트"에 머무른 "체류 시간(dwell time)"이 "70초 이하"라는 것을 발견한 마이크로소프트의 연구도 있다. Chao Liu, Ryen W. White, and Susan Dumais, "Understanding Web Browsing Behaviors through Weibull Analysis of Dwell Time." *Proceedings of the 33rd International ACM SIGIR Conference on Research and Development in Information Retrieval* (Geneva, Switzerland, July 19-23, 2010), 282.

37 William Hazlitt and Alexander Chalmers, eds., *The Table Talk of Martin Luther* (London: Bell and Daldy, 1878), https://books.google.com/books?id=TkEuAAAAYAAJ 에서 다운로드했다.

38 Clay Shirky, "Does the Internet Make You Smarter?," *Wall Street Journal*, June 4, 2010, http://www.wsj.com/articles/SB10001424052748704025304575284973472694334.

39 Craig Silverman, "This Analysis Shows How Viral Fake Election News Stories Outperformed

Real News on Facebook," *BuzzFeed*, November 16, 2016, https://www.buzzfeed.com/craigsilverman/viral-fake-election-news-outperformed-real-news-on-facebook?utm_term=.ttNxvXqZG#.yj3QVRPz2; Craig Silverman, "Hyperpartisan Facebook Pages Are Publishing False and Misleading Information at an Alarming Rate," *BuzzFeed*, October 20, 2016, https://www.buzzfeed.com/craigsilverman/partisan-fb-pages-analysis?utm_term=.pbpkj-9DyyW#.niMvnVjqqp.

40 Derek Thompson, "The Scariest Thing about the Newspaper Business Isn't Print's Decline, It's Digital's Growth," *The Atlantic*, December 19, 2012, http://www.the-atlantic.com/business/archive/2012/12/the-scariest-thing-about-the-newspaper-business-isnt-prints-decline-its-digitals-growth/266482/.

41 Media Insight Project, "How Millennials Get News: Inside the Habits of America's First Digital Generation," American Press Institute and the Associated Press-NORC Center for Public Affairs Research, March 16, 2015, https://www.americanpressinstitute.org/publications/reports/survey-research/millennials-news/.

42 ThomasL. Friedman, "Online and Scared," *New York Times*, January 11, 2017, https://www.nytimes.com/2017/01/11/opinion/online-and-scared.html.

43 David Streitfeld, "For Fact-Checking Website Snopes, a Bigger Role Brings More Attacks," *New York Times*, December 25, 2016, https://www.nytimes.com/2016/12/25/technology/for-fact-checking-website-snopes-a-bigger-role-brings-more-attacks.html.

44 Jim Kapoun, "Teaching Undergraduates Web Evaluation: A Guide for Library Instruction," *College and Research Libraries News* 59 (1998): 522－33.

45 Sam Wineburg, "4 Steps Schools Need to Take to Combat Fake News," *Huffington Post*, January 4, 2017, https://www.huffingtonpost.com/entry/fake-news-schools_us_58668e4ce4b0de3a08f82125; Joel Breakstone et al., "The Problem with Checklists," *Phi Delta Kappan* 99 (2018): 27－32.

46 Eric Lipton, "Fight over Minimum Wage Illustrates Web of Industry Ties," *New York Times*, February 9, 2014, https://www.nytimes.com/2014/02/10/us/politics/fight-over-minimum-wage-illustrates-web-of-industry-ties.html; Lisa Graves, "Corporate America's New Scam: Industry P.R. Firm Poses as Think Tank!" *Salon*, November 13, 2013, http://www.salon.com/2013/11/13/corporate_americas_new_scam_industry_p_r_firm_poses_as_think_tank/.

47 미디어 전문가들이 가장 좋아하는 또 다른 활동은 학생들에게 "Pacific Northwest Tree Octopus"(http://zapatopi.net/treeoctopus/)와 같이 특별하게 고안된 가짜 웹사이트로 안내하는 것이다. 희망적인 것은 학생들이 자신이 얼마나 쉽게 속았는지를 깨달으면 미디어에 더욱 능통해질 것이라는 점이다. 문제는 가짜가 웹에 존재하는 것 중 아주 사소한 부분을 이룬

다는 것이다. 그러한 문제에 치중하는 것은 신뢰성을 판단하는 것이 이것 아니면 저것이거나 둘 중에 어떤 것이라도 좋다는 것만큼이나 단순하다는 인상을 준다. 대신에 우리는 학생들에게 현실 사회에 대한 모든 웹사이트가 사용자의 환심을 사고, 지지자를 모으려는 목적을 지니고 있다는 것을 가르쳐야 한다.

48 James O'Brien, "Four Native Ads the Media's Talking About," Mashable, September 30, 2014, http://mashable.com/2014/09/30/native-ad-campaigns/#yEtyTTA01aqK. 네이티브 광고의 본질이 속임수라는 것은 언론인, 광고업계, 홍보업계 경영진 들도 인정하는 바이다. Erin E. Schauster, Patrick Ferrucci, and Marlene S. Neill, "Native Advertising Is the New Journalism: How Deception Affects Social Responsibility," *American Behavioral Scientist 60* (2016): 1408–24.

49 "Getting In-Feed Sponsored Content Right," Interactive Advertising Bureau, Edelman Berland Group, http://www.edelman.com/insights/intellectual-property/getting-in-feed-sponsored-content-right/와 https://www.iab.com/wp-content/uploads/2015/07/IAB_Edelman_Berland_Study.pdf을 참조하라.

50 Lindsey Bever, "If State Lawmakers Have Their Way, California Schoolchildren May Be Taught How to Spot 'Fake News,'" *Washington Post*, January 12, 2017, https://www.washingtonpost.com/news/the-fix/wp/2017/01/12/if-state-lawmakers-have-their-way-california-schoolchildren-may-be-taught-how-to-spot-fake-news/.

51 이에 대한 논쟁에 관해서는 danah boyd, "Did Media Literacy Backfire?," https://points.datasociety.net/did-media-literacy-backfire-7418c084d88d#.c6ahbd4sf를 참조하라.

52 *WalkerSmith v. General Medical Council* [2012] EWHC 503 (UK).

53 Joseph Kahne and Benjamin Bowyer, "Educating for Democracy in a Partisan Age: Confronting the Challenges of Motivated Reasoning and Misinformation," *American Education Research Journal 54* (2017): 3–34를 참조하라.

54 이 부분은 존 H. 맥마누스(John H. McManus)의 아주 중요한 저서에서 빌려온 내용을 확장한 것이다. John H. McManus, *Detecting Bull: How to Identify Bias and Junk Journalism in Print, Broadcast and on the Wild Web*, 2nd ed. (Sunnyvale, CA: Unvarnished Press, 2012).

55 토머스 제퍼슨이 윌리엄 찰스 자비스(William Charles Jarvis)에게 쓴 1820년 9월 28일자 편지, National Archives, https://archive.org/stream/writingsofthomas10jeffiala/writingsofthomas10jeffiala_djvu.txt.

8장 미국 영웅들의 변천기

1 이 장에서 다룬 내용에 대한 더 상세하고 긴 설명은 Sam Wineburg and Chauncey Monte-Sano, "'Famous Americans': The Changing Pantheon of American Heroes," *Journal of American History 94* (March 2008): 1186-202에서 볼 수 있다. 이 장의 바탕이 되는 간략한 설명은 Sam Wineburg, "Goodbye, Columbus," *Smithsonian Magazine 39* (2008): 98-104에서 볼 수 있다.

2 우리는 미국에서 교육받은 젊은 층과 비슷한 수준의 교육을 받은 성인 그룹을 비교하기 위해 표본을 미국에서 태어난 성인으로 제한했다.

3 Frances FitzGerald, *America Revised: History Schoolbooks in the Twentieth Century* (New York: Little, Brown, 1979), 84. 피츠제럴드는 데이비드 사빌 무즈제이(David Saville Muzzey)의 *A History of Our Country: A Textbook for High School Students* (Boston: Ginn and Co., 1950), 3 서론에서 "흑인과 인디언은 따로 빼놓고"라는 문구를 확인했다.

4 Robert Lerner, Althea K. Nagai, and Stanley Rothman, *Molding the Good Citizen: The Politics of High School History Texts* (Westport, CT: Praeger, 1995), 71.

5 "'나에게는 꿈이 있습니다' 전체 연설 무료 제공: 흑인 역사의 달 동안 편의점 세븐일레븐 매장에서 기념 소책자 제공", 2003년 1월 31일 언론 공개.

6 Fergus M. Bordewich, *Bound for Canaan: The Underground Railroad and the War for the Soul of America* (New York: HarperCollins, 2006); Kate Clifford Larson, *Bound for the Promised Land: Harriet Tubman, Portrait of an American Hero* (New York: Many Cultures, One World, 2004)와 Jean M. Humez, *Harriet Tubman: The Life and the Life Stories* (Madison: University of Wisconsin Press, 2003)을 보라. 교육과정 자료에 대한 리뷰는 다음을 참조하라. Michael B. Chesson, "Schoolbooks Teach Falsehoods and Feel-Good Myths about the Underground Railroad and Harriet Tubman," *The Textbook Letter 14*, no. 1 (n.d.), http://www.textbookleague.org/121tubby.htm.

7 다음의 교과서들은 터브먼에 대해 언급하지 않았다. Fremont P. Wirth, *The Development of America* (New York: American Book Company, 1936); Muzzey, *A History of Our Country* ; Leon H. Canfield and Howard B. Wilder, *The Making of Modern America* (Boston: Houghton Mifflin, 1964).

8 Thomas A. Bailey, *The American Pageant: A History of the Republic* (Boston: Houghton Mifflin, 1956); Thomas A. Bailey, *The American Pageant: A History of the Republic* (Boston: Houghton Mifflin, 1961); Thomas A. Bailey, *The American Pageant: A History of the Republic* (Lexington, MA: Heath, 1971), 402, 403; David M. Kennedy, Lizabeth Cohen, and Thomas A. Bailey, *The American Pageant: A History of the Republic* (Boston: Houghton Mifflin, 2006), 422.

9 Ann Oldenburg, "The Divine Miss Winfrey?," *USA Today*, May 11, 2006, http://usatoday30.

usatoday.com/life/people/2006-05-10-oprah_x.htm.

10 Michael Frisch, "American History and the Structures of Collective Memory: A Modest Exercise in Empirical Iconography," *Journal of American History* 75 (March 1989): 1130–55, esp. 1146, 1147.

11 David Halberstam, "The Second Coming of Martin Luther King," *Harper's Magazine* 235 (August 1967): 48. "3대 악"이란 표현은 1967년 8월 16일 마틴 루서 킹의 남부기독교연합회의(Southern Christian Leadership Conference, SCLC) 마지막 연설에서 인용했다. Martin Luther King Jr., "Where Do We Go from Here?," in *A Testament of Hope: The Essential Writings of Martin Luther King, Jr.*, ed. James Melvin Washington (San Francisco: Harper, 1986), 250; 베트남전쟁과 전쟁범죄 인용에 대해서는 다음을 참조하라. Martin Luther King Jr., "Drum Major Instinct," sermon delivered at Ebenezer Baptist Church, February 4, 1968, The Martin Luther King, Jr., Research and Education Institute, Stanford University, http://kingencyclopedia.stanford.edu/encyclopedia/documentsentry/doc_the_drum_major_instinct/.

12 Herbert Kohl, *She Would Not Be Moved: How We Tell the Story of Rosa Parks and the Montgomery Bus Boycott* (New York: New Press, 2007).

13 Jo Ann Gibson Robinson, *The Montgomery Bus Boycott and the Women Who Started It: The Memoir of Jo Ann Gibson Robinson*, ed. David J. Garrow (Knoxville: University of Tennessee Press, 1987), 39; Larry Copeland, "Parks Not Seated Alone in History," *USA Today,* November 28, 2005, http://www.usatoday.com/news/nation/2005-11-28-montgomery-bus-boycott_x.htm. 흑인들이 힘겨운 역경에 직면하여 저항하지 못하거나 메시아적 인물이 그들을 자유롭게 해주기를 기다린다는 "역사적 변화에 대한 론 레인저(Lone Ranger) 이론"에 대해서는 다음을 참조하라. Michael Eric Dyson, *I May Not Get There with You: The True Martin Luther King, Jr.* (New York: Free Press, 2000), 297.

14 Cole, Judith H. Dobrzynski, "Our Official History Scold: The Head of the National Endowment for the Humanities Stands Up for American Exceptionalism," *Wall Street Journal*, May 22, 2007, http://www.judithdobrzynski.com/2991/our-official-history-scold에서 인용했다.

15 Arthur M. Schlesinger Jr., *The Disuniting of America: Reflections on a Multicultural Society* (New York: Norton, 1998), 23.

후기 우리에게는 아직 '역사'가 필요하다

1 John W. Dower, *Embracing Defeat: Japan in the Wake of World War II* (New York: Norton, 1999); and Yuko H. Thakur, "History Textbook Reform in Allied Occupied Japan, 1945–52," *History of*

Education Quarterly 35 (Autumn 1995): 261-78을 참조하라.

2 John Sayers, personal correspondence, Library of Congress, October 13, 2017.

3 Betsy Sparrow, Jenny Liu, and Daniel M. Wagner, "Google Effects on Memory: Cognitive Consequences of Having Information at Our Fingertips," *Science 333* (August 2011): 778.

4 Ted Sizer and Nancy Faust Sizer, *The Students Are Watching: Schools and the Moral Contract* (Boston: Beacon Press, 2000).

5 Will Colglazier, "Real Teaching in the Era of Fake News," *American Educator 41* (Fall 2017): 11. Also Will Colglazier, "The Best Tips for Spotting Fake News in the Age of Trump," *Teen Vogue*, January 17, 2017, https://www.teenvogue.com/story/the-best-tips-for-spotting-fake-news-in-the-age-of-trump.

6 Marlene Martin, "Sacco and Vanzetti: Two Immigrants Targeted for Their Beliefs," Campaign to End the Death Penalty, August 2002, http://www.nodeathpenalty.org/new_abolitionist/august-2002-issue-25/sacco-and-vanzetti.

7 Jean O. Pasco, "Sinclair Letter Turns Out to Be Another Expose," *Los Angeles Times*, December 24, 2005, http://articles.latimes.com/2005/dec/24/local/me-sinclair24. 편지 원본은 인터넷 아카이브에 게재되어 있다. https://archive.org/stream/UptonSinclairLetterBeardsley/UptonSinclairLetter_djvu.txt.

8 보수적 성향의 작가 조나 골드버그(Jonah Goldberg)는 이 편지를 이용해 진보주의의 아이콘인 싱클레어를 공격했다. 곧 이 편지는 좌파와 우파의 갈등에 불을 지폈으며, 마치 우리가 필요로 하는 것처럼 과거와 현재가 어떻게 당파싸움에 융합되는지에 대한 더 많은 증거가 되었다. Jonah Goldberg, "The Clay Feet of Liberal Saints," *National Review*, January 6, 2006, http://www.nationalreview.com/article/216429/clay-feet-liberal-saints-jonah-goldberg; 좌파 쪽의 견해는 다음을 참조하라. Greg Mitchell, "Sliming a Famous Muckraker: The Untold Story," *Editor & Publisher*, January 30, 2006, http://www.editorandpublisher.com/news/sliming-a-famous-muckraker-the-untold-story/.

9 C. V. Wedgwood, *Truth and Opinion: Historical Essays* (London: Macmillan, 1960), 15.

10 Robinson, 캐롤 셰리프(Carol Sheriff)와의 인터뷰에서 인용, *Virginia Gazette*, October 2010, personal communication with Carol Sheriff, October 22, 2017; 이후 케빈 레빈(Kevin Levin)에 의해 재생산되었다. Kevin Levin, "Giving Professor Carol Sheriff the Last Word (for Now)," *Civil War Memory* (blog), October 23, 2010, http://cwmemory.com/2010/10/23/giving-professor-carol-sheriff-the-last-word/.

11 Kevin M. Levin, "Black Confederates Out of the Attic and into the Mainstream," Journal of the *Civil War Era 4* (December 2014): 633.

12 Michael P. Lynch, "Googling Is Believing: Trumping the Informed Citizen," *Opinionator* (blog),

New York Times, March 9, 2016, https://opinionator.blogs.nytimes.com/2016/03/09/googling-is-believing-trumping-the-informed-citizen/.

13 1822년 8월 4일, 제임스 메디슨(James Madison)이 W. T. 베리(W. T. Berry)에게 쓴 글, *The Founders' Constitution*, http://press-pubs.uchicago.edu/founders/documents/v1ch18s35.html에서 다운로드했다.

참고문헌

Achieve the Core. "Close Reading Model Lessons." http://achievethecore.org/page/2734/close-reading-model-lessons.

Ahquist, Steve. "Is 'Anti-Gay Therapist' Dr. Cretella a Therapist or Not?" *RI Future* (blog), February 18, 2014. http://www.rifuture.org/is-anti-gay-therapist-dr-cretella-a-therapist-or-not/.

Albert Shanker Institute. *Education for Democracy*. Washington, DC: Albert Shanker Institute, 2003. http://www.ashankerinst.org/Downloads/EfD%20final.pdf.

Albright, Joseph, and Marcia Kunstel. *Bombshell: The Secret Story of America's Unknown Atomic Bomb Conspiracy*. New York: Times Books, 1997.

Alperovitz, Gar. *Atomic Diplomacy: Hiroshima and Potsdam: The Use of the Atomic Bomb and the American Confrontation with Soviet Power*. New York: Vintage, 1967.

Anderson, James. *No Sacrifice Too Great: The Value of Education in the African American Experience*. Boston: Beacon Press, 2008.

Anderson, Lorin W., and David R. Krathwohl, eds. *A Taxonomy for Learning, Teaching, and Assessing: A Revision of Bloom's Taxonomy of Educational Objectives*. Boston: Allyn&Bacon, 2001.

Asada, Sadao. "The Shock of the Atomic Bomb and Japan's Decision to Surrender: A Reconsideration." *Pacific Historical Review 67*, no. 4 (November 1998) 502.

Ayers, Edward, R. D. Schulzinger, J. F. de al Tija, and D. G. White. *American Anthem*. Orlando, FL: Holt, Rinehart and Winston, 2006.

Bailyn, Bernard. *Education in the Forming of American Society: Needs and Opportunities for Study*. Chapel Hill: University of North Carolina Press, 1970.

Barsamian, David. "Rise Like Lions: The Role of Artists in a Time of War: An Interview with Howard Zinn." *The Sun 324* (February 2004). http://www.thesunmagazine.org/archives/437.

Baxter, Maurice G., Robert H. Ferrell, and John E. Wiltz. *The Teaching of American History in High*

Schools. Bloomington: Indiana University Press, 1964.

Beale, Stephen. "Lawsuits Challenge Federal 'Transgender Mandate'." *National Catholic Register*, November 11, 2016. http://www.ncregister.com/daily-news/lawsuits-challenge-federal-transgender-mandate.

Beatty, Alexandra S., Clyde M. Reese, Hilary R. Persky, and Peggy Carr. *NAEP 1994 U.S. History Report Card: Findings from the National Assessment of Educational Progress*. Washington, DC: National Center for Education Statistics, NAEP, 1996. http://nces.ed.gov/pubsearch/pubsinfo.asp?pubid=96085.

Bell, J. Carleton. "The Historic Sense." *Journal of Educational Psychology* 8 (May 1917): 317–18.

Bell, J. Carleton, and David F. McCollum. "A Study of the Attainments of Pupils in United States History." *Journal of Educational Psychology* 8 (May 1917): 257–58.

Bennett, Lerone. "Was Abe Lincoln a White Supremacist?" *Ebony*, February 1968, 35–43.

Bernstein, Barton J. "The Atomic Bombings Reconsidered." *Foreign Affairs* 74, no. 1 (January/February 1995): 135–52.

Bever, Lindsey. "If State Lawmakers Have Their Way, California Schoolchildren May Be Taught How to Spot 'Fake News'." *Washington Post*, January 12, 2017. https://www.washingtonpost.com/news/the-fix/wp/2017/01/12/if-state-lawmakers-have-their-way-california-schoolchildren-may-be-taught-how-to-spot-fake-news/.

Bigelow, Bill. *A People's History for the Classroom*. Milwaukee: Rethinking Schools, 2008.

Bighead, Kate. "She Watched Custer's Last Battle." In *The Custer Reader*, ed. P. A. Hutton, 363–77. Lincoln: University of Nebraska Press, 1992.

Bix, Herbert P. "Emperor Hirohito's War." *History Today* 41, no. 12 (December 1991): 12–19.

———. "Japan's Delayed Surrender: A Reinterpretation." *Diplomatic History* 19, no. 2 (Spring 1995): 214.

Bloch-Schulman, Stephen, and Meagan Carr. "Beyond 'Add Teaching and Learning and Stir': Epistemologies of Ignorance, Teaching and Learning in Philosophy, and the Need for Resistance." *Teaching Philosophy* 39 (2016): 25–42.

Bloom, Benjamin S., ed. *Taxonomy of Educational Objectives: The Classification of Educational Goals, Handbook I: Cognitive Domain*. New York: David McKay, 1956.

Bockhorn, Lee. "History in Crisis." *Weekly Standard*, May 13, 2002.

Boller, Paul F., Jr. *George Washington and Religion*. Dallas: SMU Press, 1963.

———. "Washington and Religious Liberty." *William and Mary Quarterly* 17 (1960): 500.

Bond, Horace Mann. "Should the Negro Care Who Wins the War?" *Annals of the American Academy of Political and Social Science* 223, no. 1 (1942): 81–84.

Bordewich, Fergus M. *Bound for Canaan: The Underground Railroad and the War for the Soul of America*. New York: HarperCollins, 2006.

boyd, danah. "Did Media Literacy Backfire?" https://points.datasociety.net/did-media-literacy-backfire-7418c084d88d#.c6ahbd4sf.

Boyles, Nancy. "Closing In on Close Reading." *Educational Leadership 70* (2012/2013): 36–41.

Boyne, Walter J. *The Influence of Air Power upon History*. Gretna, LA: Pelican, 2003.

Bradshaw, William S., David G. Weight, and Ted Packard. "Same-Sex Attraction Not a Matter of Choice." *Salt Lake Tribune*, March 3, 2011. http://archive.sltrib.com/story.php?ref=/sltrib/opinion/51356807-82/orientation-sex-attraction-homosexuality.html.csp.

Brand-Gruwel, Saskia, Iwan Wopereis, and Yvonne Vermetten. "Information Problem Solving by Experts and Novices: Analysis of a Complex Cognitive Skill." *Computers in Human Behavior 21* (2005): 487–508.

Breakstone, Joel. "Try, Try Again: The Process of Designing New History Assessments." *Theory and Research in Social Education 42*, no. 4 (2014): 453–85.

Breakstone, Joel, Sarah McGrew, Teresa E. Ortega, and Sam Wineburg. *Evaluating Students' Online Civic Reasoning: Executive Summary Report to the Robert R. McCormick Foundation*. Stanford, CA: Stanford Digital Repository, 2016.

———. "The Problem with Checklists: Why We Need New Approaches to Teaching Digital Literacy." *Phi Delta Kappan 99* (2018): 27–32.

Breakstone, Joel, Mark Smith, and Sam Wineburg. "Beyond the Bubble: New History/Social Studies Assessments for the Common Core." *Phi Delta Kappan 94*, no. 5 (2013): 53–57.

Breakstone, Joel, Sam Wineburg, and Mark Smith. "Formative Assessment Using Library of Congress Documents." *Social Education 79*, no. 4 (2015): 178–82.

Bronowski, Yoram. "A People without History." *Haaretz* (Tel Aviv), January 1, 2000.

Bruner, Jerome. *The Process of Education*. Cambridge, MA: Harvard University Press, 1960.

"Bullying at School: Never Acceptable." American College of Pediatricians, October 2013. https://www.acpeds.org/the-college-speaks/position-statements/societal-issues/bullying-at-school-never-acceptable.

Burg, Samantha, ed. *The Nation's Report Card: U.S. History 2010: The National Assessment of Educational Progress at Grades 4, 8, and 12*. Washington, DC: National Center for Education Statistics, 2011.

Byrd, Robert. *Robert C. Byrd, Child of the Appalachian Coalfields*. Morgantown: West Virginia University Press, 2005.

California State Department of Education. *California Standards Test: Released Test Questions, History-Social Science, Grade 8*. Sacramento: California State Department of Education, 2007.

———. *History-Social Science Framework for California Public Schools*. Sacramento: California State Department of Education, 1988.

Canfield, Leon H., and Howard B. Wilder. *The Making of Modern America*. Boston: Houghton Mifflin, 1964.

Chaffee, Jeremiah. "Teacher: One (Maddening) Day Working with the Common Core." *Washington Post*, March 23, 2012. https://www.washingtonpost.com/blogs /answer-sheet/post/teacher-one-maddening-day-working-with-the-common-core/2012/03/15/gIQA8J4WUS_blog.html?utm_term=.8ee2380e545a.

Chesson, Michael B. "Schoolbooks Teach Falsehoods and Feel-Good Myths about the Underground Railroad and Harriet Tubman." *The Textbook Letter 14*, no. 1 (n.d.). http://www.textbookleague.org/121tubby.htm.

Clifford, Geraldine. *Edward L. Thorndike: The Sane Positivist*. Middletown, CT: Wesleyan, 1984.

Clymer, Adam. "Robert C. Byrd, a Pillar of the Senate, Dies at 92." *New York Times*, June 28, 2010.

Cohen, Daniel J. "By the Book: Assessing the Place of Textbooks in U.S. Survey Courses," *Journal of American History 91* (March 2005): 1407, 1412.

Cohen, David K. *Teaching and Its Predicaments*. Cambridge, MA: Harvard University Press, 2011.

Cohen, David K., et al. *Improvement by Design: The Promise of Better Schools*. Chicago: University of Chicago Press, 2013.

Cohen, Robert. "When Assessing Zinn, Listen to the Voices of Teachers and Students." *History News Network*, January 7, 2013, http://historynewsnetwork.org /article/149974.

Colglazier, Will. "The Best Tips for Spotting Fake News in the Age of Trump." *Teen Vogue*, January 17, 2017. https://www.teenvogue.com/story/the-best-tips-for-spotting-fake-news-in-the-age-of-trump.

———. "Real Teaching in the Era of Fake News." *American Educator 41* (Fall 2017): 11.

Common Core State Standards Initiative. "Frequently Asked Questions." http://www.corestandards.org/about-the-standards/frequently-asked-questions/.

Copeland, Larry. "Parks Not Seated Alone in History." *USA Today*, November 28, 2005. http://www.usatoday.com/news/nation/2005-11-28-montgomery-bus-boycott_x.htm.

Cremin, Lawrence. *The Transformation of the School*. New York: Vintage, 1964.

Crismore, Avon. "The Rhetoric of Textbooks: Metadiscourse." *Journal of Curriculum Studies 16*, no. 3 (1984): 279–96.

Crocker, H. W., III. *Don't Tread on Me: A 400-Year History of America at War*. New York: Crown, 2007.

Cronbach, Lee J. "Five Decades of Public Controversy over Mental Testing." *American Psychologist 30* (January 1975): 1–14.

Cuban, Larry. *How Teachers Taught: Constancy and Change in American Classrooms, 1890–1980*. New York: Teachers College Press, 1993.

———. *Inside the Black Box of Classroom Practice: Change without Reform in American Education*. Cambridge, MA: Harvard Education Press, 2013.

———. "Persistent Instruction: The High School Classroom, 1900–1980." *Phi Delta Kappan 64*, no. 2 (October 1982): 113–18.

———. "Stellar History Teaching in Failing Schools (Part 2)." *Larry Cuban on School Reform and Classroom Practice* (blog), June 3, 2014. https://larrycuban.wordpress.com/2014/06/03/stellar-history-teaching-in-failing-schools-part-2/.

———. *Teaching History Then and Now: A Story of Stability and Change in Schools*. Cambridge, MA: Harvard Education Press, 2016.

Darlington, David. "U.S. Department of Education Releases Results of Latest U.S. History Test." *Perspectives on History*, July 2002. https://www.historians.org/publications-and-directories/perspectives-on-history/summer-2002/us-department-of-education-releases-results-of-latest-us-history-test.

Dede, Chris. "Planning for Neomillennial Learning Styles: Implications for Investments in Technology and Faculty." In *Educating the Net Generation*, ed. Diana G. Oblinger and James L. Oblinger. EDUCAUSE e-book, 2005. https://www.edu-cause.edu/ir/library/pdf/pub71010.pdf.

Dewey, John. *The Influence of Darwin on Philosophy and Other Essays*. New York: Henry Holt, 1910.

Dobbs, Michael. "How Soviets Stole U.S. Atom Secrets." *Washington Post*, October 4, 1992, A1.

Dobrzynski, Judith H. "Our Official History Scold: The Head of the National Endowment for the Humanities Stands Up for American Exceptionalism." *Wall Street Journal*, May 22, 2007. Also available at http://www.judithdobrzynski.com/2991/our-official-history-scold.

Dow, Peter B. *Schoolhouse Politics: Lessons from the Sputnik Era*. Cambridge, MA: Harvard University Press, 1991.

Dower, John W. *Embracing Defeat: Japan in the Wake of World War II*. New York: Norton, 1999.

———. "Three Narratives of Our Humanity." In *History Wars: The Enola Gay and Other Battles for the American Past*, ed. Edward T. Linenthal and Tom Engelhardt, 84–85. New York: Holt, 1996.

Dyson, Michael Eric. *I May Not Get There with You: The True Martin Luther King, Jr*. New York: Free Press, 2000.

Eakin, Emily. "On the Lookout for Patriotic Incorrectness." *New York Times*, November 24, 2001.

"Editorial: History Education Fails the Grade." *Topeka Capital Journal*, June 20, 2011. http://cjonline.com/opinion/2011-06-20/editorial-history-education-fails-grade.

Eikenberry, D. H. "Permanence of High School Learning." *Journal of Educational Psychology 14* (November 1923): 463–81.

Ericsson, K. Anders, and Herbert A. Simon. *Protocol Analysis: Verbal Reports as Data*. Cambridge, MA: MIT Press, 1984.

Espelage, Dorothy L. "Bullying and the Lesbian, Gay, Bisexual, Transgender, Questioning Community." stopbullying.gov, White House Conference on Bullying. https://www.stopbullying.gov/at-risk/groups/lgbt/white_house_conference_materials.pdf.

Evans, Richard J. *Lying about Hitler: History, Holocaust, and the David Irving Trial*. New York: Basic Books, 2002.

Farquhar, Michael. *A Treasury of Great American Scandals*. New York: Penguin, 2003.

Fea, John. *Was America Founded as a Christian Nation?* Louisville, KY: Westminster John Knox Press, 2011.

———. *Why Learn History?* Ada, MI: Baker Academic, 2013.

Federal Register 66, no. 100 (May 23, 2001): 24830.

Field, Edward. *Songs and Stories of the Netsilik Eskimos*. Cambridge, UK: Educational Development Center, 1967. http://libguides.ioe.ac.uk/c.php?g=482312&p=3298497.

FitzGerald, Frances. *America Revised: History Schoolbooks in the Twentieth Century*. New York: Little, Brown, 1979.

Fitzhugh, Will. "History Vacations." ednews.org, September 21, 2007. http://historynewsnetwork.org/article/42992.

Flanagin, Andrew J., and Miriam J. Metzger. "The Role of Site Features, User Attributes, and Information Verification Behaviors on the Perceived Credibility of Web-Based Information." *New Media and Society 9* (2007): 332.

Fletcher, Michael A. "Students' History Knowledge Lacking, Test Finds." *Washington Post*, May 9, 2002.

Fogg, B. J., Cathy Soohoo, David R. Danielson, Leslie Marable, Julianne Stanford, and Ellen R. Tauber. "How Do Users Evaluate the Credibility of Web Sites?: A Study with Over 2,500 Participants." Paper presented at the Proceedings of the Conference on Designing for User Experiences, San Francisco, CA, 2003. https://pdfs.semanticscholar.org/4c8f/e677cddc84a058491f51701c2edbbaa5aefa.pdf.

Fogo, Bradley. "What Every Student Should Know and Be Able to Do: The Making of California's Framework, Standards, and Tests for History–Social Science." PhD diss., Stanford University,

2010.

Foner, Eric. "Majority Report." *New York Times*, March 2, 1980.

Francis, Les. "Civic Ignorance Begets Civil Unrest." *Real Clear Politics*, May 7, 2015. http://www.realclearpolitics.com/articles/2015/05/07/civic_ignorance_begets_civil_unrest_126509.html.

Frank, Richard B. *Downfall: The End of the Imperial Japanese Empire*. New York: Penguin, 2001.

Freedle, Roy O. "Correcting the SAT's Ethnic and Social-Class Bias: A Method for Reestimating SAT Scores." *Harvard Educational Review* 73 (Spring 2003): 1–43.

Friedman, Thomas L. "Online and Scared." *New York Times*, January 11, 2017. https://www.nytimes.com/2017/01/11/opinion/online-and-scared.html.

Frisch, Michael. "American History and the Structures of Collective Memory: A Modest Exercise in Empirical Iconography." *Journal of American History* 75 (March 1989): 1130–55.

"From Search to Research: Developing Critical Thinking Skills through Web Research Skills." Learning Online Info, June 19, 2010. http://learningonlineinfo.org/microsoft-teacher-guides-developing-critical-thinking-web-research-skills/.

"Fuehrer's Speech to Commanders in Chief, 22 August 1939." In *Trials of War Criminals before the Nuernberg Military Tribunals*, 10, 698ff. Washington, DC: Government Printing Office, 1951.

"Getting In-Feed Sponsored Content Right." Interactive Advertising Bureau, Edelman Berland Group. http://www.edelman.com/insights/intellectual-property/getting-in-feed-sponsored-content-right/ and https://www.iab.com/wp-content/uploads/2015/07/IAB_Edelman_Berland_Study.pdf.

Ghajar, Lee Ann. "The People Speak: To Zinn or Not to Zinn." TeachingHistory.org, January 5, 2010. http://teachinghistory.org/nhec-blog/23675.

Gigerenzer, Gerd, and Wolfgang Gaissmaier. "Heuristic Decision Making." *Annual Review of Psychology* 62 (2011): 451–82.

Goggin, Jacqueline. *Carter G. Woodson: A Life in Black History*. Baton Rouge: LSU Press, 1993.

Goldberg, Jonah. "The Clay Feet of Liberal Saints." *National Review*, January 6, 2006. http://www.nationalreview.com/article/216429/clay-feet-liberal-saints-jonah-goldberg.

Golde, Chris M. "The Career Goals of History Doctoral Students: Data from the Survey on Doctoral Education and Career Preparation." *Perspectives on History*, October 2001. https://www.historians.org/publications-and-directories/perspec-tives-on-history/october-2001/the-career-goals-of-history-doctoral-students.

Golston, Syd. "Commentary." *Social Studies Professional*, March/April 2010, 4.

Goodlad, John I. *A Place Called School*. New York: McGraw Hill, 1984.

Gottlieb, Eli, and Sam Wineburg. "Between *Veritas and Communitas*: Epistemic Switching in the

Reading of Academic and Sacred History." *Journal of the Learning Sciences 21* (2012): 84–129.

———. "Historians Meet Thanksgiving: What Would George Do?" *Historically Speaking 12* (2011): 6–8.

Gould, Stephen Jay. *The Mismeasure of Man*. New York: Norton, 1981.

Granatstein, Jack. *Who Killed Canadian History?*. Toronto: HarperCollins, 1998.

Grant, Ulysses S. "The Papers: January 1–October 31, 1876." Washington, DC: Library of Congress.

Graves, Lisa, "Corporate America's New Scam: Industry P.R. Firm Poses as Think Tank!" *Salon*, November 13, 2013. http://www.salon.com/2013/11/13/corporate_americas_new_scam_industry_p_r_firm_poses_as_think_tank/.

Guff, Samantha. "How Polls Trick People into Saying Dumb Things, Like Judge Judy Being on the Supreme Court." *Huffington Post*, January 20, 2016. http://www.huffingtonpost.com/entry/polls-judge-judy-supreme-court_us_569e98b3e4b04c813761bbe8.

Hakim, Joy. *A History of US: All the People, 1945–2001*. New York: Oxford University Press, 1993.

Halberstam, David. "The Second Coming of Martin Luther King." *Harper's Magazine 235* (August 1967): 48.

Halldén, Ola. "On the Paradox of Understanding History in an Educational Setting." In *Teaching and Learning History*, ed. Gaea Leinhardt, Isabel L. Beck, and Catherine Stainton, 27–47. Hillsdale, NJ: Erlbaum, 1994.

Handlin, Oscar. "Arawaks." Review of *A People's History of the United States*, by Howard Zinn. *American Scholar 49*, no. 4 (Autumn 1980): 546–50.

Haney, Walt, and Laurie Scott. "Talking with Children about Tests: An Exploratory Study of Test Ambiguity." In *Cognitive and Linguistic Analysis of Test Performance*, ed. R. Freedle, 69–87. Norwood, NJ: Ablex Publishing, 1987.

Hargittai, Eszter, Lindsay Fullerton, Ericka Menchen-Trevino, and Kristin Yates Thomas. "Trust Online: Young Adults' Evaluation of Web Content." *International Journal of Communication 4* (2010): 479.

Haynes, John Earl, and Harvey Klehr. *Venona: Decoding Soviet Espionage in America*. New Haven, CT: Yale University Press, 1999.

Hazlitt, William, and Alexander Chalmers, eds. *The Table Talk of Martin Luther*. London: Bell and Daldy, 1878. https://books.google.com/books?id=TkEuAAAAYAAJ.

Henriques, Peter R. *Realistic Visionary: A Portrait of George Washington*. Charlottesville: University of Virginia Press, 2008.

"Heroes & Villains: Winston Churchill and the Bombing of Dresden." British National Archives.

www.nationalarchives.gov.uk/education/heroesvillains/g1/cs1/g1cs1s1a.htm.

Herrenkohl, Leslie Rupert, and Lindsay Cornelius. "Investigating Elementary Students' Scientific and Historical Argumentation." *Journal of the Learning Sciences 22* (2013): 413–61.

Herrman, John. "Inside Facebook's (Totally Insane, Unintentionally Gigantic, Hyperpartisan) Political-Media Machine." *New York Times Magazine*, August 24, 2016. https://www.nytimes.com/2016/08/28/magazine/inside-facebooks-totally-insane-unintentionally-gigantic-hyperpartisan-political-media-machine.html.

Hertzberg, Hazel W. "History and Progressivism: A Century of Reform Proposals." In *Historical Literacy: The Case for History in American Education*, ed. Paul Gagnon and the Bradley Commission on History in Schools, 69–102. New York: Macmillan, 1989.

Higgins, Andrew, Mike McIntire, and Gabriel J. X. Dance. "Inside a Fake News Sausage Factory: 'This Is All about Income'." *New York Times*, November 25, 2016. https://www.nytimes.com/2016/11/25/world/europe/fake-news-donald-trump-hillary-clinton-georgia.html?_r=0.

Hill, Heather C. "Fixing Teacher Professional Development." *Phi Delta Kappan 90*, no. 7 (March 2009): 470–77.

Hirsch, E. D. *Cultural Literacy: What Every American Needs to Know*. New York: Vintage, 1988.

Hirst, Paul H. "Liberal Education and the Nature of Knowledge." In *The Philosophy of Education*, ed. R. S. Peters, 87–101. New York: Oxford University Press, 1973.

Hoffmann, Banesh. *The Tyranny of Testing*. New York: Dover, 1962.

Holmes, David L. *The Faiths of the Founding Fathers*. Oxford: Oxford University Press, 2006.

Hood, Clifton. "An Unusable Past: Urban Elites, New York City's Evacuation Day, and the Transformation of Memory Culture." *Journal of Social History 37* (2004): 883–913.

Hooton, E. R. *Phoenix Triumphant: The Rise and Rise of the Luftwaffe*. London: Arms and Armour, 1994.

Houts, Paul L., ed. *The Myth of Measurability*. New York: Hart, 1977.

Howard, James, and Thomas Mendenhall. *Making History Come Alive: The Place of History in the Schools*. Washington, DC: Council for Basic Education, 1982.

Humez, Jean M. *Harriet Tubman: The Life and the Life Stories*. Madison: University of Wisconsin Press, 2003.

Humphrey, Daniel C., Christopher Chang-Ross, Mary Beth Donnelly, Lauren Hersh, and Heidi Skolnik (SRI International). *Evaluation of the Teaching American History Program*. Jessup, MD: U.S. Department of Education, 2005.

Hyde, Anne. "Five Reasons Historians Suck at Assessment." *Journal of American History 102*, no. 4

(March 1, 2016): 1104–7.

"'I Have a Dream' Entire Speech Available FREE to the Public: Participating 7-Eleven Stores to Offer Commemorative Brochure during Black History Month." January 31, 2003, press release. The King Center. http://www.thekingcenter.org/news/press_release/2003-01-28.pdf.

Immerwahr, Daniel. "The Fact/Narrative Distinction and Student Examinations in History." *History Teacher* 41 (2008): 199–206.

Isserman, Maurice. "Guess What? They Really Were Spies: A New Study Uses Soviet Files to Document the Americans Who Became Communist Agents." Review of *The Haunted Wood: Soviet Espionage in America*, by Allen Weinstein and Alexander Vassiliev. *The Forward*, January 29, 1999.

———. "1968 and All That: Radicals, Hippies and SDS at Reed." *Reed Magazine*, Winter 2007, 26–30.

———. "Peat Bog Soldiers: The American Communist Party during the Second World War, 1939–1945." PhD diss., University of Rochester, 1979.

———. "They Led Two Lives." Review of *Venona: Decoding Soviet Espionage in America*, by John Earl Haynes and Harvey Klehr. *New York Times*, May 9, 1999. https://www.nytimes.com/books/99/05/09/reviews/990509.09issermt.html.

Jackson, Kenneth T. "The Bradley Commission on History in Schools: A Retrospective View." *History Teacher* 23, no. 1 (1989): 73–78.

Jefferson, Thomas. Letter to William Charles Jarvis, September 28, 1820. National Archives. https://archive.org/stream/writingsofthomas10jeffiala/writingsofthomas10jeffiala_djvu.txt.

Jenkin, Matthew. "Tablets Out, Imagination In: The Schools That Shun Technology." *Guardian*, December 2, 2015. https://www.theguardian.com/teacher-network/2015/dec/02/schools-that-ban-tablets-traditional-education-silicon-valley-london.

Johnston, Theresa. "History Detected." *Stanford Magazine*, May/June 2013, 59–64.

Jones, Arnita. "How Scholars Can Improve History Education." *Chronicle of Higher Education*, June 8, 2001.

———. "Unfinished Business." *Perspectives on History*, March 2009. https://www.historians.org/publications-and-directories/perspectives-on-history/march-2009/unfinished-business.

Jordan, Winthrop D., Miriam Greenblatt, and John S. Bowes. *The Americans: History of a Free People*. Evanston, IL: McDougal Littell, 1985.

Kahne, Joseph, and Benjamin Bowyer. "Educating for Democracy in a Partisan Age: Confronting the Challenges of Motivated Reasoning and Misinformation." *American Education Research Journal* 54 (2017): 3–34.

Kamin, Leon J. *The Science and Politics of IQ*. Potomac, MD: Routledge, 1974.

Kammen, Michael. "How the Other Half Lived." *Washington Post Book World*, March 23, 1980, 7.

Kapoun, Jim. "Teaching Undergraduates Web Evaluation: A Guide for Library Instruction." *College and Research Libraries News 59* (1998): 522–33.

Kazin, Michael. "Howard Zinn's History Lessons." *Dissent 51*, no. 2 (Spring 2004): 81–85.

Kehoe, Jerard. "Basic Item Analysis for Multiple-Choice Tests." *Practical Assessment, Research, and Evaluation 4*, no. 10 (November 1995). http://pareonline.net/getvn.asp?v=4&n=10.

Kelly, T. Mills. *Teaching History in the Digital Age*. Ann Arbor: University of Michigan Press, 2013.

Kevles, Daniel J. "Testing the Army's Intelligence: Psychologists and the Military in World War I." *Journal of American History 55* (December 1968): 565–81.

King, Martin Luther, Jr. "Drum Major Instinct." Sermon delivered at Ebenezer Baptist Church, February 4, 1968. The Martin Luther King, Jr., Research and Education Institute, Stanford University. http://www.stanford.edu/group/King/publications/sermons/680204.000_Drum_Major_Instinct.html.

———. "Where Do We Go from Here?" In *A Testament of Hope: The Essential Writings of Martin Luther King, Jr.*, ed. James Melvin Washington, 250. San Francisco: Harper, 1986.

Kirschner, Paul A., and Pedro De Brucyckere. "The Myths of the Digital Native and the Multitasker." *Teaching and Teacher Education 67* (2017): 135–42.

Kirschner, Paul A., and Jeroen J. G. van Merriënboer. "Do Learners Really Know Best?: Urban Legends in Education." *Educational Psychologist 48* (2013): 169–83.

Klehr, Harvey. "Was Joe McCarthy Right?" Raleigh Spy Conference, November 7, 2005. https://web.archive.org/web/20080725172423/ and http://www.raleighspyconference.com/news/news_11-07-05.aspx.

Klotz, Irving M. "Of Bell Curves, Gout, and Genius." *Phi Delta Kappan 77*, no. 4 (December 1995): 279–80.

Knupfer, Peter B. "A New Focus for the History Professoriate: Professional Development for History Teachers as Professional Development for Historians." In *Teaching American History Project: Lessons Learned*, edited by Rachel G. Ragland and Kelly A. Woestman, 29–46. New York: Routledge, 2009.

Kohl, Herbert. *She Would Not Be Moved: How We Tell the Story of Rosa Parks and the Montgomery Bus Boycott*. New York: New Press, 2007.

Kraditor, Aileen S. "American Radical Historians on Their Heritage: Past and Present." *Past & Present 56* (August 1972): 136–53.

Kranish, Michael. "Beliefs Drive Research Agenda of New Think Tanks: Study on Gay Adoption

Disputed by Specialists." *Boston Globe*, July 31, 2005.

Krathwohl, David R., Benjamin S. Bloom, and Bertram B. Masia. *The Taxonomy of Educational Objectives: Handbook II: The Affective Domain*. New York: David McKay, 1964.

Kuceyeski, Stacia. "The TAH Hangover." *Ohio History Connection*, March 3, 2015. http://blogs.aaslh.org/the-tah-hangover/.

Kysia, Alison. "Bashing Howard Zinn: A Critical Look at One of the Critics." November 18, 2013. Teaching *A People's History*: Zinn Education Project. https:// zinnedproject.org/2013/11/bashing-howard-zinn-a-critical-look-at-one-of-the-critics/.

Labaree, David F. *The Trouble with Ed Schools*. New Haven, CT: Yale University Press, 2006.

Larson, Kate Clifford. *Bound for the Promised Land: Harriet Tubman, Portrait of an American Hero*. New York: Many Cultures, One World, 2004.

Lemann, Nicholas. *The Big Test: The Secret History of the American Meritocracy*. New York: Farrar, Straus and Giroux, 2000.

Lepore, Jill. *The Whites of Their Eyes: The Tea Party's Revolution and the Battle over American History*. Princeton, NJ: Princeton University Press, 2010.

Lerner, Robert, Althea K. Nagai, and Stanley Rothman. *Molding the Good Citizen: The Politics of High School History Texts*. Westport, CT: Praeger, 1995.

Levin, Kevin M. "Black Confederates Out of the Attic and into the Mainstream." *Journal of the Civil War Era 4* (December 2014): 627–35.

Levine, Alan J. *The Strategic Bombing of Germany, 1940–1945*. Westport, CT: Praeger, 1992.

Levine, David, Robert Lowe, Bob Peterson, and Rita Tenorio, eds. *Rethinking Schools: An Agenda for Change*. New York: New Press, 1995.

Lipton, Eric. "Fight Over Minimum Wage Illustrates Web of Industry Ties," *New York Times*, February 9, 2014. https://www.nytimes.com/2014/02/10/us/politics/fight-over-minimum-wage-illustrates-web-of-industry-ties.html.

Liu, Chao, Ryen W. White, and Susan Dumais. "Understanding Web Browsing Behaviors through Weibull Analysis of Dwell Time." *Proceedings of the 33rd International ACM SIGIR Conference on Research and Development in Information Retrieval*. Geneva, Switzerland, July 19–23, 2010.

Lynch, Michael P. "Googling Is Believing: Trumping the Informed Citizen." *Opinionator* (blog). *New York Times*, March 9, 2016. https://opinionator.blogs.nytimes.com/2016/03/09/googling-is-believing-trumping-the-informed-citizen/.

Marewski, Julian N., Wolfgang Gaissmaier, and Gerd Gigerenzer. "We Favor Formal Models of Heuristics Rather than Lists of Loose Dichotomies: A Reply to Evans and Over." *Cognitive Processing 11* (2010): 177–79.

Martin, Daisy. "From Lecture to Lesson through 'Opening Up the Textbook'." *Organization of American Historians Newsletter 36*, no. 4 (November 2008).

Mathews, Jay. "The Bias Question." *Atlantic Monthly 292* (November 2003): 130 – 40.

McArthur, Will, Brian Gratton, Robert M. Barnes, Laura Blandford, and Ian Johnson. "Improving the Contribution of Historians to TAH Projects." *OAH Newsletter*, May 2005, 20.

McGrew, Sarah, Teresa E. Ortega, Joel Breakstone, and Sam Wineburg. "The Challenge That's Bigger than Fake News: Civic Reasoning in a Social Media Environment." *American Educator 43*, no. 3 (2017): 4 – 11.

McGrew, Sarah, and Sam Wineburg. "Taking Bearings: Reading Less and Learning More When Assessing Digital Information." Paper presented at the Annual Meeting of the American Educational Research Association, April 2017, San Antonio, Texas.

McKenzie, Robert Tracy. *The First Thanksgiving*. Downers Grove, IL: IVP Academic, 2013.

McManus, John H. *Detecting Bull: How to Identify Bias and Junk Journalism in Print, Broadcast and on the Wild Web*. 2nd ed. Sunnyvale, CA: Unvarnished Press, 2012.

Media Insight Project. "How Millennials Get News: Inside the Habits of America's First Digital Generation." American Press Institute and the Associated PressNORC Center for Public Affairs Research, March 16, 2015. https://www.americanpressinstitute.org/publications/reports/survey-research/millennials-news/.

Meyers, Garry C. "Delayed Recall in History." *Journal of Educational Psychology 8* (May 1917): 275 – 83.

Miller, Douglas T., and Marion Nowack. *The Fifties: The Way We Really Were*. New York: Doubleday, 1977.

Mitchell, Greg. "Sliming a Famous Muckraker: The Untold Story." *Editor & Publisher*, January 30, 2006. http://www.editorandpublisher.com/news/sliming-a-famous-muckraker-the-untold-story/.

Morris, Aldon D. *The Origins of the Civil Rights Movement: Black Communities Organizing for Change*. New York: Free Press, 1986.

Morrison, Philip. "The Bell Shaped Pitfall." In *The Myth of Measurability*, ed. Paul Houts, 82 – 89. New York: Hart, 1977.

Moynihan, Daniel Patrick. *Secrecy*. New Haven, CT: Yale University Press, 1998.

Müller, Rolf-Dieter, Nicole Schönherr, and Thomas Widera, eds. *Die Zerstörung Dresden* [The destruction of Dresden]. Germany: V&R Unipress, 2010.

Muzzey, David Saville. *A History of Our Country: A Textbook for High School Students*. Boston: Ginn and Co., 1950.

———. *Our Country's History*. Boston: Ginn, 1957.

Nahon, Karine, and Jeff Hemsley. *Going Viral*. Cambridge: Polity, 2013.

National Assessment Governing Board. *U.S. History Framework for the 2010 National Assessment of Educational Progress*. Washington, DC: U.S. Department of Education, 2011. http://www.nagb.org/publications/frameworks/historyframe work.pdf.

"National Assessment of Educational Progress Standards." In *Teaching American History Final Report*, ed. Phyllis Weinstock, Fannie Tseng, Daniel Humphrey, Marilyn Gillespie, and Kaily Yee, 70. Washington, DC: Department of Education Office of Planning Evaluation and Policy Development, 2011.

National Center for Education Statistics. *NAEP Questions Tool*, n.d. http://nces.ed.gov/nationsreportcard/itmrlsx/search.aspx?subject=history.

Neal, Anne D., and Jerry L. Martin. *Losing America's Memory: Historical Illiteracy in the 21st Century*. Washington, DC: American Council of Trustees and Alumni, 2000.

Nevins, Allan. "American History for Americans." *New York Times Magazine*, May 3, 1942.

Newton, Robert R. "The High School Curriculum: Search for Unity and Coherence." *High School Journal 62* (1979): 289.

Nielsen, Jakob. "How Long Do Users Stay on Web Pages?," Nielsen Norman Group, September 12, 2011. https://www.nngroup.com/articles/how-long-do-users-stay-on-web-pages/.

Nokes, Jeffery. *Building Students' Historical Literacies: Learning to Read and Reason with Historical Texts and Evidence*. New York: Routledge, 2012.

Nystrand, Martin. *Opening Dialogue: Understanding the Dynamics of Language Learning in the English Classroom*. New York: Teachers College Press, 2012.

O'Brien, James. "Four Native Ads the Media's Talking About." Mashable, September 30, 2014, http://mashable.com/2014/09/30/native-ad-campaigns/#yEtyTTA01aqK.

Olson-Raymer, Gayle. *Teaching with "Voices of a People's History of the United States" by Howard Zinn and Anthony Arnove*. 2nd ed. New York: Seven Stories Press, 2011.

Organisation for Economic Co-operation and Development. *Students, Computers and Learning: Making the Connection*. Paris: OECD Publishing, 2015.

"P for Pedophile." American College of Pediatricians, June 15, 2015. http://www.acpeds.org/p-for-pedophile.

Pan, Bing, Helene Hembrooke, Thorsten Joachims, Lori Lorigo, Geri Gay, and Laura Granka. "In Google We Trust: Users' Decisions on Rank, Position, and Relevance." *Journal of Computer-Mediated Communication 12* (2007): 816.

Pancevski, Bojan. "Dresden Bombing Death Toll Lower than Thought." *Telegraph* (London),

October, 2, 2008.

Paquette, Danielle. "Why Pediatricians Care So Much about the Supreme Court's Birth Control Case." *Washington Post*, March 24, 2016. https://www.washingtonpost.com/news/wonk/wp/2016/03/24/why-pediatricians-care-so-much-about-the-supreme-courts-birth-control-case/?utm_term=.04257f0bb0f1.

Parker, Walter C., and Jane Lo. "Content Selection in Advanced Courses." *Journal of Curriculum Studies 46*, no. 2 (2016): 196–219.

Parks, Rosa, with Jim Haskins. *My Story*. New York: Puffin Books, 1999.

Partnership for Assessment of Readiness for College and Careers. "PARCC Model Content Frameworks in English Language Arts/Literacy," 2011. http://parcc-assessment.org/resources/educator-resources/model-content-frameworks.

Pasco, Jean O. "Sinclair Letter Turns Out to Be Another Expose." *Los Angeles Times*, December 24, 2005. http://articles.latimes.com/2005/dec/24/local/me-sinclair24. Paxton, Richard J. "Don't Know Much about History—Never Did." *Phi Delta Kappan 85*, no. 4 (December 2003): 264–73.

Pinto, Nick. "University of Minnesota Professor's Research Hijacked." *City Pages*, May 26, 2010. http://www.citypages.com/news/university-of-minnesota-professors-research-hijacked-6725473.

Prensky, Marc. "Digital Natives, Digital Immigrants." *On the Horizon 9* (2001): 2.

Purcell, Kristen, Lee Rainie, Alan Heaps, Judy Buchanan, Linda Friedrich, Amanda Jacklin, Clara Chen, and Kathryn Zickuhr. "How Teens Do Research in the Digital World." Pew Research Center's Project on the Internet and American Life, November 1, 2012. http://pewinternet.org/Reports/2012/Student-Research.

Radosh, Ronald, and Eric Breindel. "The KGB Fesses Up." *New Republic*, June 10, 1991, 10.

Ravitch, Diane, and Chester E. Finn. *What Do Our SeventeenYearOlds Know? A Report on the First National Assessment of History and Literature*. New York: Harper&Row, 1987.

Reddick, L. D. "Twenty-Five Negro History Weeks." *Negro History Bulletin 13* (May 1950): 178.

Reisman, Abby. "Entering the Historical Problem Space: Whole-Class Text-Based Discussion in History Class." *Teachers College Record 117* (2015): 1–44.

Reisman, Abby, and Brad Fogo. "Evidence of Disciplinary Knowledge: Measuring the Historical Thinking of Preservice Teachers." Paper presented at annual meeting of American Educational Research Association, San Diego, California, April 2009.

Reisman, Avishag. "The 'Document-Based Lesson': Bringing Disciplinary Inquiry into High School History Classrooms with Adolescent Struggling Readers." *Journal of Curriculum Studies 44* (2012): 256.

———. "Reading Like a Historian: A Document-Based History Curriculum Intervention in Urban High Schools." *Cognition and Instruction 30* (2012): 86–112.

———. "Teaching the Historical Principle of Contextual Causation: A Study of Transfer in Historical Reading." In *Interpersonal Understanding in Historical Context*, ed. Matthias Martens, Ulrike Hartmann, Michael Sauer, and Marcus Hasselhorn, 43–58. Rotterdam, Netherlands: Sense Publishers, 2009.

Rheingold, Howard. "Crap Detection 101," February 17, 2011. https://www.youtube.com/watch?v=AHVvGELuEqM.

———. *Net Smart: How to Thrive Online*. Cambridge, MA: MIT, 2012.

———. *The Virtual Community*. Cambridge, MA: MIT Press, 2000.

Roberts, Sam. "Father Was a Spy, Sons Conclude with Regret." *New York Times*, September 17, 2008.

———. "Figure in Rosenberg Case Admits to Soviet Spying." *New York Times*, September 12, 2008.

———. "Podcast: Rosenberg Case Open and Shut?" *New York Times*, September 18, 2009. http://cityroom.blogs.nytimes.com/2008/09/18/podcast-rosenberg-case-open-and-shut/.

Robinson, Jo Ann Gibson. *The Montgomery Bus Boycott and the Women Who Started It: The Memoir of Jo Ann Gibson Robinson*, ed. David J. Garrow. Knoxville: University of Tennessee Press, 1987.

Rosenzweig, Roy. "How Americans Use and Think about the Past: Implications from a National Survey for the Teaching of History." In *Knowing, Teaching, and Learning History: National and International Perspectives*, ed. Peter N. Stearns, Peter Seixas, and Sam Wineburg. New York: NYU Press, 2000.

Rosenzweig, Roy, and David Thelen. *The Presence of the Past: Popular Uses of History in American Life*. New York: Columbia University Press, 1998.

Rossino, Alexander B. *Hitler Strikes Poland: Blitzkrieg, Ideology, and Atrocity*. Lawrence: University Press of Kansas, 2003.

Rotherham, Andrew J., and Daniel Willingham. "21st Century Skills: The Challenges Ahead." *Educational Leadership 67* (2009): 16–21.

Rowan, Brian, Richard Miller, and Eric Camburn. "School Improvement by Design: Lessons from a Study of Comprehensive School Reform Programs." *CPRE Research Reports*, August 2009. http://repository.upenn.edu/cpre_researchreports/54.

Rury, John. "Race, Region, and Education: An Analysis of Black and White Scores on the 1917 Army Alpha Test." *Journal of Negro Education 57* (Winter 1988): 51–65.

Russell, Dan. *SearchReSearch* (blog). http://searchresearch1.blogspot.com/.

Salisbury, Harrison E. "What Americans Don't Know about Russia." *McCall's Magazine 84* (June

1957): 40 – 41.

Samelson , Franz. "World War I Intelligence Testing and the Development of Psychology." *Journal of the History of the Behavioral Sciences 13* (July 1977): 274 – 82.

Saville, John. "The Radical Left Expects the Past to Do Its Duty." *Labor History 18*, no. 2 (1977): 267 – 74.

Scanlon, Christopher. "The Natives Aren't Quite So Restless." *The Australian*, January 21, 2009. http://www.theaustralian.com.au/higher-education/opinion/the-natives-arent-quite-so-restless/story-e6frgcko-1111118616452.

Schauster, Erin E., Patrick Ferrucci, and Marlene S. Neill. "Native Advertising Is the New Journalism: How Deception Affects Social Responsibility." *American Behavioral Scientist 60* (2016): 1408 – 24.

Schlereth, Thomas J. "Columbia, Columbus, and Columbianism." *Journal of American History 79* (December 1992): 937 – 68.

Schlesinger, Arthur M., Jr. *The Disuniting of America: Reflections on a Multicultural Society*. New York: Norton, 1998.

Schneider, Jack. *From the Ivory Tower to the Schoolhouse: How Scholarship Becomes Common Knowledge in Education*. Cambridge, MA: Harvard Education Press, 2014.

Schneir, Walter, and Miriam Schneir. "Cryptic Answers." *The Nation*, August 14/21, 1995, 152 – 53.

———. *Invitation to an Inquest*. New York: Doubleday, 1965.

Sellers, Charles G. "Is History on the Way Out of the Schools and Do Historians Care?" *Social Education 33* (1969): 511.

Sheriff, Carol. "Virginia Embattled Textbooks: Lessons (Learned and Not) from the Centennial Era." *Civil War History 58* (2012): 37 – 74.

Sherwin, Martin J. *A World Destroyed: The Atomic Bomb and the Grand Alliance*. New York: Knopf, 1975.

Shirky, Clay. "Does the Internet Make You Smarter?" *Wall Street Journal*, June 4, 2010. http://www.wsj.com/articles/SB10001424052748704025304575284973472694334.

Shulman, Lee S. "Knowledge and Teaching: Foundations of the New Reform." Harvard Educational Review, February 1987, 1 – 22.

———. "A Union of Insufficiencies: Strategies for Teacher Assessment in a Period of Educational Reform." *Educational Leadership 46* (1988): 36 – 41.

Sieff, Kevin. "Virginia 4th-Grade Textbook Criticized over Claims on Black Confederate Soldiers." *Washington Post*, October, 20, 2010.

Silberman, Charles. *Crisis in the Classroom: The Remaking of American Education*. New York: Random House, 1970.

Silverman, Craig. "Hyperpartisan Facebook Pages Are Publishing False and Mis-leading Information at an Alarming Rate," *BuzzFeed*, October 20, 2016. https://www.buzzfeed.com/craigsilverman/partisan-fb-pages-analysis?utm_term=.pbpkj9DyyW#.niMvnVjqqp.

———. "This Analysis Shows How Viral Fake Election News Stories Outperformed Real News on Facebook." *BuzzFeed*, November 16, 2016. https://www.buzzfeed.com/craigsilverman/viral-fake-election-news-outperformed-real-news-on-facebook?utm_term=.ttNxvXqZG#.yj3QVRPz2.

Siskind, Janet. "The Invention of Thanksgiving: A Ritual of American Nationality." *Critique of Anthropology 12* (1992): 167–91.

Sizer, Ted, and Nancy Faust Sizer. *The Students Are Watching: Schools and the Moral Contract*. Boston: Beacon Press, 2000.

Smith, John. "The Generall Historie of Virginia, New England, and the Summer Isles" (1607). Library of Congress. https://www.loc.gov/resource/lhbcb.0262a/?sp=136.

———. "A True Relation of Such Occurrences and Accidents of Note as Hath Hapned in Virginia Since the First Planting of that Colony . . ." (1608). "First Hand Accounts," Virtual Jamestown. http://www.virtualjamestown.org/exist/cocoon/jamestown/fha/J1007.

Smith, Mark D. "Assessments of Historical Thinking: Three Validity Studies." PhD diss., Stanford University, 2014.

———. "Cognitive Validity: Can Multiple-Choice Items Tap Historical Thinking Processes?" *American Educational Research Journal 54*, no. 6 (July 5, 2017): 1256–87. DOI:10.3102/0002831217717949.

The Sopranos: The Complete 4th Season. "Christopher." Timothy van Patten, dir. HBO Home Video, 2002.

Sparrow, Betsy, Jenny Liu, and Daniel M. Wagner. "Google Effects on Memory: Cognitive Consequences of Having Information at Our Fingertips." *Science 333* (August 2011): 776–78.

"Statement from NIH Director Francis S. Collins, M.D., Ph.D., in Response to the American College of Pediatricians." National Institutes of Health, April 15, 2010. https://web.archive.org/web/20110727115017/http://www.nih.gov/about/director/04152010_statement_ACP.htm.

Stern, Sheldon M. "Howard Zinn Briefly Recalled." *History News Network*, February 9, 2010. http://hnn.us/articles/122924.html.

Stevens, Reed, Sam Wineburg, Leslie Herrenkohl, and Philip Bell. "A Comparative Understanding of School Subjects: Past, Present, and Future." *Review of Educational Research* 75 (2005): 125–57.

Stevenson, Harold W., and James W. Stigler. *The Learning Gap: Why Our Schools Are Failing and What We Can Learn from Japanese and Chinese Education*. New York: Simon & Schuster, 1994.

"Stigma: At the Root of Ostracism and Bullying." American Academy of Pediatrics, May 5, 2014. https://www.aap.org/en-us/about-the-aap/aap-press-room/pages/Stigma-At-the-Root-of-Ostracism-and-Bullying.aspx.

Streitfeld, David. "For Fact-Checking Website Snopes, a Bigger Role Brings More Attacks." *New York Times*, December 25, 2016. https://www.nytimes.com/2016/12/25/technology/for-fact-checking-website-snopes-a-bigger-role-brings-more-attacks.html.

Student Achievement Partners. "'The Gettysburg Address' by Abraham Lincoln." Achieve the Core. http://achievethecore.org/page/35/the-gettysburg-address-by-abraham-lincoln.

Sydell, Laura. "We Tracked Down a Fake News Creator in the Suburbs: Here's What We Learned." *All Things Considered*, NPR, November 23, 2016. http://www.npr.org/sections/alltechconsidered/2016/11/23/503146770/npr-finds-the-head-of-a-covert-fake-news-operation-in-the-suburbs.

Sykes, Gary. "Reform of and as Professional Development." *Phi Delta Kappan* 77, no. 7 (March 1996): 465–67.

Thakur, Yuko. "History Textbook Reform in Allied Occupied Japan, 1945–52." *History of Education Quarterly* 35 (Autumn 1995): 261–78.

Theoharis, Jeanne. *The Rebellious Life of Mrs. Rosa Parks*. Boston: Beacon Press, 2013.

Thompson, Derek. "The Scariest Thing about the Newspaper Business Isn't Print's Decline, It's Digital's Growth." *The Atlantic*, December 19, 2012. http://www.theatlantic.com/business/archive/2012/12/the-scariest-thing-about-the-newspaper-business-isnt-prints-decline-its-digitals-growth/266482/.

Throckmorton, Warren. "The American College of Pediatricians Versus the American Academy of Pediatrics: Who Leads and Who Follows." *Patheos* (blog), October 6, 2011. http://www.patheos.com/blogs/warrenthrockmorton/2011/10/06/the-american-college-of-pediatricians-versus-the-american-academy-of-pediatrics-who-leads-and-who-follows/#disqus_thread.

Thutell, Craig. "Do the Common Core Standards Flunk History?" *History News Network*, April 8, 2013. http://historynewsnetwork.org/article/151479.

Tucker, Jill. "How S.F. Students Are Getting Lessons from Stanford." *San Francisco Chronicle*, December 29, 2010.

Turban, Jack. "The American College of Pediatricians Is an Anti-LGBT Group." *Psychology Today*,

May 8, 2017. https://www.psychologytoday.com/blog/political-minds/201705/the-american-college-pediatricians-is-anti-lgbt-group.

Tyack, David, and Larry Cuban. *Tinkering toward Utopia: A Century of Public School Reform*. Cambridge, MA: Harvard University Press, 1997.

Walsh, Michael. "George Koval: Atomic Spy Unmasked." *Smithsonian Magazine*, May 2009. http://www.smithsonianmag.com/history/george-koval-atomic-spy-unmasked-125046223/?all&no-ist.

Washington, George. "Thanksgiving Proclamation of 1789." George Washington's Mount Vernon. http://www.mountvernon.org/education/primary-sources-2/article/thanksgiving-proclamation-of-1789/.

Watanabe, Teresa. "L.A. Unified Adopts Free Curriculum from Stanford University." *Los Angeles Times*, November 26, 2014. http://www.latimes.com/local/education/la-me-history-stanford-20141126-story.html.

Weathersby, Kathryn. "New Russian Documents on the Cold War." *Cold War International History Project* 5–6 (Winter 1995–96): 30–40.

———. *Soviet Aims in Korea and the Origins of the Korean War, 1945–1950: New Evidence from Russian Archives*. Cold War International History Project, Working Paper No. 8. Washington, DC: Woodrow Wilson International Center of Scholars, 1993.

———. "The Soviet Role in the Korean War: The State of Historical Knowledge." In *The Korean War in World History*, ed. William Stueck. Lexington: University of Kentucky Press, 2004.

Weber, George. "The Case Against *Man: A Course of Study*." *Phi Delta Kappan* 57, no. 2 (October 1975): 81.

Wedgwood, C. V. *Truth and Opinion: Historical Essays*. London: Macmillan, 1960.

Weinstock, Phyllis, Kathleen Magill, Raquel Sanchez, Nancy Sato, Johannes Bos, and Kalpna Mistry. *Study of the Implementation of Rigorous Evaluations by Teaching American History Grantees*. Oakland, CA: Berkeley Policy Associates, 2005.

Weisberg, Jacob. "Cold War without End," *New York Times*, November 28, 1999. http://www.nytimes.com/1999/11/28/magazine/cold-war-without-end.html?pagewanted=all.

Wesley, Edgar B. *American History in Schools and Colleges*. New York: Macmillan, 1944.

———. "History in the School Curriculum." *Mississippi Valley Historical Review* 29 (March 1943): 567.

Westhoff, Laura M. "Lost in Translation: The Use of Primary Sources in Teaching History." In *Teaching American History Project: Lessons Learned*, ed. Rachel G. Ragland and Kelly A. Woestman. New York: Routledge, 2009.

Wetterhahn, Ralph. "To Snatch a Sabre." *Air and Space Magazine*, July 2003. http://www.

airspacemag.com/military-aviation/to-snatch-a-sabre-4707550/?all2/.

Wettering, Frederic L. "Still Lingering in the Shadows." *International Journal of Intelligence and Counterintelligence 11*, no. 4 (1998): 492.

Whittington, Dale. "What Have Seventeen-Year-Olds Known in the Past?" *American Educational Research Journal 28* (Winter 1991): 759-80.

Wilentz, Sean. "The Past Is Not a Process." *New York Times*, April 20, 1996.

Wiley, Karen B., and Jeanne Race. *The Status of PreCollege Science, Mathematics, and Social Science Education: 1955–1975*. Vol. III . Washington, DC: National Science Foundation, 1977.

Willingham, Daniel. "Here's a 21st Century Skill—and How to Teach It!" *Daniel Willingham: Science and Education* (blog), October 2, 2017. http://www.danielwillingham.com/daniel-willingham-science-and-education-blog.

Wineburg, Sam. "Final Report: Evaluation of Teaching American History Grant Program, University of Wisconsin-La Crosse." October 16, 2008. Washington, DC: U.S. Department of Education.

———. "4 Steps Schools Need to Take to Combat Fake News." *Huffington Post*, January 4, 2017. https://www.huffingtonpost.com/entry/fake-news-schools_us_58668e4ce4b0de3a08f82125.

———. "Goodbye, Columbus." *Smithsonian Magazine 39* (2008): 98-104.

———. *Historical Thinking and Other Unnatural Acts: Charting the Future of Teaching the Past*. Philadelphia: Temple University Press, 2001.

———. "Opening Up the Textbook and Offering Students a Second Voice." *Education Week*, June 6, 2007.

———. "Reading Abraham Lincoln: An Expert/Expert Study in the Interpretation of Historical Texts." *Cognitive Science 22* (1998): 319-46.

———. "Teaching the Mind Good Habits." *Chronicle of Higher Education*, April 2003, B20.

———. "Why Historical Thinking Is Not about History." *History News: Magazine of the Association for State & Local History 71*, no. 2 (2016): 13-16.

Wineburg, Samuel S. "Historical Problem Solving: A Study of the Cognitive Processes Used in the Evaluation of Documentary and Pictorial Evidence." *Journal of Educational Psychology 83* (1991): 73-87.

———. "On the Reading of Historical Texts: Notes on the Breach between School and Academy." *American Educational Research Journal 28* (1991): 495-519.

———. "Probing the Depths of Students' Historical Knowledge." *Perspectives on History 30* (March 1992): 20-24. https://www.historians.org/publications-and-directories/perspectives-on-history/march-1992/probing-the-depths-of-students-historical-knowledge.

Wineburg, Sam, and Eli Gottlieb. "Historians Meet Thanksgiving: What Would George Do?" *Historically Speaking 12* (2011): 6 – 8 .

Wineburg, Sam, and Daisy Martin. "Tampering with History: Adapting Primary Sources for Struggling Readers." *Social Education 73*, no. 5 (2009): 212 – 16.

Wineburg, Sam, Daisy Martin, and Chauncey Monte-Sano. *Reading Like a Historian: Teaching Literacy in Middle and High School Classroom*. 2nd ed . New York: Teachers College Press, 2012.

Wineburg, Sam, and Sarah McGrew. "Lateral Reading: Reading Less and Learning More When Evaluating Digital Information." Stanford History Education Group Working Paper No. 2017-A1, October 6, 2017. https://ssrn.com/abstract=3048994.

———. "Why Students Can't Google Their Way to Truth." *Education Week*, November 1, 2016. https://www.edweek.org/ew/articles/2016/11/02/why-students-cant-google-their-way-to.html.

Wineburg, Sam, and Chauncey Monte-Sano. " 'Famous Americans': The Changing Pantheon of American Heroes." *Journal of American History 94* (March 2008): 1186 – 202.

Wineburg, Sam, Susan Mosborg, Dan Porat, and Ariel Duncan. "Common Belief and the Cultural Curriculum: An Intergeneration Study of Historical Consciousness." *American Education Research Journal 44* (2007): 40 – 76.

Wineburg, Sam, and Jack Schneider. "Was Bloom's Taxonomy Pointed in the Wrong Direction?" *Phi Delta Kappan 91*, no. 4 (December 2009): 56 – 61.

Wineburg, Sam, Mark Smith, and Joel Breakstone. "New Directions in Assessment: Using Library of Congress Sources to Assess Historical Understanding." *Social Education 76*, no. 6 (November/December 2012): 288 – 91.

———. "What Is Learned in College History Classrooms?" *Journal of American History 105* (March 2018): 983 – 93.

Wintz, Cary D. "Teaching American History: Observations from the Fringes." In *Teaching American History Project: Lessons Learned*, ed. Rachel G. Ragland and Kelly D. Woestman. New York: Routledge, 2009.

Wirth, Fremont P. *The Development of America*. New York: American Book Company, 1936.

Wittner, Lawrence S. *Rebels Against War: The American Peace Movement, 1941–1960*. New York: Columbia University Press, 1969.

Young, Jeffrey R. "Researchers Charge Racial Bias on the SAT." *Chronicle of Higher Education*, October 10, 2003, A34.

Young, Katherine McCarthy, and Gaea Leinhardt. "Writing from Primary Documents: A Way of Knowing in History." *Written Communication 15* (1998): 25 – 68.

Young, Michael. "Overcoming the Crisis in Curriculum Theory: A Knowledge-based Approach." *Journal of Curriculum Studies 45*, no. 2 (2013): 101 - 18.

Zhang, Xiaoming. *Red Wings Over the Yalu: China, the Soviet Union, and the Air War in Korea*. College Station: Texas A&M University Press, 2003.

Zilversmith, Arthur. "Another Report Card, Another 'F'," *Reviews in American History 16* (June 1988): 314 - 20.

Zimmerman, Jonathan. "American History—Right and Left: Liberals and Conservatives Have Differing Views; Why Not Give Students Both Sides and Let Them Decide?" *Los Angeles Times*, March 17, 2010.

———. "In Search of College-Level Teaching." *Journal of the Gilded Age and Progressive Era 14* (2015): 430.

Zinn, Howard. *A People's History of the United States*. 1980; repr., New York: HarperCollins, 2003.

———. *You Can't Be Neutral on a Moving Train: A Personal History of Our Times*. Boston: Beacon Press, 2002.

———. *Young People's History of the United States*, adapted by Rebecca Stefoff. New York: Seven Stories Press, 2007.

Zinn, Howard, and Anthony Arnove. *Voices of a People's History of the United States*. New York: Seven Stories Press, 2011.

Zinn, Howard, Matt Damon, and Chris Moore. *The People Speak*. Extended edition DVD. A&E Home Video, 2010.

Zinn, Howard, and George Kirschner. *A People's History of the United States: The Wall Charts*. New York: New Press, 1995.

Zinn, Howard, Mike Konopacki, and Paul Buhle. *A People's History of American Empire: A Graphic Adaptation*. New York: Henry Holt, 2008.

Zirin, Dave. "Howard Zinn: The Historian Who Made History." *ColdType*, March 2010. www.coldtype.net/Assets.10/Pdfs/0210.Zinn.pdf.

왜 역사를 배워야 할까?

내 손안에 스마트폰이 있는데

1판 1쇄 발행일 2019년 9월 23일
1판 3쇄 발행일 2023년 11월 27일

지은이 샘 와인버그
옮긴이 정종복 · 박선경

발행인 김학원
발행처 (주)휴머니스트 출판그룹
출판등록 제313-2007-000007호(2007년 1월 5일)
주소 (03991) 서울시 마포구 동교로23길 76(연남동)
전화 02-335-4422 **팩스** 02-334-3427
저자·독자 서비스 humanist@humanistbooks.com
홈페이지 www.humanistbooks.com
유튜브 youtube.com/user/humanistma **포스트** post.naver.com/hmcv
페이스북 facebook.com/hmcv2001 **인스타그램** @humanist_insta

편집주간 황서현 **편집** 최인영 엄귀영 **디자인** 박인규
조판 이희수com. **용지** 화인페이퍼 **인쇄** 청아디앤피 **제본** 민성사

ISBN 979-11-6080-292-4 03900

이 도서의 국립중앙도서관 출판예정도서목록(CIP)은 서지정보유통지원시스템 홈페이지(http://seoji.go.kr)와 국가자료공동목록시스템(http://www.nl.go.kr/kolisnet)에서 이용하실 수 있습니다.(CIP제어번호: CIP2019035465)